编 委 会

向着太阳 自立远行

华阳小学"七彩生本自立课程"的构建与实施

周 洁 江赵梅 肖彩芳 主编

暨南大学出版社
JINAN UNIVERSITY PRESS

中国·广州

图书在版编目（CIP）数据

向着太阳 自立远行：华阳小学"七彩生本自立课程"的构建与实施/周洁，江赵梅，肖彩芳主编．—广州：暨南大学出版社，2019.6
ISBN 978 - 7 - 5668 - 2643 - 5

Ⅰ.①向… Ⅱ.①周… ②江… ③肖… Ⅲ.①小学—课程建设—研究
Ⅳ.①G622.3

中国版本图书馆 CIP 数据核字（2019）第 090108 号

向着太阳 自立远行：华阳小学"七彩生本自立课程"的构建与实施
XIANGZHE TAIYANG ZILI YUANXING：HUAYANG XIAOXUE QICAI SHENGBEN ZILI KECHENG DE GOUJIAN YU SHISHI
主 编：周 洁 江赵梅 肖彩芳

出 版 人：徐义雄
责任编辑：曾鑫华 高 婷
责任校对：林 琼
责任印制：汤慧君 周一丹

出版发行：暨南大学出版社（510630）
电 话：总编室（8620）85221601
营销部（8620）85225284 85228291 85228292（邮购）
传 真：（8620）85221583（办公室） 85223774（营销部）
网 址：http://www.jnupress.com
排 版：广州市天河星辰文化发展部照排中心
印 刷：广州市快美印务有限公司
开 本：787mm×1092mm 1/16
印 张：15
字 数：270 千
版 次：2019 年 6 月第 1 版
印 次：2019 年 6 月第 1 次
定 价：48.00 元

（暨大版图书如有印装质量问题，请与出版社总编室联系调换）

前　言

向着太阳　自立远行
——华阳小学以生为本育人模式的课程表达

习总书记指出，培养什么人，是教育的首要问题。教育必须把培养社会主义建设者和接班人作为根本任务。今天当我们一起面对时代的重大问题"培养什么人、怎么培养人"时，毋庸置疑应该用中国的教育思想和实践来回答。我校自1999年开始实施"生本教育"以来，历经20年中国教育风云和中国教改风雨之磨炼和检验，与改革开放的前沿阵地广州市一脉相承，被誉为全国生本教育课改先锋学校。多年来，学校深度践行"以生为本"的教育理念，聚焦"培养德智体美劳全面发展的社会主义建设者和接班人"这一目标，发挥学校的办学优势，优化与深化生本教育整体育人体系，并渗透于"七彩生本自立课程"中，通过课程的再造与实施，努力让每一个学生的成长都出彩。

坚持以生为本，培养新时代的"太阳娃"。华阳，意为一轮光彩煜煜的暖阳，著名诗人艾青在《向太阳》一诗中对太阳发出热烈的礼赞。华阳小学也从太阳中得到启示，确定了学校"向着太阳　自立远行"的课程理念。对照国家提出的"培养德智体美劳全面发展的社会主义建设者和接班人"育人目标，我们确定了"热爱运动、阳光自信、个性鲜明、享受阅读、实践创新、好学善思、文明有礼"的华阳"太阳娃"的核心素质，以太阳七色"赤橙黄绿青蓝紫"构建了七个发展子目标课程群：赤之远责任课程群、橙之健运动课程群、黄之魅展能课程群、绿之趣阅读课程群、青之跃探究课程群、蓝之海思维课程群、紫之贵美德课程群，每个课程群都由国家课程、自主课程、文化浸润课程三部分组成，三者互相融合，彼此补充。学校特色课程主要分成"自主课程"和"文化浸润课程"两大类。

"自主课程"充分体现学生或自主探究，或自主参与，或自主认领，或自主创设，或自主选择，甚至自主发展。20年来对生本教育的坚守与不懈探索，"太阳娃"的培养，正是我们对"培养什么人、怎么培养人"这一时代命题的认真思考和积极回应。

回顾华阳小学20多年的办学历程，从在困境中拨开迷雾举起生本教育的课改旗帜，到坚持生本教育艰难求索，我们聚焦育人目标，不断探索和发展学校课程体系。

在20年生本教育的探索中，我校"以学定教单元整体教学模式"实现了国家基础课程的校本化实施，充分体现了学生的"自主性"，学生真正成为学习的主人，课前探究、课中探讨、交流互动、优化提升、课后推进，学生的思维能力、倾听能力与表达能力、合作能力在这样的课堂上得到了充分发展。

再造与重构"七彩生本自立课程"。为了让学生们更好地成长，我们对照学校的培育目标，对课程不断地进行重构，构建了七个课程群：赤之远责任课程群、橙之健运动课程群、黄之魅展能课程群、绿之趣阅读课程群、青之跃探究课程群、蓝之海思维课程群、紫之贵美德课程群，每个课程群都由国家课程、自主课程、文化浸润课程三部分组成。从校际协同、家校合作、校级统筹、年级选修、班级自设、学生自创六个层级实施课程活动，让孩子们在课程的浸润下，得到了充分、快乐的发展。

我们的运动课程，从阳光体育活动到年级运动选修课程、校园吉尼斯大赛，让运动点燃学生的生命，陪伴学生成长。我们的"寻城记"传统文化课程，通过"寻千年商都""寻改革开放足迹""寻美食美景"，让学生们深入了解广州的昨天与今天，展望更美好的明天。"粤"时光课程，让学生传承广府文化，培养文化自信从热爱脚下的土地开始。我们的"东篱诗社"阅读课程，学生们阅读儿童诗，创作儿童诗，编撰诗集，让最美的儿童语言点亮童年。我们的"爸爸去哪儿"实践课程，凸显爸爸在教育中的重要地位，培养学生勇敢坚毅、勇于挑战的品质。七彩的课程，促进了学生们的七色成长。

从研究效果看，以"七彩生本自立课程"引领华阳学子成长为"拥有完整心灵的太阳娃"行动研究是有价值的。它不仅能够较好地锤炼和提高华阳小学教师的课程创新意识、课程领导力，使教师成为新课程改革的先行探索者，而且具有较好的示范性：一是为同类学校构建学校整体课程体系提供示范，二是为同类学校通过课程建设来促进教师发展提供示范。

　　但是，学校课程建设是一个不断丰富与调适的过程，华阳小学构建"七彩生本自立课程"体系的研究仍在路上。在课程内容的深化上，在课程评价的创新上，在"以学定教单元整体教学模式"的优化上，都需要我们在实践中不断地进行扬弃，进而使其逐步完善。

　　实现中华民族伟大复兴的"中国梦"，归根到底靠人才、靠教育。2018 年 8 月，我校课程建设成果获得了国家教育教学成果奖，但聚焦育人目标，不断探索和发展学校课程体系建设与创新，永远处在现在进行时。"向着太阳　自立远行"既是我们以生为本育人模式的课程表达，也是我们立足粤港澳大湾区，培养学生拥抱世界与未来的不懈追求。

2019 年 3 月

开学第一天，周洁校长与孩子们走过"七彩门"

目　录

第一章 "七彩生本自立课程"缘起

第一节 新时期学校办学特色定位

从古至今，学校教育在不同的历史时期、不同的地域呈现为不同的形式。如今的学校教育，内容愈加丰富，体系日渐完善，其作用已不仅限于孟子"谨庠序之教，申之以孝悌之义"的狭隘范畴。在新的时代，社会对学校教育寄予了更高的期望。20世纪90年代初，《中国教育改革和发展纲要》指出，"……中小学要由'应试教育'转向全面提高国民素质的轨道，面向全体学生，全面提高学生的思想道德、文化科学、劳动技能和身体心理素质，促进学生生动活泼地发展，办出各自的特色"，将办学特色定位为服务于学生的全面发展。

办学特色是学校在开展教学管理的过程中，运用先进的办学理念，在长期的办学实践中逐步形成的教育思想、培养目标、教育管理、课程设置、师资建设、教学方法，以及学校文化、环境、设施等多方面的独特办学风格和特征。

办学特色是一个综合性的概念，它并非借由某个学科或某个活动就能完整、充分地体现，而应该建立在育人文化之上，包括但不限于课堂教学内容、教学方式、校园环境规划、教师价值观的传导等，以此形成融洽自然的校园文化氛围，才能以办学特色引领学校发展，以学校发展提升办学特色。

办学特色的形成是一个从无到有的过程，是一个创造与革新的过程。一所学校若不追求办学特色的发展与改变，固然也能完成日常教学活动，但正如每个人的性格都不尽相同，若缺少了这点"特色"，学校也便失去了"生命力"，从这样的校园中走出的学生就如同工厂流水线上产出的商品。何谓个性，何谓人才？而发展并确定办学特色，是必然伴随着创造与革新的，随之而来的还有各种挑战，例如来自学生"反客为主"的挑战，来自家长和社会是否认可的挑战，来自教师打破教学常态的挑战等。

办学特色是一所学校内在的"魂"，也是学校发展的一个长远目标。正因为这是一个从无到有的过程，也就免不了不断实践、总结、提升。在不断探寻的过程中，去劣存优，用优秀的经验指引着我们，让我们对于教育的思考不再是纸上谈兵。历经岁月，通过在教学实践中不断打磨，让初看起来独辟蹊径，甚至有些不切实际的想法落地生根。这样的创新精神不也正是我们希望学生拥有的吗？当办学特色趋于稳定，就实现了教育的优质化，学校也将拥有自己的"信誉名片"，并以此吸引更多志同道合的教育工作者，为实现共同的教育理想而不懈奋斗，这便是学校办学特色的魅力所在。

广州市天河区华阳小学坐落在羊城新的城市中轴线上，1992 年 9 月，这所学校拔地而起，为整个天河区教育注入了新的活力。随后的一年，党的第十四次全国人民代表大会发布了《中国教育改革和发展纲要》，确定了今后我国教育改革和建设的主要任务，明确了教育改革的方向，也彰显了国家对于教育的高度重视。作为传授知识，培养品德，启人求真、向善、尚美的天河区教育新生力量，华阳小学聚集了满腔热情的教育工作者，可以说华阳小学的诞生承载的是无数教育工作者的希望。

作为一所年轻的学校，在经历了办学之初，学校基础设施、教师队伍不足等种种困难后，学校日常运作逐步稳定。然而此时，摆在全体华阳人面前的是学校继续向上发展的问题：教育到底是什么？学校应该干什么？教师应该怎样教？教育改革、学校发展、教师和学生成长，究竟路在何方？经过数年的建设，华阳小学所处地段日趋优越，师资和生源也日渐优质，学校如何建设，如何发展，才能彰显出优质资源日益集聚的特殊优势？如何营造出一种独一无二的华阳教育氛围？如何探索出一条华阳小学自己的品牌发展之路？

华阳小学发展初期，各学科的教学目标以传授知识为主，应试教育痕迹明显；教学模式以"篇"或"课"为单位，容量小，功能单一；以教师教授为主的传统课堂使学生处在被动的客体地位，沦为学习的配角，学生主动求知的欲望难以被点燃，自主探究与自主学习的能力受到极大的限制，这严重束缚了学生思维能力的发展与个性的张扬。以知识为本，以"师"为本，以"教"为本，学生为学而困，教师为教而愁，家长为孩子厌学而烦——这既是长期以来中国教育存在的普遍问题，也是十多年前的

华阳小学亟待解决的关键问题，改革迫在眉睫。

在学校行政领导班子的积极推进下，郭思乐教授的"生本"之风吹进了华阳小学的课堂。"充分相信学生，高度尊重学生，全面发展学生"的华阳教育观让学生们不再是被动地"接受"，而真正变成了课堂学习的主体。华阳的任教老师们也认识到，要建立充分相信学生而让学生自信自强，高度尊重学生而让学生自尊自爱，全面发展学生而让学生自优自成的教育新局面。他们在积极践行生本理念的过程中体会到了教育给学生带来的改变，也体会到了教育的成就感。

经过一段时间，学生在课堂上的表现让人刮目相看，课堂气氛一改往日的沉闷，每一个学生都能积极参与到课堂学习与思考中来，他们能思善辩，乐于分享表达，小组合作学习效果明显。一个数学公式，学生们可以通过"头脑风暴"想出十几种验证它的方法；在高年级的语文课堂上，学生们侃侃而谈，引经据典，观点也不乏可圈可点之处；哪怕是刚入学的一年级学生也能为一个生字找到七八个"朋友"。这种为学而问、为学而思的主动性让华阳人欣慰，也更加坚定了走生本特色的办学之路的决心。

生本的办学特色成了孩子们走出思维牢笼的力量，也让全体华阳人找回了教育的"初心"，让教育更好地服务孩子们的成长，而不让孩子们成为学业的奴隶。

就这样，乘着生本的春风，华阳小学走出了适合学校发展的特色之路，取得了傲人的成绩，同时也涌现出一大批优秀的教学及管理人才，赢得了社会的广泛赞誉。

在华阳小学林和东校区的教师会议室里，由华阳家委会构思，著名画家南仁刚先生创作的《逐日图》悬于最显眼的位置。"我怀念上古的夸父，他追赶日影，渴死在旸谷。"这是巴金《日》中的名句。在"心自由，行至远"的理念引领下，我们希望华阳小学学生身上也有这种追求光明、追求自由的人类精神，在"逐日远行"的道路上身心自由、潜能迸发、生命之花自然绽放，在共生自立中葆有理想、敢于担当、乐于追求、勇于挑战、永不言败，而这种姿态和精神也将引领学生走向更广阔的远方、更高远的未来……自立就是我们对"心灵完整、逐日远行"理念的诠释。自由奔跑、不懈追求、不断超越，这不只是华阳小学对学生成长的希望，也是每一位华阳小学的教育工作者对自己的要求与勉励。

早在 2006 年，中央电视台就现场直播过学校的课堂教学，《人民教育》杂志多次报道过学校的教育教学成果。近几年，在华阳小学师生的不断努力下，学校获得的国家和地方各级奖项不计其数。全体华阳人在生本路上且行且思，不断总结提炼教学经验，至今有不少教学论文已经在全国及省市级教育刊物上发表。其中，周玉娥校长撰写的《网络建模初探》获全国创新教育论文评奖一等奖；《以学生发展为本，坚持科研兴校》获广东省教育管理科学吴汉良奖一等奖；由周校长主持的"生本实验"课题获广东省教育科学研究所优秀成果特等奖，学校荣获优秀成果一等奖。

自华阳小学 2004 年 6 月晋升为"广东省一级学校"至今，先后获得广州市先进集体、广州市进一步深化素质教育试点学校、广州市青年文明号、广州市优秀家长学校、广州市体育传统项目学校（游泳、乒乓球）、广州市绿色学校、广东省特级档案综合管理单位、广东省红旗大队、广东省首批安全文明校园、广东省首批书香校园、广东省绿色学校、广东省首批依法治校示范校、全国十一五"教育科研先进集体"、中央文明办"做一个有道德的人"活动联系点等称号。

更令人振奋的是，在各级政府及教育行政部门的正确领导与大力支持下，华阳小学参与了由广东省教育科学研究所主持的国家"十五"规划教育部"十五"重点课题"生本教育的观念和实践模式在课堂教学中的运用研究"，学校的管理层次及科研水平得到了大幅度提高，赢得了社会的广泛赞誉。一种开放、民主、和谐、活跃的现代新型课堂教学模式正在逐步形成。华阳小学师生创造了许许多多教与学的奇迹，学生的学习兴趣浓、习惯好、能力强、效率高。

华阳小学，走出了属于自己的特色办学之路。

第二节 "七彩生本自立课程" 的价值与可行性

在当下的教育环境中，对于一所学校来说，办学特色能推进落实素质教育。迎着国家教育改革的契机，华阳小学将学生的长远发展作为出发点，致力于培养学生成为"拥有完整心灵的太阳娃"。生本是华阳小学的发展方向，而对于学校的育人工作来说，仅有方向还远远不够，必须以更加完善的课程体系丰富学校特色办学的内容，将学校课程全面优化，才能从根本上满足学生素质发展的需要。

构建学校整体特色课程体系，亟待解决的重点问题就是"如何基于生

本理念将国家基础课程与校本特色课程相融合",以及"如何凝聚学校文化将'拥有完整心灵的太阳娃'的培养目标加以落实"。为了从根本上解决这些问题,全体华阳人在原有大量实践与研究的基础上整合课程资源,提炼经验,优化措施,形成完备的方案,包括凝聚特色的课程理念、研制具体的课程目标、形成系统的课程内容、创新有效的课程实施策略和评价方式等。就这样,华阳小学的另一张"名片"——"七彩生本自立课程",应运而生。

"华阳"二字,意为中华大地上的一轮光彩熠熠的暖阳,"七彩"便是这"华阳"散发出的七种色彩。"赤橙黄绿青蓝紫,谁持彩练当空舞。"毛主席也在《菩萨蛮·大柏地》一诗中对太阳发出热烈的礼赞。在全体华阳人看来,这七种颜色彼此辉映,相互联系,但又各有特色,正如校园里个性张扬的孩子们。培养如阳光一样全面发展却又不失个性的孩子,正是华阳小学"以生为本"的教育主张。《礼记·儒行》中说:"力行以待取,其自立有如此者。"自立,即指依靠自己的力量有所成就。对主要来自独生子女家庭的华阳学子来说,自立更是学生迫切需要提升的能力。"七彩生本自立课程"也由此而来。

学校将阳光七色用于特色课程,分别有赤之远责任课程、橙之健运动课程、黄之魅展能课程、绿之趣阅读课程、青之跃探究课程、蓝之海思维课程、紫之贵美德课程。为了有效构建学校整体课程体系,使之既符合素质教育要求,又达成学校培养目标,华阳小学开展了以"七彩生本自立课程"引领华阳学子成长为"拥有完整心灵的太阳娃"的行动研究,历经十多年探索,取得了显著成效,实现了学校跨越式优质发展,走出了一条以生本为引领而深度实施素质教育的道路。学校整体课程体系的成功构建与实施,为同类学校优质办学提供了行动借鉴,多所学校推广运用华阳小学的课改模式,国内外近四万人次来校考察、学习和交流。

对于学生来说,"七彩生本自立课程"综合培养的是不同的学科素养,课程也将学生的培养目标放得更远。"七彩生本自立课程"以提升学生综合素质为考量,以"七彩生本酿造七彩生活"为追求,各门课程相辅相成,打造出和谐自然的教育生态。同时,每一门课程都由学校老师设计了相应的形象代言人"太阳娃",并由学生分别命名。

对于学生来说,兴趣是最好的老师,五彩缤纷的"七彩生本自立课程"能紧抓学生的学习兴趣。有了兴趣,才能提升课堂上学生的学习主动性。正因为是自己的兴趣所在,在生本的课堂上,学生主动发现问题、思考问题、探究问题。学生的独立思考能力和自主学习能力都得到了增强，学习的各方面能力也得到了提高。学生更可以自主设计开展相应的课程活动，比如自发在"自由广场"上表演、自主联系走班阅读分享以及自己设计微课分享等。正如郭思乐教授提出的"儿童是天生的学习者"，"七彩生本自立课程"重视学生多元智能的发展，鼓励学生进行批判性的思考，追求体验性的学习方法，有利于激发学生的学习潜能。

可见，"七彩生本自立课程"首先满足的是学生的需要，在综合学习的同时不忘发展学生的特长；在学生主动发现、探究问题的过程中，让知识和能力从课堂上走进生活中，也减少了传统学习方式给学生带来的压力。

为了充分发挥家长在教育过程中的作用，燃起家长对于教育的热情，"七彩生本自立课程"给了学生不一样的发展角度，给了学生在学习过程中发现自我优点的钥匙。

成功的教育离不开家庭的支持，我校学生家长素质较高，愿意积极参与到学校的教学活动中。"七彩生本自立课程"从开发到实施的过程中，也经常能看到家长的身影，家长的参与能对学生产生直接有效的影响。家长是孩子的陪伴者，学校是教学活动的组织者，"七彩生本自立课程"让学校和家长在教育过程中形成合力，课程的发展也为家长培养孩子指明了方向。

在课程开发过程中，由于角度不同，家长也能积极为课程改进提供意见与思路，让课程立于社会的实际。虽然课程开发以学校和教师作为主体，但教育过程离不开外部力量的支持与合作，这样才能更好地实现教育的目标。在课程实施后，家长能够对课程进行监督和评价，从而促使学校不断改进教育教学工作，提高校本课程开发质量。

"七彩生本自立课程"不仅给孩子们带来了丰富有趣的学习内容，在课程的开发、实施和反思中也让华阳小学的教师们受益匪浅。

在学校教育中，课程是教学内容的载体，而教师则是课程实施的引领者。华阳小学的每一个成员奋进善思，始终以学生的发展为己任，他们不满足于一成不变的课堂讲授，而是不断探寻更加适合学生的方式方法。同样的课程内容，不同年龄段的学生应该如何学习？同年级不同学情的班级之间又该有怎样不同的呈现？所以有人说华阳小学的老师也是"不安分"的老师，正是这种求新钻研的精神，才使华阳小学的课堂保持了蓬勃的生命力，这样的课堂，无疑是最具吸引力的。

我校的"七彩生本自立课程",是一套独立创新的课程体系,从无到有,其建设历经前期探索、课程建设两个阶段。

1. 前期探索阶段

(1)"生本教育"深入探索。1999年起,华阳小学开创"生本教育"实验,积累了大量的课堂改革经验,在使用生本实验教材的语文与数学课程中开展生本课堂教学的探索性研究。

(2)"以学定教"模式提炼。自2010年开始,华阳小学各学科课程使用的教材从生本实验教材转为人民教育出版社的教材,初步探索的生本教学模式在转变教材后开始新的探索,并在语文与数学两大学科中积累经验,提炼单元化整体教学的初步模式。在教学初见成效的基础上,学校深入提炼各学科团队探究的教学模式,系统化阐述"以学定教单元整体教学模式",各学科均提炼出"感受课(整体感知)、精学课(整体精学)、拓展课(整体迁移)、整理课(整体综合)"四种课型的教学模式。

这一阶段,"充分相信学生,高度尊重学生,全面发展学生"的生本教育理念和"以生为本"的教学实施策略,充分培养了学生的学习自主性;"以学定教单元整体教学模式"的探索,也成为国家课程校本化实施的有效抓手。大量的实践与经验,为"七彩生本自立课程"的构建奠定了基础。

2. 课程建设阶段

(1)课程体系初步构建。2012年9月起,学校在原有大量实践与研究的基础上尝试对学校整体课程进行系统化设计,构建"七彩生本自立课程"体系,深化运用"以学定教单元整体教学模式"进行国家课程校本化实施,同时从橙之健运动课程、赤之远责任课程、紫之贵美德课程、蓝之海思维课程、绿之趣阅读课程、青之跃探究课程、黄之魅展能课程七大领域课程进行特色化开发与实施。

(2)培优项目引领发展。2015年9月,经过三年的自主探索,课程成果获得广州市教育教学成果一等奖,同年11月,被广州市教育局遴选为"培优项目",进一步提炼其开发模式与实践形态。以课程建设为抓手,华阳小学成为广州市第二批创新学术团队中唯一的小学代表,成为广东省基础教育研究实验基地学校。周洁名校长工作室辐射引领多所学校构建特色课程。2017年11月,课程成果获得广东省教育教学成果奖(基础教育)一等奖。

当下,学校不断在原有体系上进一步优化创新,进入新一轮学校整体课程构建行动研究的系统化设计阶段，从多层级、全方位落实国家课程与学校特色课程的融合，对原有课程体系进一步完善，使其得以持续创新，支撑华阳小学的可持续品牌化发展。

"七彩生本自立课程"的开发与完善，提升的是教师的综合能力，课程建设的整个过程，不仅需要同年级同学科教师展开教研活动，更需要经常进行跨学科跨年级的研讨。这为华阳小学教师专业素养的发展提供了平台，此外还提升了教师的课程能力。教师的课程能力包括课程开发能力、课程实施能力、课程评价能力等。教师需要把握学情，制定高效合理的教学目标，整合课程内容，并在课程实施后对课程进行客观评价与反思，结合学生学习状况对课程进行合理调整。

"七彩生本自立课程"的开发与完善，将学校、家长、教师、学生更好地融为一个成长共同体，在"一切为了孩子"的共同目标下，聚融众智，合力成城。

"七彩生本自立课程"的开发与完善，将为孩子的发展提供一个更丰富广阔的舞台，让他们的发展更自主、更充分、更生机勃勃！

奔跑的华阳"太阳娃"

第二章　"七彩生本自立课程"目标

第一节　课程的基本理念

如何构建既符合素质教育要求，又与学校培养目标相匹配的课程体系？这一直是华阳小学在课程探究中着力解决的核心问题。

现代课程专家施良方在《课程定义辨析》一文中指出，"课程"是一个使用广泛而又含义多层的术语，情境不同、对象不同，课程的含义也不同。寻求一个特定的、精确的课程定义与用法，并为大家所认可，这既不现实，也不可行。每一种课程的定义和用法，都隐含着哲学假设、价值取向以及课程实践的意义。这也就强调了，课程的开发、设计、实施、评价不仅要考虑课程本身的性质，还要考虑特定环境中的教育理念和实施意义。

华阳小学多年来坚持"充分相信学生，高度尊重学生，全面发展学生"的生本教育理念，在生本教育的路上已经走了近 20 年。当华阳小学坚定地选择并走上生本教育之路后，学校的一切工作就都是以生本为中心，学校成为生本教育场，学校工作成为生本一体化工程，课程探究方面自然也不例外。

华阳小学校长周洁说："一棵树为什么要开花，因为它是开花的树。花树如此，人的成长亦然。每个人都具备成长的内在性格，这应该成为教育的真谛，教育者的共识。对华阳小学来说，生本是一条路径，华阳小学选择这条路径，是源于华阳人对孩子的爱，对学校的爱，对教育的爱，是大爱无形的华阳情怀。逐渐地，在生本教育理念的指引下，华阳小学走在了快速发展、良性发展的大道上。当大家看到教育方式因生本而自然生长，看到学生因生本而演绎精彩，看到教育绩效因生本而迈向卓越时，全体华阳人都自觉地在教育过程中践行着生本教育的理念，和学生一起聆听生本教育花开的声音，一起享受生本教育的幸福。生本由此内化成为一种价值取向、一种理想信念。对于华阳小学的教师们来说，每一个学生都是重要的，要创造适合每一个学生的教育。今天的教，要立足于学生明天的发展。学生是天生的学习者，是学习成长的主体。我们要把为教师的好教而设计的教育，转变为为学生的好学而设计的教育，实现由师本教育向生本教育的转变。正是基于这样的认识，大家与生本结下了不解之缘。"

何建芬老师是华阳小学第一个生本实验班的班主任，是华阳小学生本研究室的主持人，是华阳小学生本教育的先行者。提到生本教育，何建芬老师如是说："多年来，我们面对各种质量监控、各项检测和抽查，有压力、有困扰，但是我们仍然尊重自然，无为而为，以学定教，坚定着素质教育背景下减负的信心，将缚在孩子身上的绳索解开，打开其心扉，还其蓝天与白云，让其呼吸新鲜空气。于是，我们把学习的主动权交还给孩子，从而唤醒孩子的自觉意识，完成作为教育者最重要的工作——让孩子获得了主动发展的永不枯竭的动力与热情。"

思想家雅斯贝尔斯说过，教育是人的灵魂的教育，而非理智知识和认识的堆集。在华阳小学，学习绝不是为了分数的学习，也不仅是为了知识的学习，而是为了全面发展，为了学会学习。毫无疑问，生本教育唤醒的是学生成长的内在性与自主性，其最大的直接受益者是我们的学生。华阳小学的学生们在生本教育的温暖阳光下茁壮成长，发展智力，培养灵魂，他们与生本齐相牵共成长，他们不仅是华阳小学文化价值取向的受益者，也是华阳小学文化价值的践行者。"以生为本，大爱无形"，是一种贯穿于华阳小学办学过程中的价值理念，是一种渗透于校园时时处处的文化追求。这同样构成了华阳小学看不见的内在特色和隐性价值。

在课程这一方面，如何做到"以生为本"，让学生的自主创造意识在参与这些课程的过程中，受到最大的肯定和呵护，成为学校课程推进的指导思想。华阳小学自主开发"七彩生本自立课程"，旨在以七种分门别类的课程，引领华阳学子成长为"拥有完整心灵的太阳娃"。"向着太阳，自立远行"是"七彩生本自立课程"的基本理念。

取太阳七色，促特色成长。华阳，意为一轮光彩煜煜的暖阳。著名诗人艾青在《向太阳》一诗中对太阳发出热烈的礼赞。华阳小学也从太阳中得到启示，将太阳七色"赤橙黄绿青蓝紫"用于我们的特色课程，取名为赤之远责任课程、橙之健运动课程、黄之魅展能课程、绿之趣阅读课程、青之跃探究课程、蓝之海思维课程、紫之贵美德课程，以"七彩生本"酿

造七彩生活，每门课程都由学校教师设计了相应的形象代言人"太阳娃"，由学生分别命名。

代表"七彩生本自立课程"的七位太阳娃，依次为美德娃、探索娃、活力娃、阳光娃、阅读娃、好学娃、追梦娃

自由奔跑，不懈追求，不断超越。"我怀念上古的夸父，他追赶日影，渴死在旸谷。"这是巴金《日》中的名句。在"心自由，行至远"的理念引领下，我们希望华阳小学的学生身上也有这种追求光明、追求自由的人类精神，在"逐日远行"的道路上身心自由、潜能迸发、生命之花自然绽放，在共生自立中葆有理想、敢于担当、乐于追求、勇于挑战、永不言败，而这种姿态和精神也将引领学生走向更广阔的远方、更高远的未来……自立就是我们对"心灵完整、逐日远行"理念的诠释。下图是由华阳家委会构思，著名画家南仁刚先生创作的《逐日图》，寓意华阳学子在"七彩生本自立课程"的引领下，向着太阳，自由奔跑！

《逐日图》

以下是学校"七彩生本自立课程"的整体构架图：

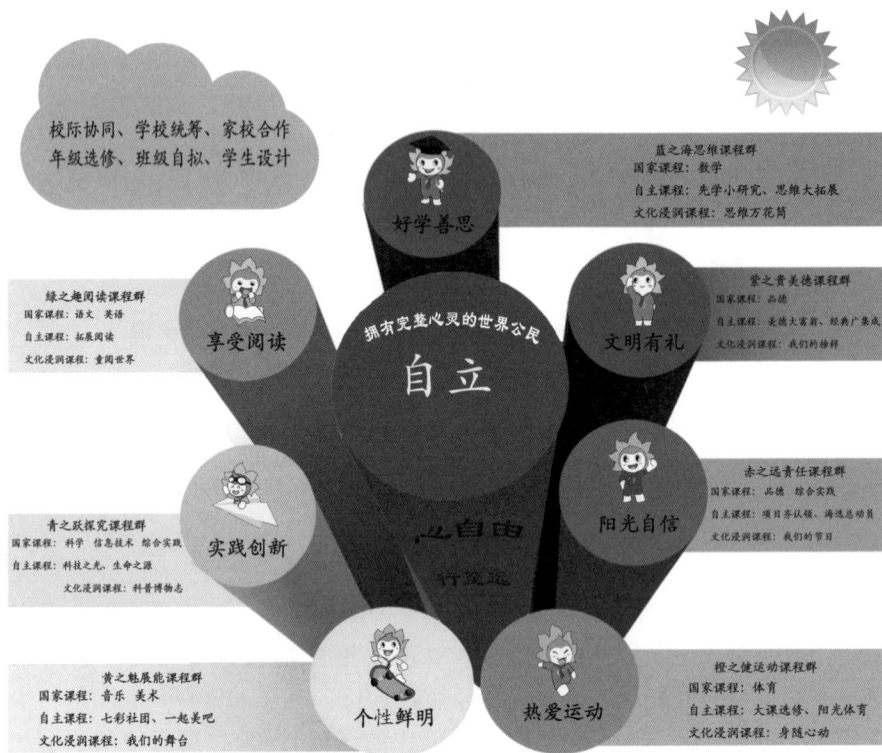

图中，中间部分是课程理念，周围七个小圆柱是课程目标的七个子目标，连接课程目标的是课程群内容，云朵里是课程实施的路径，太阳寓意着"生本华阳，逐日远行"。

第二节 课程的目标体系

一、课程目标的定位依据

课程目标含义较广,既可以是整个学校教育的总体目标,即对学生素质所做的总体要求,又可以是某一学段的共性目标(一般目标),即对某些学段学生的素质要求,还可以是某一门学科教学或活动的目标(特殊目标),即学生学完该门课程后所要达到的基本目标。确定课程目标,不仅有助于明确课程与培养目标的衔接关系,从而明确课程设计工作的总体方向,还有助于课程内容的选择和组织,并可作为课程实施的基本依据和课程评价的主要准则。

《课程论》一书中关于课程目标的定义是"课程本身要实现的具体目标",是期望一定教育阶段的学生在发展品德、智力、体质等方面达到的程度。主要有四类:①认知类,包括知识的基本概念、原理和规律以及理解思维能力。②技能类,包括行为、习惯、运动及交际能力。③情感类,包括思想、观念和信念,如价值观,审美观等。④应用类,包括应用前三类来解决社会和个人生活问题的能力。

培养"拥有完整心灵的太阳娃",是华阳小学"七彩生本自立课程"的基本目标。通过关键词"完整心灵"和"太阳娃"可以看出,"七彩生本自立课程"的基本目标从一开始的定位就关注到了认知、技能、情感、应用等。对于这一与时俱进、定位高远的人才培养目标,华阳人有自己特定的理解。

首先,教育应培养完整的人。对此古今中外无数思想家和教育家都做过自己的思考和表达。孔子追求的教育目标是"成人"——"若臧武仲之知,公绰之不欲,卞庄子之勇,冉求之艺,文之以礼乐,亦可以成人矣。"(《论语宪问》)何谓"成人"?即在知、情、勇、艺等各方面都得到发展的人。换成今天的话来说,也就是智育、德育、美育和体育的统一。近代思想家王国维也说,教育的宗旨在于使人成为完全的人,而所谓完全的人,就是各方面的能力发达且调和的人。人的能力分为身体和精神两方面，精神能力又分为智力、感情及意志三部分，正是基于这三者，人类才有了真善美之理想。具体而言，真为智力之理想，美为情感之理想，善为意志之理想。而完全的人不可不具备真善美三德。正因为要达到真善美的理想，要培养完全的、具有真善美三德的人，所以才有教育事业的兴起。

其次，中国当代教育片面重视人的理性生命，片面追求科学价值的现代性，使教育出现了严重的偏差。其具体表现是，知识教育居于主导，素质教育难以落实。而以应试为目的、以知识为主体的教育，偏重于人的智力发展。从心理学的角度来说，智力发展，只是人的精神能力发展中的一个维度。在中国，这样的状况极其严重，以致周国平先生评价："在今日中国，教育是最落后的领域，它剥夺孩子的童年，扼杀少年的求知欲，阻碍青年人的独立思考，它的所作所为正是教育的反面。"

再次，以情感教育和意志教育来弥补知识教育的不足，纠正应试教育的弊端，才能把素质教育真正落实到实处，培养德智体美全面发展的现代少年。

最后，在完整心灵的基础上，为了适应当今国际交流日益增多、教育国际化日益明显的发展趋势，培养能够在国际上应对自如、进入各种公共领域参与各种公共事务的世界公民，便成为华阳小学人才培养目标定位的落脚点。

华阳小学的"七彩生本自立课程"，正是素质教育的具体化落实和校本化实践，它切实贯彻生本教育的理念，立足脚下，视界宏阔，引领华阳学子以逐日的气势，以逐日的精神，在通向"拥有完整心灵的太阳娃"这一成长目标的征途上阔步前进。

二、课程目标的具体构成

课程目标是指导课程设计者所有活动的最为关键的准则，必须以精确而清晰的方式进行表达。按照国家对义务教育的要求，小学教育要让学生在德智体诸方面生动活泼地、主动地得到发展，使学生养成良好的品德和个性品质、行为习惯，具有一定的学习能力，拥有健康的身体、爱美的情趣等。基于我校"向着太阳，自立远行"的课程理念，我们认为自立自强的"太阳娃"，就符合小学教育的培养目标，同时，对应太阳的七色"赤橙黄绿青蓝紫"，将"拥有完整心灵的太阳娃"这一总培养目标聚焦到七个特质上，作为七个发展子目标："赤——阳光自信、橙——热爱运动、

黄——个性鲜明、绿——享受阅读、青——实践创新、蓝——好学善思、紫——文明有礼",分别对应七色课程。

"阳光自信"具体指积极参与活动、大胆展示自我,乐于分享、勇于承担,有较强的独立意识和自理能力;"热爱运动"具体指掌握运动技能与方法,科学锻炼、身心健康,在运动中锤炼坚强的意志;"个性鲜明"具体指有独特的思考、热爱艺术、兴趣广泛,在丰富的社团活动中充分锻炼,在规则下彰显鲜明的个性;"享受阅读"具体指喜爱阅读,能大量拓展阅读、掌握方法,在交流和写作中表达独特的感受;"实践创新"具体指热爱科学、有探究精神,留心观察、勇于实践、敢于创新;"好学善思"具体指勤奋好学、勇于质疑、实事求是,通过独立思考与合作交流解决问题;"文明有礼"具体指遵守社会公德、言行文明、学习中华经典文化,在成长中涵养与传承美德。

赤之远责任课程的课程目标为:立足于自己当前生活和学习中的问题,学会自己的事情自己做,从小事做起,养成良好的行为习惯。学校通过创设自由广阔的体验平台,使学生逐步培养自立能力和自主精神。学生通过自主参与和自行策划,展现风采,体验成功与快乐,收获自信与成长;通过大胆投身实践活动,学会勇于承担责任,从而自我超越、自觉学习法律法规,懂得在自己的成长路上不断修己慎独、自主自律。其课程内容,同样根据各年级学生的年龄特点和能力,有针对性地选择课程内容和学习活动方式,并进行有华阳特色的实施和评价。

橙之健运动课程的课程目标为:让每一个学生掌握至少两项体育技能。在体育技能的学习中学会科学锻炼身体,掌握有效的锻炼方法,提高学生的身体机能和心理素质,培养学生坚强的意志品质。在课程内容安排、课程实施和课程评价的设计中,我们按学生的年龄差异分出水平段,并且逐渐形成我校学生的运动特色。橙之健运动课程,积极鼓励和倡导学生热爱运动。经过华阳小学的路人,常常被学校操场里这样一个情景所吸引:宽阔的操场上同时进行着不同的体育项目,一群学生在打篮球,一群学生在踢足球,一群学生在打羽毛球。每个学生都全情投入,各个项目井然有序,各自精彩又互不影响。华阳小学的家长常听到学生兴高采烈地说:"今天我们班上大课了!我太喜欢上这样的体育课了!"是什么样的体育课这么吸引学生呢?原来是大课选修,这是橙之健运动课程中的一种课型,也就是孩子们口中的大课。目前小学阶段体育教学的开展,主要以《义务教育体育与健康课程标准》(2011 年版)为依据。如何在日常教学中体现出学生的主体地位，促使学生主动参与课题与活动？这是该课程负责人努力思考之处。大课选修便是华阳小学敢为人先、首吃螃蟹的尝试。学生们有选择的自主权，可以上自己喜欢的体育项目，还可以和其他年级的学生一起上大课，难怪大课选修成了华阳小学学生最喜欢的体育课。除了大课选修之外，课程中的体育大课间、阳光体育也深受学生们喜爱。体育大课间是学生们尽情挥洒汗水、提高身体素质的重要阵地，学校将跑操、跳绳、广播操和自编操相结合，通过30分钟的基本练习，提高学生身体素质。阳光体育是学校组织当天没有体育课的班级，在下午最后一节课开展的活动。活动内容根据班级体育特色和学生体育兴趣而定，每班各具特色。大家欣喜地看到，华阳小学的学生们日益热爱体育锻炼，并学会了体育锻炼的方法，养成了体育锻炼的习惯，做一个热爱运动的太阳娃，这正是橙之健运动课程开设的初衷。

　　黄之魅展能课程的中心是太阳娃社团体系。课程目标是创造一种全新的教育环境，给每一个学生提供感受自我、展示自我、完善自我的机会，有效地实现培育完整心灵的育人目标。其中最具华阳特色的，就是有效整合家长优势资源，增强家长主动、深度参与学校课程的意识，逐渐形成家校合作开发课程的发展态势。太阳娃社团体系，从管理层次上分为自主社团、班级社团和学校社团，从课程类型上分为文体类社团、科学类社团、社科类社团、学科类社团和学风类社团。其中，有代表性的自主社团有换客社团、机器人社团、小制作社团、篮球社团等；班级社团有吟诵社团、都市小农夫社团、原创小诗人社团、绘本阅读社团等；学校社团有电声乐团、合唱社团、羽毛球社团、舞蹈社团、游泳社团、书法社团等。黄之魅展能课程还有一个显著的华阳特色，那就是以社团为单位对学校各类活动进行承办和认领。学校则为各社团提供自主活动的平台，帮助社团学生在实践中、体验合作中成长，让社团活动带动学生全面自主发展。太阳娃社团体系，真正体现了学生是小主人、社团是主阵地的华阳特色。太阳娃社团活动课程评价与学科课程评价有所不同，我们依照先学生家长、后教师的顺序权重评价主体的比例，同时依据社团的社会性特质，邀请部分社会专业人士参与评价。评价方式上，也设定多维度评价指标，即除了星级社团这一综合性指标外，还设定活动单项指标。

　　绿之趣阅读课程的课程目标，不仅仅落脚在增强学生对语文学习和大量阅读的意识和兴趣上，更引导学生广泛阅读、学会阅读、爱上阅读、享受阅读，从而能主动进行探究性学习，激发想象力和创造潜能。同时，要

求学生能具体明确、文从字顺地表达自己的见闻、体验和想法，学会倾听和交流，并从中提升自己的感悟。语文是基础教育的重要科目，学语文不是单学语文课本，而是要在广阔的课外阅读中提升人文素养，夯实语文基础。华阳小学自践行生本教育以来，就提出了"大阅读"的教学观，将小课本与大阅读相整合，开展单元主题化阅读。经过多年实践，这一特色化做法已由教学改革上升为课程创生，形成了具有华阳小学特色的绿之趣阅读课程。这一课程，培养出了大批热爱阅读的学生。"腹有诗书气自华"，阅读让学生们深切地感受到了语文的魅力，更主动地参与到语文学习中来；阅读为学生的人生打下坚实的基础，让他们在人生之路上走得更稳、更远。

青之跃探究课程，鼓励学生勇于探究、超越自我。它主要着眼于激发学生对科学的兴趣，一方面让学生了解新科技的发展，形成开阔的视野；另一方面培养学生创新实践的兴趣和能力。低年段的课程内容为科学绘画，中年段为小发明，高年段为科学项目研究，按照学生自主性、教师指导性、安全性、家校内外相结合等原则开展实施。华阳小学一直有这样一群学生，他们喜欢幻想，喜欢探索，喜欢做科学实验。于是学校创设各种探究平台，让他们尽情发挥所长。他们有的当上了电视科技小达人，有的在青少年创新大赛中屡获大奖，有的独自发明、创造的小物件获得了发明设计专利。他们始终保有一份持续不断的探索热情，这一切跟青之跃探究课程分不开。

蓝之海思维课程，是教师以教学目标为依据，依照学生的生活经验及原有知识基础而设计的贯穿课堂始终的自学内容。它为整个教学提供了一个将"教"转化为"学"的空间，让每个学生在学习每种知识时，根据不同的个性，循序渐进地培养自学能力，帮助学生从"学会"变为"会学"。蓝之海思维课程，鼓励学生好学善思，形成解决问题的高效思维。数学是培养学生思维能力的基础教育科目。传统教学是把时间主要花费在知识理解等低阶思维能力上，而分析、综合评价等高阶思维能力只能留在课后让学生自己完成，学生难以得到教师的直接反馈。蓝之海思维课程的宗旨是，使学生获得可持续发展，学会观察、收集资料、独立思考、理性交流、小组合作、知识共享，由此促进学生会学、乐学、好学，培养他们勤学善思的品质。经过十多年的坚持和改进，华阳小学在原有的"以学定教单元整体教学模式"的基础上还精心设置了不同课型。感受课，让学生充分了解本单元的陈述性知识，实现低阶思维能力的训练。精学课，则致力于帮助学生发展高阶思维能力。教师惊喜地发现，原本沉闷的数学课堂变得生动活泼，学生原本禁锢的思维得到解放，教的课堂变成了思辨的课堂，学生的思维活跃了，敢质疑、敢挑战。他们对自学内容有独立的思考，有个性的发现，能提出有价值的问题。在课堂互动中，学生就学习内容进行有序的交流、推理、辨析，作出理性的判断和准确的表述，进而形成对数学的清晰认识和见解，并能在课后恰当运用，实现更广泛、更深度的拓展，无论是教师还是听课者，都能享受课堂，感动于学生积极活跃的思维。为了尊重学生的个性发展，华阳小学还创办了思维拓展训练营，为部分学生提供探究高阶思维的平台，帮助他们往更广阔的思维园地发展。学校坚信，在蓝之海思维课程的滋养下，学生们一定能成为会学、乐学、好学的学习者。

紫之贵美德课程，是以"小太阳"美德成长银行为载体，构建了一套适合我校学生特点、操作性强的活动课程操作体系，深入实施文明礼仪养成教育课程，用学生喜闻乐见的方式鼓励他们积极投入美德实践。为实现这一课程领域的目标，我们根据不同的美德标准设置了13种美德币，按照相应的评价标准开展美德首富、超级美德富翁、最佳分行、华阳十大美德事件等一系列评比活动。

以生为本、小立大作，是华阳小学课程建设的追求，意在让每一个华阳学子、每一位华阳家长与教师一道，也让不同学科的教师互相借力，共同创生课程，享受小立课程的大作功夫，进而使学生学得积极、学得活泼、学得自在。我们欣喜地看到，集体的智慧是无穷的，更多的年级课程、班级课程、学科融合课程正在展现独特的魅力。华阳小学"七彩生本自立课程"体系，呈现出百花齐放、开放兼容、不断成长的面貌。

开心游戏的华阳"太阳娃"

第三章 "七彩生本自立课程"内容

第一节 课程内容结构

"七彩生本自立课程"的课程内容，一方面，是以"以学定教单元整体教学模式"为抓手，进行国家课程校本化实施，各学科最终都提炼出"感受课（整体感知）、精学课（整体精学）、拓展课（整体迁移）、整理课（整体综合）"四种课型。"以学定教单元整体教学模式"在广州市中小学课堂教学模式评比中荣获一等奖，并入选《课堂教学新模式》一书，面向全市范围进行推广，这也是全市唯一一所小学入选的教学模式。

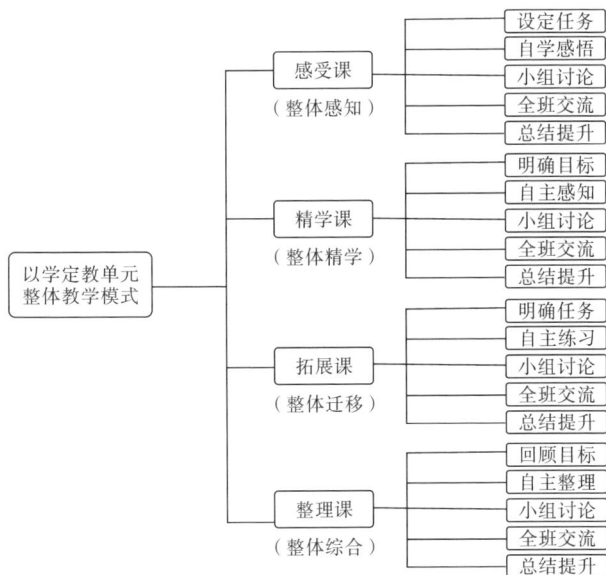

"以学定教单元整体教学模式"图

另一方面，是围绕培养"拥有完整心灵的太阳娃"的发展目标，对应七个发展子目标，构建了七个课程群：赤之远责任课程群、橙之健运动课程群、黄之魅展能课程群、绿之趣阅读课程群、青之跃探究课程群、蓝之海思维课程群、紫之贵美德课程群，每个课程群都由国家课程、自主课程、文化浸润课程三部分组成，三者互相融合，彼此补充，将国家课程与学校特色课程有效融合。其中，学校特色课程主要分成自主课程和文化浸润课程两大类。自主课程指的是学生或自主探究，或自主参与，或自主认领，或自主创设，或自主选择，甚至自主发展的课程；文化浸润课程是让学生在活动中潜移默化地润泽与发展，最终像花朵一样自然绽放的活动课程。

"七彩生本自立课程"课程群内容

培养目标	课程群名称	国家课程	自主课程	文化浸润课程
德	紫之贵美德课程群	品德	美德大富翁、经典广集成	我们的榜样
	赤之远责任课程群	品德、综合实践	海选总动员、项目齐认领	我们的节日
智	青之跃探究课程群	综合实践、科学、信息技术	科技之光、生命之源	科普博物志
	绿之趣阅读课程群	语文、英语	拓展阅读	童阅世界
	蓝之海思维课程群	数学	先学小研究、思维大拓展	思维万花筒
体	橙之健运动课程群	体育	大课选修、阳光体育	身随心动
美	黄之魅展能课程群	音乐、美术	七彩社团、一起美吧	我们的舞台

第二节 课程内容要点

一、赤之远责任课程

责任是一种自觉意识，也是一种传统美德。责任是一种能力，又远胜于能力；责任是一种精神，更是一种品格。责任就是对自己可能并不喜欢的工作毫无怨言地承担，并认认真真地做好。

责任如阳光，能激发潜能；责任如甘露，能净化心灵；责任如烛光，能照亮人生。自古以来，中国传统文化中就有"修身、齐家、治国、平天下"的责任意识和担当精神。花木兰替父从军，体现的是儿女对父母、对家庭的责任；南宋名将岳飞精忠报国，体现的是对国家的责任；先天下之忧而忧，后天下之乐而乐，体现的是范仲淹对人民的责任。新中国成立后，像邱少云、黄继光、罗盛教等战士舍生忘死、保家卫国的奉献精神，像钱学森、邓稼先、李四光、华罗庚等老一辈科学家冲破阻力、报效祖国的赤子情怀，像雷锋、王进喜、焦裕禄等先进模范人物艰苦奋斗、忘我奉献的高尚品格，都鲜明体现了中华民族的担当精神。责任是人与生俱来的一种约束、一种使命。

在现代社会中，一个人的责任心如何，似乎已经成为评价其是否能够胜任本职工作的标准之一。作为学校，培养学生的责任心，使学生清晰地明了自己应当承担的责任，是非常重要的。

责任心的养成不是一朝一夕的事，必须从小就让孩子懂得他自己的任务和职责。在孩子自我意识逐渐增强、能稍微明白一些事理时，就要给孩子灌输这种意识，让孩子明白，自己做的事，自己要勇敢地面对，自己负责；做错了事不能逃避责任，要勇于承担后果和弥补过失，从而提高孩子的责任意识，逐渐培养孩子的责任心。

责任担当是实现中华民族伟大复兴的必然要求。一直以来，华阳小学以培养学生的责任意识、担当精神为首任，通过德育部门的整体规划，大队部的严格执行，各个班级的贯彻行动，为学生的责任心培养提供多种途径，并取得良好成效。

（一）项目齐认领

1. 管理基地，自行认领

"我们的学校我们管，我们是学校的小主人"，这是我校少先队自主管理的核心思想。我校大队部将学校分成若干自主实践基地，由各中队自行认领、自主管理，学校处处活跃着小管理员忙碌的身影，人人都是学校的主人。在不同的舞台上，学生体验了不同的管理角色，能更好地理解和履行自己的职责。因为在自主管理的过程中，每个学生都是小干部，都主动参与管理；每个学生既要担任管理者角色，又要担任被管理者角色。学校大胆放权，创设了自主管理的机会，学生在管理过程中凝聚了共同的价值理念，树立了自信。在实践的过程中，学生不断自我教育、自我提升，提升了自主管理的素养。在学期末，学校对做得好的班级进行奖励，这是对学生自主管理能力的认可，学生的责任心在自主管理中日益增强。

小故事："红领巾广播现在开始！现在播报一则招聘广告：华阳小学大队部自主实践基地现向全校各中队招募管理团队，有意愿的中队，请派中队委到大队部进行现场认领。"广告一播出，各中队纷纷派出智囊团去现场考察认领。六一中队认领了楼道管理工作，调皮的宇哲成了负责人。下课了，宇哲在楼道上巡视，看见地上有一张废纸，赶紧走过去，捡起废纸扔到垃圾桶里。

"冲啊，冲啊……"宇哲和一群男孩在楼道上玩枪战游戏，开心极了。大队长瑶瑶看见了，对宇哲说："听说你是楼道管理员？"宇哲一愣，忙停下脚步，对领头的那个大个子男孩说："别跑了，楼道是我们班的自主实践基地！"大个子男孩停下了脚步，和宇哲在楼道上继续巡视着。宇哲说："看来，我们得好好约束自己，不能在楼道上追逐打闹，否则，我就会下岗。""没错，没错！"大个子男孩点点头。上课铃响了，他们一起回课室上课去了。

2. 小导游任务认领

为了抓住每一个可以锻炼学生能力的机会，学校每一次的接待，都让班级学生认领承担，并作为班级语文课的一次实践活动。这个做法的好处包括让每一位来到学校的嘉宾都感受到热情与尊重；让学生更了解、热爱自己的校园，增强集体荣誉感；锻炼了学生的胆量和自信，促进沟通交往

能力、语言组织表达能力的提高。

小故事：清晨，和煦的微风吹拂着，两个小女孩一蹦一跳地往学校走去。"丽丽，你知道吗，美国教育考察团下周要来我们学校考察了。""真的吗？""那当然，广州和美国田纳西州结成了友好关系，两地之间经常进行友好访问交流。""难怪，我看我们班的几个英语高手正在准备导游词呢。走，我们也去报名。"两个小女孩赶紧往英语老师办公室走去。

"你好，这是我们学校的博物馆，我们学校成立于1992年，虽然只有23年的历史，但是……"小丽彬彬有礼地用英语向外宾介绍着，外宾听了频频点头，不禁竖起了大拇指。小丽高兴地说："谢谢您的夸奖，欢迎您的再次光临。"小丽的脸因为兴奋变得红扑扑的，她拍拍胸口默默地对自己说："我能用英语向外宾介绍自己的学校，真是太骄傲了！以后我要多听、多看、多说，争取更多的机会展示自己。"

3. 主题班会活动认领

华阳小学在生本理念指引下，充分相信学生，高度尊重学生，全面发展学生。每学期开学初，班主任将整个学期的每周班会主题上传到班级群共享，向学生、家长公布，让家长和学生根据自己的兴趣特点及时间安排，认领相关的班会主题，进行策划构思并组织开展。实践证明，这样的做法能很好地锻炼学生各方面的能力，也得到了家长的大力支持，甚至家长以自己能和孩子共同参与为荣。

认领到班会活动的学生特别珍惜这个机会，在家长和老师的指导下认真策划、充分准备，每周五放学后，总能在许多班的课室中看到几个学生和他们的家长忙碌的身影：准备周一活动黑板主题、演示PPT、练习主持稿。因为参与，所以学生懂得珍惜；因为认真准备，所以学生意犹未尽。

小故事：3月12日是国际植树节，为了让每一个华阳学子都拥有"珍爱绿色、保护环境"的意识，华阳小学各个班级都开展了相关的主题班会活动，部分班级还开展了校外实践活动。2017年3月13日，一年9班和一年5班的孩子开展了以"呵护绿色，呵护生命"为主题的精彩班会活动，观摩活动的是一群可爱的小客人——近80位天星幼儿园的小朋友。

走进课堂，看到一排排整齐的课桌椅和坐姿端正的一年级小学生，幼儿园的小朋友立刻被感染了。两个班活动都由学生主持，小主持人的声音清脆又响亮，一年9班的小主持人先播放了一段关于地球正遭受毁灭性破坏的环保公益宣传片，然后小主持人和大家互动："从视频中，你看到了什么？"学生们都纷纷举手，天星幼儿园的小朋友也不甘落后，积极参与。"地球的环境被破坏，树木越来越少，我看得真难过！"一个孩子回答道，话音刚落，大家纷纷投来赞许的目光。一年5班的同学还给每位小客人准备了一份魔豆魔蛋，寓意是大家一起呵护绿色、呵护生命。

小主持人流利的串词，孩子们认真规范的课堂常规、落落大方的回答、有理有据的点评，以及天星幼儿园小朋友积极参与的热情，让两节班会课精彩迭起，掌声不断。

通过这次班会，孩子们了解到美丽的地球正在遭受毁灭性的破坏，绿色是希望，保护树木就是保护地球。他们也表示要用实际行动去呵护绿色、呵护生命！

华阳小学的班会课从一年级开始，就由学生自主认领、自主准备，以小组的方式上台主持，深受学生喜欢。这样的方式对学生是一种很好的锻炼，也让班会的教育理念在孩子们心里浸润无形。一年9班、一年5班和天星幼儿园孩子们共上的这堂主题班会课，一定会把"珍爱绿色，保护环境"的种子种在他们的心里，引领他们的行动。也祝愿天星幼儿园的小朋友愉快地度过在幼儿园的最后一段时光，相信他们都能成为活泼自信、乐学善思的小学生！

4. 开学典礼节目认领

开学典礼是华阳小学少先队队员自己的典礼，学校精心设计，让开学典礼常常新意不断、趣味盎然，还会面向少先队队员公开征集开学典礼的新点子和好节目，对学校少先队工作和学生的发展起到了良好的推动作用。

华阳小学把学校日常管理的一些工作进行分类，将其中可以由年级、班级、学生独立承担的事情通过"机会认领"的方式在全校公开提供工作机会，让学生自主选择，一改过去分配任务的方式。这一做法充分调动了学生参与的积极性，给学生提供一种全新的成长体验和展示以及锤炼能力的舞台，增强了学生的责任心。

小故事：一年一度的开学典礼开始了，为了让孩子当家做主人，华阳小学让学生认领开学典礼节目。四年3班在平时组建了啦啦操队，一直坚

持训练，但没有展示的机会。看到学校实施开学典礼节目认领，他们按捺不住喜悦的心情，赶紧认领热身部分的节目，上演了一场让人拍手称快的啦啦操表演。欢快的乐曲，动感的韵律，给现场的观众留下深刻的印象。在寒假里，为了顺利完成认领的节目，孩子们更加辛苦地训练，他们心中只有一个愿望，一定要把认领回来的节目表演成功。

啦啦操队合影

5. 送课下班活动认领

一个极富创意的想法从一个二年级学生的脑海中蹦出——送课下班，这一想法得到老师和班上同学的赞同，于是送课下班活动开始了。孩子们首先想到一年级小朋友年龄小，老师特别辛苦，于是他们主动自荐，抱着为一年级小朋友做示范、为老师减负、资源共享、锻炼自我的目标实践送课下班活动，活动效果深受一年级师生欢迎。"一花独放不是春，百花齐放春满园"，高年级学生把班级最优质的课程送到低年级的各个班，让大家共享好课，分享知识。

小故事：吃完饭，子艺妈妈按惯例打开了女儿班级的 QQ 群，浏览起班级公告。一则班会活动认领的消息吸引了子艺妈妈的眼球，她打开文件认真地阅读起来。原来，班主任魏老师将本学期的送课下班活动安排上传到了群共享，让家长们根据自己的兴趣特点及时间安排，认领相关的课程，并组织班级学生开展相关活动。子艺妈妈继续看着文件，她想："子艺的自我管理能力差，我提醒她，她总是不愿意接受，何不趁这机会，既教育子艺，又帮助其他的小朋友呢？"于是，子艺妈妈在 QQ 群上跟帖报名。一年多以来，子艺联合班级其他同学送上了庆祝国庆、《增广贤文》这样读、好书推荐、对校园欺凌说"不"等课程，让低年级的弟弟妹妹们受益匪浅。

送课下班的孩子们

6. 其他认领活动

其他认领活动包括师生消防演习活动、给新队员佩戴红领巾活动、教师节活动、植树节活动等。

小故事：2016 年 10 月 17 日上午 8 点，广州市天河区华阳小学天河东校区前操场站满了穿着礼服、充满朝气的"太阳娃"们。今天，一、二、三年级的孩子们齐聚在国旗下，共同庆祝一年一度的华阳小学建队节。以"红领巾心向党，争做华阳好少年"为主题的"天河区华阳小学 2016 届大队委改选活动暨一年级新生入队仪式"在师生互动、家校互助的温馨氛围中圆满落幕！

经过两周的大队委竞选演讲，在同学们的支持下，华阳小学天河东校

区选出了 15 位大队委，由大队辅导员叶振宇老师给他们授予大队委的臂章。仪式结束后，温馨的一幕出现了：认领本次活动的三年级少先队员们给一年级新入队的队员们佩戴红领巾，并耐心教他们行队礼。老队员关爱新队员，让红领巾代代相传！

三年级少先队员们为新入队的队员们佩戴红领巾

项目齐认领活动是华阳小学德育的特色活动和特色成果之一。学校设计各种招募项目，由学生根据兴趣自由组合、自主认领、自主管理，共同完成任务。项目齐认领活动让学生积极发挥主动性，并在亲身参与的过程中不断产生新经验、新认识，获得新感受、新收获，促进自我成长，并由此发展学生适应自然与社会的能力，形成符合社会要求的道德规范，是一种行之有效的个性化教育方式。

项目齐认领活动不局限在校园的场域里，而是跨越了围墙的限制，延伸到了家庭和社会，这种新颖活泼、富有特色的德育方法，贴近孩子的生活实际，挖掘和释放他们的潜能，为孩子的成长和发展提供足够的土壤、空气和阳光。

（二）海选总动员

"海"即大海，有无穷尽、量多的意思，更进一步可让人想到人海；"选"则是选择、挑选，而"海选"顾名思义就是从茫茫人海中挑选符合特定条件的那个人。"海"还有"极多"和"漫无边际"的意思，表示在海选时不指定候选人，想选谁就可以提名谁。简而言之，所谓"海选"，意为不设门槛，人人有机会，谁都可以参加。

华阳小学在深入实践生本教育的过程中，充分尊重学生的个性，关注学生的个性差异，满足学生多样化的发展需要。在生本理念引领下，学校尊重学生的生命需要，注重让学生通过体验将认识转化为信念，突出活动、合作与实践探究。每个主题教育活动都紧紧围绕着"全面发展学生"这一主线，要求学生全员参与，让学生在活动中接受教育，在氛围中得到熏陶，在体验中得到情感的升华。

在华阳小学，学生活动要"以生为本，自主发展"，要让每一个华阳学子在主动参与活动的过程中成为活动的主人，在自主发展中获得多方面的收获。海选自然成了华阳小学最受学生欢迎的选拔方式。

1. 太阳娃社团　海选扬个性

2011年，华阳小学开启了太阳娃社团的建设，并以"自主社团＋班级社团＋学校社团"的组织方式进行，把学校各类活动全部交由社团认领和承办。在社团建设中，从活动认领、标志设计、活动公约制定、活动场地申请，到活动宣传、活动开展、成果展示，大多由学生独立完成。因此，从社团建立之初到现在，华阳小学86个学生社团的活动开展得如火如荼：在自主社团中，学生自主聚合、自主实践、自主管理、自主优化；在班级社团中，学生承担任务、学习合作、发挥所长、完善自我；在学校社团中，学生张扬个性、激发灵气、培养特长、开阔视野。

2. 艺术节风采　海选展才艺

华阳小学一年一度的艺术节非常壮观隆重，是全校师生乃至家长们都非常期待、非常重视的一个节日。艺术节筹备期间，全校各班在班级里进行节目海选，班级里的孩子个个多才多艺，首先在班级的舞台上展示自己的风采。海选出来的班级精彩节目又可以在年级的舞台上进行海选。艺术节当天，学校给孩子们搭建一个亮丽的舞台，让他们尽情展示自己的才艺，尽情张扬自己的个性，让全校每个班的节目都在艺术节上展示、交流、碰撞，让孩子们在相声、小品、朗诵、舞蹈、乐器、武术等多种艺术形式的熏陶下受到美的教育，让孩子们真正接触并学习中华民族传统文化的精髓。这既可以培养孩子们的高尚情操，又能开阔孩子们的文化视野。孩子们参与到海选活动中，就会为了提高成绩而积极准备，孩子们做事积极主动的性格也因而得到培养。站在舞台上，面对不同的眼神、表情，逐渐战胜内心的恐惧，锻炼勇敢的心理，这便培养了孩子们将来敢于面对公众、坦然镇静的成熟心态。海选过程中，要让孩子们学会欣赏，懂得欣赏的目的是对美好事物和人的理解，技不如人是可以的，但不要嫉妒，不要

内心有失落感。培养孩子健康的心性、宽广的胸怀，做一个大度、善于理解人的人。海选活动的结果就是对孩子们的肯定与鼓励，分享荣誉，会让孩子们有一定的成就感，成就感的产生，就是自信心产生的开始。自信心，是孩子们成长中必须具备和保持的一种积极的心态。在海选活动的过程中，孩子们所有的感官都被调动起来，经过系统、循序渐进、由浅入深的刺激，孩子们的思维能力、记忆力、注意力、观察力、想象力、创造力等都能得到全面的提高。通过海选活动，孩子们的头脑会更灵活、更聪明，应变能力会突飞猛进，肢体语言也会更加协调。孩子们参加艺术节海选活动，能获得更多的知识与技能，培养认识美、掌握美、展现美的艺术品质，促进艺术素养的提高和身心健康发展。

3. 大队委竞岗　海选展风采

在大队委的推选机制上，我们充分尊重每一位少先队员的意愿，进行了"海选大队委，全员大拉票"活动。活动前期，由少先队大队部精心策划，大力宣传，营造氛围，力图让大队委竞选成为华阳小学每一位少先队员都关心和参与的盛事。

（1）设计"海选"机制，激发每个学生。学校少先队管理与其他管理组织结构相似，由"大队辅导员—大队委—中队委—各中队队员"组成了金字塔形的管理结构形式。要在少先队管理中落实生本德育的理念，就必须完善组织结构，建立一个层次分明、各司其职的管理机制，且充分调动大队委与中队委学生管理者的主观能动性。学生管理者所能发挥的最大效能与其深入人心的影响程度直接成正比，因此在大队委的推选机制上，我们充分尊重每一位少先队员的意愿，大胆尝试了"一站到底式＋美国总统式"的大队委竞选机制。

（2）规范海选程序，凸显公正公平。竞选分为三轮：

第一轮，海选推举。海选与各中队委改选相结合，各中队利用中队会进行报名、演讲、才艺展示，选出两名候选人上报至大队委，并认真填写大队委候选人申请表，整理成档。

第二轮，宣传拉票。各候选人自行设计制作海报，张贴在校园进行宣传，制造声势，并利用课余时间手持自己的宣传海报进入各中队进行竞选优势的自我宣传。

孩子们在看参选大队委的海报

第三轮，全员投票。全校每一位少先队员都可以行使自己的选举权，在选举期内将票贴到支持的大队委候选人的海报上。

最后进行票数统计，民意呼声最高的十三位候选人组成新一任的大队委组织，剩下的落选候选人组成大队中心小组，参与大队的各项管理工作，成为大队后备力量。活动中每一位小候选人都各展所长，各显其能。经过一轮轮的竞选演说，原本羞涩胆小的他们都变得大方自信，也通过一次次的实践思考和总结：如何才能成为一名得到全体少先队员拥护的大队委。而其他少先队员也不仅仅是竞选活动的看客，而是一名拥有选举权的小队员，他们通过深思熟虑，投出了宝贵的一票，树立了自由、平等的民主意识。

（三）我们的节日

传统节日是中华民族的文化传承，是我国民族性格与民族文化的集中表现，传统节日文化具有巨大的文化价值和教育价值。传统节日具有教育的功能，节日能让人们认识、记忆、强化一些重要的文化和理念。传统节日文化资源丰富多彩、生动活泼，能充分激发学生的学习兴趣、求知欲和探索精神。在小学教育中，开发传统节日文化课程是对传统文化的传承与发展，有利于丰富学生对节日文化的认识，增强学生继承与发扬传统文化的责任意识。

华阳小学一直重视培养学生的责任意识，一直在传承与发扬传统文化方面进行课程探索，春节"成长红包"、清明缅怀先烈、中秋制作灯笼、重阳敬老爱老等已逐渐成为我校的常规活动。我校在以活动为主的传统节日中进行文化教育，发掘传统节日中蕴含的德育教育资源，逐步建立了学校特色的德育教育模式。

1. 春节"成长红包"

春节派红包是我国新年的一种习俗，派发红包给未成年的晚辈，表示把祝愿和好运带给他们。每年春节后的开学第一天，校长们会穿着红色的衣服在校门等待，给全校三千多名学生派送春节"成长红包"。孩子们开心地接过"成长红包"，打开一看真是惊喜连连，里面不仅有周洁校长亲笔签名的新学期祝语，还有各式各样的新学期心愿惊喜："和校长共进午餐一次""与校长合影一张""当一次校长小助理""读一本好书""自选作业一次"……特殊的新年礼物，让笑容洋溢在每一个孩子的脸上，也让传统文化的种子种在孩子们的心中。

校长派"成长红包"

2. 喜迎十九大，灯笼传心声

为了弘扬中华优秀文化传统，深入挖掘中秋节的浓厚文化内涵，建设和谐校园，活跃校园文化，展示校园内团结、文明、向上的学习风气，我校以"创意灯笼，浓情中秋"为主题，让孩子们快乐地踏上追梦逐日的新起点。学校组织全体学生收集身边的废弃物品，培养他们的动手能力、创造能力、发散性思维、合作精神，开展华阳小学灯笼制作比赛。该灯笼比赛已延续了14年之久，2017年还与"喜迎十九大，我和习爷爷说句心里话""好家风伴成长"活动相结合。通过灯笼制作比赛不仅让学生们对人月两圆的中国传统佳节之中秋节有了更深的了解，也借灯笼表达了爱家爱国之情。

每一年学生制作的灯笼会在中秋节班队会中进行班级评选，每班推荐15个灯笼挂在学校前厅让大家欣赏与学习。

学生制作的灯笼

（四）太阳娃成长故事

责任让我成长

谢湖悦

我是华阳小学五年5班的一名学生，在华阳小学"七彩生本自立课程"的滋养下，天性开朗活泼的我逐渐成长为一个有责任心、沉稳自信的"太阳娃"。

我的责任故事要从一次活动说起。

那是三年级的一天，班主任严肃而激动地告诉我们班的全体同学，下

周全国各地的优秀老师将会来我们华阳小学进行教学交流。学校把"带领来宾老师参观"这个光荣而艰巨的任务交给了我们班,同学们听完都欢呼雀跃起来。

想要当好"小导游"可真不简单!首先,大家一起设计参观线路与介绍词,接着投票选出最优方案,然后滚瓜烂熟地背下所有安排,最后实地排练……在这期间,班主任不断告诉我们,要有责任心,珍惜学校给我们班的机会,我们要好好表现,为远道而来的客人们展现出最美的华阳风采。最终,我和其他"小导游"们一起圆满完成了任务,没有辜负学校对我们班的信任与期望。

活动结束之后,班主任总结了这次活动,她引用了俄国作家托尔斯泰的哲言:"一个人若是没有热情,他将一事无成,而热情的基点是责任心。"如果没有了责任心,就没有驱动自己向前的动力,不能感受到自我存在的价值和意义,也得不到尊重和信任。班主任还说,这正是"七彩生本自立课程"中赤之远的责任教育。通过这次活动的事前准备、事中参与、事后总结,学校和老师锻炼了我们独立做事的能力、鼓励我们做事要有担当,也在我的心田里播下了一颗责任的种子。

现在让我们乘坐"时光穿越机"走近四年级、五年级的我吧……

四年级下学期,我被学校推荐参加由广州市妇女儿童联合会、广州市教育局共同主办的第十一届"羊城小市长"的评选活动。这是广州市为60万适龄儿童每两年举行一次的盛事。能代表所在学校参选,对每一个孩子来说都是无比自豪的。我当然不例外,得知这个消息后,我激动地蹦了起来。

但是,责任与担当共存。这既是一份荣耀,更是一份责任,我可不想辜负学校和老师对我的期许和信任。我暗下决心,一定要表现出最好的自己,不给5班丢脸、不给华阳小学丢脸。

校长和大队辅导员给予了我许多力量,不断鼓励和帮助我,给我信心,让我自信。我对演讲内容的转折起承、才艺表演的分寸拿捏、看图讲故事的收放自如进行了无数次的推敲斟酌。最终,在"羊城小市长"天河区初赛中,我力压其他中小学的大哥哥大姐姐们,获得了天河区第一名。我长舒了一口气,没有辜负学校和老师,我可以代表天河区参加市级的"羊城小市长"评选了,也将是本届市级评选中年龄最小的参选选手。

市级评选的内容和区级评选的内容完全不同,我需要和来自全市11个区的候选人角逐复赛、半决赛名额。通过一天半的封闭式野外拓展训练,我的现场把控能力、体力、心理承受能力有了全面的提升。在顺利通过复赛后，我止步于半决赛。有惋惜有遗憾，但老师不断开导我，帮助我总结经验，认为我主要输在后期准备不充分、心理建设较差、应对能力不足等方面。

2017年12月，学校再次委以重任，推荐我参加由广州市教育局主办、广州博物馆承办、广州市社会科学普及基地协办的"学南粤名人 扬优良家风"广州市中小学生讲故事比赛。我充分吸取之前比赛的经验教训，为这次比赛做了充分的准备，轻装上阵，最终取得了小学组的一等奖及最佳人气奖。

经历了这些评选和比赛，我已经明白责任的含义，做任何事情，都要找准方向、执着前行，这是使命，也是责任。责任促我成长，在比赛中，我越来越明白我不是在为自己而战，而是在为班级而战、为学校而战、为责任而战。

通过学校和老师给予我的这一系列的锻炼机会，我学习到如何做一个有责任心、有担当的少先队员。责任让我成熟、责任让我收获，让我能够有足够的信心笑迎生命中的每一天。

（赤之远责任课程供稿：李峥姝 李敏 李恒静）

二、橙之健运动课程

（一）身随心动

随着机器大生产时代的来临以及智能机器人的大规模问世，人们的工作效率大大提高，闲暇时间将越来越多。人类自出现以来，第一次这么急切地叩问自己：当从紧迫的经济束缚中解放出来以后，应该怎样利用我们的自由？我们该如何消磨闲暇光阴，让生活变得更明智而惬意？

体育是一种基于物质需求满足之上的，在一种特定时间、空间范围内遵循某种特定规则的，追求精神需求满足的社会行为方式。未来，体育不仅仅是一个人锻炼身体的需要，而是被赋予了一种新的功能，那就是为了个人生活的幸福感而存在。幸福感，是一个人全身心地投入一种事物，达到忘我的程度时伴随着快乐、安宁的一种心理感受。这种感受，有人称之为"心流"，即最优体验。体育之所以容易使人产生幸福感，就在于它不仅是有趣的，还因人类进行体育活动的目的就是调整心情，变低迷为亢

奋，变涣散为专注。

体育具备造就心流的最佳条件：明确的目标，即时的回馈，易学难精带来的上不封顶的挑战性。体育的最大功能是帮助人控制自己，既学习控制自己的身体，又学习控制自己的精神和注意力。为什么当代人在休闲生活中得不到最优体验呢？有两大原因。其一，大把大把闲暇的来临，是当代的事情，此前是六天工作日，每天八小时以上的工作时间。这种强度之下，休闲主要用于放松和休息。其二，体育是需要学习的。没有将青少年时代五年以上的时光沉浸在某种体育项目上面，就很难终身保持这种习惯，在闲暇无聊时信手拈来。

由于没有这些体育习惯的储备，当代人遇到闲暇无聊，便饥不择食地玩手机，打开电视，奔向商厦或网上购物。这种应对无聊的策略一旦建立，就很难改变。如果受到不好的影响，还可能选择毒品和暴力。闲暇必须与体育结合，复杂的体育运动必须经过学习，所以学习体育就是学习如何应对更多的闲暇时间。

另外，体育还有一个重要的功能就是美育。近代西方哲人席勒说："美育先于道德。"故孔子曰："立于礼，成于乐。"美育可以让一个人在其精神世界中愉快地领受一种秩序。有了这种秩序，才能顺利地接受第二种秩序，即道德伦理的秩序。一个对美（如搜寻自然之美、体验体育之美、欣赏音乐之美等）有着渴望的人，他的品行不会坏到哪里去。同样，如果普通民众都会涌向运动场所、音乐殿堂体验体育之美、倾听音乐之美，这个民族的涵养也不会低到哪里去。艺术、体育来源于生活，同时也是对生活的一种升华。可以说，一个民族（国民）的艺术水平极大程度上反映了这个民族（国民）的生活品质、素养的高低。没有美育的道德是强制性的说教。

基于此，华阳小学顺应社会发展需要，根据学生的兴趣，着眼于体育的锻炼、美育、产生心流等功能，为了学生未来一生的幸福感，适时地进行橙之健运动课程"大课选修"与"阳光体育"的建设。

身随心动，幸福一生！

（二）大课选修

校本课程纲要

一、设计理念

《体育与健康课程标准》（2011年版）指出在教学中要坚持"以人为

本，学生为主体，老师为指导"的教育理念。在体育与健康课程中，我们广大一线体育教师若不将课程与学生的思维发展方式、情感态度价值观相互联系起来的话，那我们的体育课程也将不可能发展成为人的课程。具体到体育教学中，我们基于国家课程标准、学校培养目标，同时结合学生兴趣及教师专长和学校场地等实际问题，提出了大课分班教学理念，并付诸实施。在教学过程中采用同水平阶段、跨年级分层次教学，同时为学校训练队选拔人才提供依据。中国中小学体育大纲的指导思想是从增强学生的体质与发展技能出发，把传授体育知识技能同锻炼身体结合起来，并通过体育教学对学生进行优良品德的教育，而大课分班教学很好地体现了这一指导思想。同时，为响应广州市增强学生体能的号召，根据学校场地实际情况，精选符合学生年龄特点和兴趣特点、增强体质效果好、简便易行的项目，我们选取了足球、篮球以及体能训练课作为选项课实施的主要内容。

二、设计背景

（一）外部环境

华阳小学地处广州市经济强区天河区，现有三个校区均处于天河北路商务中心，且呈东、西、北三面环绕天河体育中心，该区经济发展水平较高，体育锻炼氛围浓厚，家长对学生体育锻炼的需求相当重视。周边群众对体育运动充满热情，也令我校学生对体育锻炼展现出有别于其他各地学校学生的强烈参与欲望。

2016年8月习近平总书记在全国卫生与健康大会上首次提出了"健康中国"的概念，且在党的十九大报告中再次重申实施健康中国战略的重要性。众所周知，体育锻炼不仅可以增强学生体能，提高学生的免疫力，还能增进学生的心理健康。作为学校体育工作者，积极响应党的号召，为学生提供良好的体育运动条件，是我们义不容辞的责任。

（二）内部环境

1. 师资队伍建设

我校现有专职体育教师20名，其中，中级以上职称教师7名，硕士学位占25%。教师专业技能水准高，在相应的项目都有较高的理论和实践水平。

表1　各专项教师人数统计表

项目	足球	武术	田径	游泳	篮球	乒乓球	羽毛球	健美操
人数	2	1	6	1	4	3	2	1

2. 学校硬件设施

华阳小学 2004 年率先被评为"广东省一级学校",现有足球场地 1个,200 米田径场 1 个,篮球场 3 个,游泳池 1 个,乒乓球馆(11 张台)1所,羽毛球馆 1 所,室内体育馆(健美操场馆)1 所。学校场馆设施完全能够满足学生体育锻炼的基本需求。

3. 各项体育成绩显著

自建校以来我们始终贯彻生本教育理念,遵循"健康第一"的指导思想。现为广州市足球推广学校,且是广州市武术、田径、游泳、篮球、乒乓球传统体育项目强校。学校为了学生的发展,从兴趣出发,结合学生的年龄、生理特点开展了选项课教学。每天下午以年级为单位开展阳光体育活动,在活动中各年级特色初具规模。与此同时,学校各训练队的训练工作也在有条不紊地进行当中。

2016 年我校足球队荣获天河区"达能杯"足球联赛第一名的好成绩。我校同时拥有天河区武术和乒乓球两个项目的总教练,长期奋斗在教学和训练一线,近年来屡获佳绩。武术项目在 2016 年区赛中荣获团体总分第一名的好成绩,以我校学生为主体的天河区乒乓球队在广州市比赛中同样斩获前三名的好成绩。学校游泳队自建队以来在总教练的带领下在区队比赛中一直名列前茅,2014 年取得天河区团体总分第一的佳绩。学校篮球队近年来也是喜报连连,先后获得天河区第二名及广州市第五名的优异成绩。尤其 2016 年在天河区文广新局和教育局的共同努力下,JR·NBA 篮球赛在天河区各个校园遍地开花,而华阳小学作为主场更是将学校的篮球运动推广到了前所未有的高度,全校掀起了一阵强有力的"篮球风",局领导、校领导和社会各界均给予高度评价。

三、设计思路

(一)准备阶段

(1)学校体育科组集中教研,提出了开展选项课的设想,经过大家的多次讨论,反复调研,并经学校领导商议,共同决定在水平三阶段试行体育选项教学。

（2）问卷调查。初次试行，以五、六年级学生为调查对象，共计发放问卷442份，回收有效问卷429份。

（3）确定项目。根据调查结果结合学校场地设施条件，并经体育科组反复研讨，暂拟定篮球、足球、体能训练三项大课。

（二）实施阶段

（1）完成选项课校本课程的开发，每周三、四上午五、六年级的体育课进行大课分班教学。

（2）进一步增加参与选项课的年级以及提高各项目发展层次。

（3）开展过程中不断规范选项课教学体制，并尝试提高项目难度。

（三）巩固阶段

（1）课上学生所选项目学习效果逐渐显现，整体效果显著。

（2）大课选项教学模式逐渐规范化，并对不同水平学生进行针对性教学。

（3）课程体系建设进一步加强，教师不断进行总结，力求选项课程日趋完善化。

四、课程目标

（一）运动参与领域目标

选项课开展的出发点是从学生的兴趣入手，将传统课程内容设置的固定化模式转变成由学生自主选择上课内容的一种新模式。如此一来，运动参与度势必大幅提高。学生运动兴趣的提高，决定了学生的学习态度更为积极，可为学生形成终身体育的意识打下良好的基础。

（二）运动技能领域目标

选项课教学遵循生本教育理念，充分考虑学生初始技能层次的不同，为不同学生设定了不同层次的运动技能目标。

（三）身体健康领域目标

经过体育选项课的开展，学生的身体形态得到了改善，如身高有一定提高，部分偏胖学生体重得以控制、BMI指数回归正常；各项生理机能较之前有所改善；身体素质明显增强。

（四）心理健康与社会适应领域目标

通过体育选项课的学习，使学生形成良好的心理品质，具有较高的自觉性以及颇为健全的人格。在活动中形成团队意识，乐于助人，能够客观评价他人，与人友好相处，并且有更加积极向上的生活学习态度，切实提高社会适应能力。

五、课程内容

依据选项课课程目标，考虑学生兴趣及身心特点，结合学校场地设施条件，确定我校体育选项课课程内容。

（一）课程内容安排

根据课程开展前期收集的调查数据，将常规教学班分成不同类型的选项课课程班。学生按照个人所选项目进入体能训练、篮球、足球等课程班。体能训练主要是以田径项目为主；篮球和足球先从训练学生的球性入手，逐渐增强学生的练习兴趣后适当加入技能练习，使学生水平逐渐提高。

（二）课程主体框架

体育选项课课程内容的设置，主要分为体能训练课、篮球训练课、足球训练课等三个大项，各项目按照循序渐进的原则设置不同层次的学习内容。主要表现为，体能训练课依次分为跑的练习、跳跃练习、投掷练习以及技巧练习等四个章节；足球训练课依次分为基本球性练习、传接球练习、运球与射门练习以及足球比赛规则等四个章节；篮球训练课依次分为篮球基本规则与球性练习、传接球练习、运球练习、罚篮与上篮练习等四个章节。每个项目共分为4个章节，且每个章节4个课时，计16课时，三大项目共48课时，形成选项课校本课程总体框架。

表2 课程主体框架

课程类型	章节	主题	课时
一、体能训练课	第一章 跑的练习	快速奔跑	1
		耐力练习——定时跑	1
		耐力练习——定距跑	1
		障碍跑	1
	第二章 跳跃练习	立定跳远	1
		助跑跳远	1
		三级跳	1
		摸高跳	1

（续上表）

课程类型	章节	主题	课时
一、体能训练课	第三章 投掷练习	投掷沙包	1
		投掷垒球	1
		投掷实心球	1
		投掷铅球	1
	第四章 技巧练习	肩肘倒立	1
		脚蹬墙成手倒立	1
		前滚翻	1
		山羊分腿腾跃	1
二、足球训练课	第一章 基本球性练习	颠带绳球1	1
		颠带绳球2	1
		脚背正面及脚内侧颠球	1
		脚背正面运球	1
	第二章 传接球练习	脚背内侧传接球	1
		脚背外侧传接球	1
		脚背正面传接球	1
		行进中传接球	1
	第三章 运球与射门练习	直线运球	1
		曲线运球	1
		运球与抢断对抗	1
		足球射门	1
	第四章 足球比赛规则	掷界外球	1
		踢球门球	1
		踢角球	1
		任意球与罚点球	1
三、篮球训练课	第一章 篮球基本规则与球性练习	篮球基本规则	1
		双手抛接球游戏	1
		交接球游戏	1
		双手胸前投篮	1

（续上表）

课程类型	章节	主题	课时
三、篮球训练课	第二章 传接球练习	双手胸前传接球	1
		"篮球耍猴"游戏	1
		对抗中传接球1	1
		对抗中传接球2	1
	第三章 运球练习	原地单、双手运球	1
		原地胯下运球	1
		行进间直线运球	1
		行进间曲线运球	1
	第四章 罚篮与上篮练习	单手肩上投篮	1
		定点投篮比赛	1
		罚篮规则	1
		三步上篮	1
总课时			48

六、课程实施

（一）实施形式

1. 课时安排

每周安排两个时间，主要在每周三、周四上午第三节时间，共计两个课时。

2. 组织形式

教师根据前期统计的各个项目人数进行分班，学生根据自己所选项目于上课前两分钟到达相应场地。

3. 项目种类

体能训练课、足球训练课、篮球训练课。

4. 上课地点

根据项目类别，学生分别集中在学校跑道、足球场及篮球场位置。

（二）实施流程

1. 课前准备

教师根据本节课教学内容，提前准备好所需要的器材，如体能训练课提前准备好体操垫、绳梯，篮球和足球训练课提前备好若干个篮球、足球以及雪糕桶等其他辅助练习的器械。

2. 上课流程

根据当节上课学生数目，共分为六个术科班，其中体能训练课、篮球训练课、足球训练课各两个班。学生到达指定场地后在教师的带领下统一做准备活动，教师根据教学进度安排学习内容，课程结束后安排学生整理器材。

3. 课后反思

每次选项课结束后，体育科组教师对本节课学生的练习情况进行总结分析，并针对所发现的问题提出进一步的解决方法。

（三）课程操作案例

表3　课程操作案例

时间	第4周第4节	课型	体验课	课时	1课时
班级	五年2班、五年级9班、六年2班、六年10班			指导教师	赵学伟、陈贻崑、黄理想、范诗伟、杨定忠、桑茂恒
内容	教学重点：掌握篮球投篮、运球，足球脚背面正确运球的基本技术动作与要领，发展力量、速度、柔韧性等基本身体素质 教学难点：篮球投篮时自下而上发力，重心的改变，足球脚背面运球时对球的控制力		教学目标	1. 认知目标：通过系列比赛、游戏等活动，提高学生身体的灵巧性，培养团结友爱、不怕困难的精神 2. 技能目标：培养学生球感，发展学生身体素质，使学生掌握打板投篮以及篮球和足球运球的技术方法 3. 情感目标：在学习过程中培养学生的团队意识以及团结合作精神，增强参与群体活动的乐趣		

（续上表）

教学过程	教学内容	教学组织与方法		练习	
		教师活动	学生活动	时间	强度
开始部分	一、分组集合 1. 篮球组 2. 足球组 3. 体能训练组 二、课堂常规 1. 整队 2. 师生问好	1. 课前检查，安排见习生 2. 导入本课内容 3. 提出学习目标和本课要求 4. 语言激发学生学习热情 5. 口令指导队列、队形练习	1. 学生到所选项目的场地集合 2. 体育委员整队，学生认真倾听教师安排 3. 学生听口令练习、模仿	2分钟	
准备部分	1. 专项准备活动。全身每个关节都活动到位 2. 慢跑。围绕田径场跑道以中等速度慢跑两圈，身体出现微汗即可	1. 教师带领学生做准备活动 2. 教师带领学生围绕田径场跑步热身	1. 学生在教师的带领下认真做专项准备活动，活动开身体每个关节 2. 学生在教师的带领下围绕田径场跑步热身，做到身体出现微汗即可	8分钟	较强
基本部分	一、篮球练习：投篮练习 1. 反弹球练习：每人一球，将球投向篮板指定位置，接住反弹球，后面学生依次进行 2. 定点投篮练习：采用升级制度投篮，由易入难，循序渐进	1. 教师讲解篮球投篮的动作技术要领 2. 教师将学生分成小组进行练习 3. 教师巡回指导学生在练习中出现的问题 4. 教师组织进行比赛	1. 全体学生保持安静，听教师讲解 2. 全体学生认真听教师讲课 3. 全体学生认真练习 4. 学生遇到不懂的问题要问教师	25分钟	强

（续上表）

教学过程	教学内容	教学组织与方法		练习	
		教师活动	学生活动	时间	强度
基本部分	二、足球练习：脚背正面运球 1. 熟悉球性：每人一球绕场地运球，熟悉球性 2. 直线运球：每人一球来回运球，依次进行 3. 学生示范：学生进行示范，其他学生进行点评，教师总结之后继续练习 4. 运球比赛：各小组按教师要求进行运球比赛，先完成的小组获胜	1. 教师讲解运球的技术动作要领 2. 学生在练习时教师进行巡回指导并指出练习中所出现的问题 3. 教师组织进行比赛	1. 学生严格遵守教师要求，积极参与到活动中 2. 学生情绪高涨，积极参加比赛，争取获得胜利	25分钟	强
	三、体能训练 1. 蛙跳过障碍：学生以蛙跳的方式依次穿过设置的各种障碍 2. 跨越体操垫：单脚跳过体操垫，异侧脚落地 3. 单脚跳圈：单脚依次跳过五彩圈，不可换脚 4. 沙包投准：将沙包扔到前面的呼啦圈中	1. 教师讲解示范各种练习的动作技术 2. 练习过程中教师巡回指导 3. 教师及时解决学生在练习过程中出现的问题	1. 全体学生保持安静并认真听教师讲解 2. 全体学生认真进行分组练习 3. 接力比赛过程中学生热情高涨	25分钟	强

（续上表）

教学过程	教学内容	教学组织与方法		练习	
		教师活动	学生活动	时间	强度
结束部分	1. 集合放松 2. 总结一下本节课的上课情况 3. 师生互相致礼	1. 教师带领学生做放松操 2. 教师与学生再见	1. 学生做放松操 2. 学生与教师再见	5分钟	弱
场地器材	1. 篮球场地两个　　4. 足球若干　　7. 接力棒四支 2. 羽毛球场地四个　5. 田径直跑道　8. 体操垫四块、绳梯四个 3. 篮球若干　　　　6. 雪糕筒若干　9. 沙包、呼啦圈若干				
课后小结					

七、课程评价

（一）评价等级

学生的选项课最终学习结果采用等级评价，且将终结性评价与过程性评价相结合，共分为优秀、良好、合格以及不合格等四个等级。

（二）评价指标

评价环节	学生自评 （30%）	小组评价 （30%）	教师评价 （40%）
考勤部分			
课堂表现			
期末考试			
综合评定等级			

（三）评价标准

1. 考勤部分

学生每迟到或早退一次且在 5 分钟之内扣除 1 分，5～10 分钟扣除 2

分，10 分钟以上视为旷课，一次扣除 5 分，考勤部分占总评的 20%。

2. 课堂表现

课堂上积极发言，并敢于在班上做示范动作或乐于帮助较差同学提高的一次适当增加 1~3 分。课堂表现较差，不遵守课堂纪律的每次适当扣除 1~3 分；影响课堂正常进行且情节较为严重的可一次性扣除 5 分。加分与减分同一次课可累加计算，该环节占总评的 20%。

3. 期末考试

学期末，最后一堂课后按照既定安排对学生进行统一测试，测试内容及标准由体育教师讨论制定后统一执行。考试结果占总评的 60%。

4. 评价主体

对学生最终评价等级的认定，需要由学生本人、学习小组以及教师三个评价主体共同做出，其中学生自评以及小组评价各占 30%，教师评价占 40%。

（三）阳光体育——《四重奏》

第一曲——我们的理念

为全面贯彻党的教育方针，认真落实"健康第一"的指导思想，切实提高学生体质健康水平，吸引广大青少年学生走向操场、走进大自然、走到阳光下，积极参加体育锻炼，掀起群众性体育锻炼热潮。以"健康、运动、阳光、未来"为宣传口号，在全国范围内大力实施阳光体育运动。

华阳小学自 1999 年开创本本教育以来，在"充分相信学生，高度尊重学生，全面发展学生"办学理念的引领下，各学科都在不断摸索创新。具体到体育学科中，我们以"以人为本，健康第一"的可持续发展为理念，切实加强体育工作，让每一个学生都能感受到运动的快乐，让学生在快乐中运动，在运动中成长，进而丰富校园生活，促进学生身心健康和谐发展。同时结合《中共中央国务院关于加强青少年体育增强青少年体质的意见》的精神，认真贯彻落实阳光体育运动。

阳光体育运动中的"阳光"承载了三层含义：①离开室内环境，享受自然"阳光"，让学生沐浴在党中央关爱青少年健康成长的政策阳光中；②"阳光"改变不利于学生身心健康发展的人文社会环境，让青少年学生身心"阳光"；③阳光运动中的"运动"，应理解为全社会参与下的青少年学生体质健康促进运动，它是为了更好地促进阳光体育运动健康长久有序地开展。通过对比阳光体育运动的内涵与我校的体育理念，可以发现二者

的出发点是如此接近，可以做到无缝结合。因此，在国家推行阳光体育运动时，我校积极响应、参与，并在这过程中形成了我们的特色和风格。

第二曲——我们的方案

学校为了全面落实《国家学生体质健康标准》，贯彻全国学校体育工作会议精神及教育部《关于落实保证中小学生每天体育活动时间的意见》（教体艺〔2008〕5号）和《中共中央国务院关于加强青少年体育增强青少年体质的意见》（中发〔2007〕7号）文件精神，让全校师生牢固树立"以人为本，健康第一"的思想，切实加强学校的体育工作，开展"中小学生每天一小时体育锻炼"阳光体育活动，提高学生的身体素质和健康水平。根据教体艺〔2006〕6号《教育部　国家体育总局　共青团中央关于开展全国亿万学生阳光体育运动的决定》文件精神和广东省市区教育局通知的相关要求，结合我校运动场地和学生实际，制订我校阳光体育活动工作方案。

一、指导思想

以"三个代表"重要思想、科学发展观、习近平新时代中国特色社会主义思想为指导，充分认识实施《国家学生体质健康标准》，落实"生命—和谐"教育理念和阳光体育运动，全面实施素质教育，培养德智体等全面发展的人才，积极贯彻"健康第一""每天锻炼一小时，健康工作五十年，幸福生活一辈子"的现代健康理念，以全面实施《国家学生体质健康标准》、大力推进体育大课间活动为重点，蓬勃开展阳光体育活动。同时激发学生锻炼身体的自觉性和主动性，养成科学锻炼的良好习惯；健全学校体育工作机制，加强和完善体育卫生设施和师资队伍建设；营造健康向上、朝气蓬勃的校园风气。

二、组织领导

组长：周洁

副组长：江赵梅　黄理想

组员：张熙婧　李军　范诗伟　黄艺渠　刘群　刘莎　赖艳　叶振宇体育科组全体教师以及校医

三、实施目标

1. 促进学生健康成长，并形成健康意识和终身体育观，确保"健康第一"思想落到实处。

2. 让学生有选择地参与、学习、享受体育，激发学生的运动兴趣，发挥学生的学习积极性和潜能。

3. 改革学校三操，优化三操的时间、空间、形式、内容和结构，使学生乐于参加，主动掌握健身的方法并自觉锻炼。

4. 促进师生间、生生间的和谐关系，提高学生的合作、竞争意识和交往能力。

5. 丰富校园文化生活，营造积极向上的学风。

四、实施原则

1. 安全第一的原则：在活动的开展过程中加强学生的安全教育，制定切实可行的安全预案和防范措施，避免安全事故的发生。

2. 教育性、艺术性、健身性、趣味性的原则：体育课堂及课外活动坚持以"育人"为宗旨，遵循教育规律和儿童身心特点、兴趣爱好等开展体育活动。

3. 体育课堂与课外活动相结合的原则：以《国家学生体质健康标准》为指导，加强体育教育，同时将课外活动纳入教学计划，结合实际开展独具特色的体育活动和竞赛活动。

4. 全面性和整体性原则：开展丰富多彩的课外体育活动，使学生能积极参加活动，在体育、美育、德育、智育等方面全面提高，并让所有的学生都参与进来，真正实现人人锻炼、全员参与。

5. 教师引导，因材施教与学生自主自愿相结合的原则：教师积极宣传，鼓励学生人人参与锻炼，学生根据自身的身体素质和兴趣爱好自行选择；对确有困难的学生不可强迫其参加。

6. 因地制宜开展分校区的阳光体育活动，分别在天河东校区、林和东校区、华成校区各自开展对应的阳光体育活动。

五、开展活动的保障措施

（一）统一思想，加强组织与领导，分工协作，确保活动顺利开展

1. 在校长的带领下，学校将"中小学生每天一小时体育锻炼"活动放到议事日程，制订实施方案，建立体育工作领导小组。通过家长会及学校黑板报、班级墙报等形式，加强对师生和社会的宣传工作。全面宣传《国家学生体质健康标准》《广东省学生体质健康标准》和"中小学生每天一小时体育锻炼"活动。

2. 学校明确由分管副校长统筹的德育部门、教导处及少先队大队部组织实施"中小学生每天一小时体育锻炼"活动，并负责管理和监督。

3. 组织学校的体育教师和班主任学习《国家学生体质健康标准》，理

解其精神实质和实施的重要意义，充分调动教师的积极性，深入开展中小学生每天一小时体育锻炼"活动的宣传和实施，形成工作合力。

4. 利用《国家学生体质健康标准》指导"中小学生每天一小时体育锻炼"活动以及与学校体育教学、课外活动、课余训练和体育竞赛等活动同时进行。通过学校体育教学、课外活动、课余训练和体育竞赛等活动形式，落实《国家学生体质健康标准》和"中小学生每天一小时体育锻炼"活动，使其紧密结合，共同促进学校体育工作的开展。

（二）提高安全防范意识，确保活动安全开展

1. 全体师生牢固树立"安全第一"的责任意识，健全各项安全保障制度，落实安全责任制；建立安全预案，防患于未然。

2. 加强安全教育，教师加强对场地、器材的安全检查和学生的监管。

3. 制定科学的作息时间表，确保学生有充足的睡眠和体育锻炼时间。

4. 随时关心学生的身体健康状况，遵循循序渐进的训练规律，杜绝因锻炼不科学而引发的意外伤害事故。

（三）建立健全规章制度，明确职责，确保活动有序开展

1. 根据学校活动场地现有条件和学生实际，计划建立各项规章制度，以明确工作职责，确保开展"中小学生每天一小时体育锻炼"活动的过程中大事小事有人管，不留盲区。

2. 制定相关的考核办法，加强过程的监管和年度考核。"中小学生每天一小时体育锻炼"活动计入教师的超课时工作量，体育教师会对相关内容进行监督评价。

3. 加强活动过程的监管，对活动实施的过程和贯彻的效果、质量进行相应的考核，以防课外活动中出现"放羊式"的情况，发生学生意外伤害事故。

六、实施措施

（一）时间安排

早上7：30—7：50，上午9：50—10：20，下午放学后半小时，任何教师不得挤占阳光体育活动时间。

（二）具体措施

1. 严格按照新课程标准以及《国家学生体质健康标准》开齐开足体育课，并监督体育教师认真开展教学活动，保证体育课上学生的活动时间和实施的效率。

2. 坚持学校的"三操一活动"，即在校学生的早操、课间操、眼保健操和30分钟的大课间活动，每天放学后安排对应年级的阳光体育活动。

3. 利用课外活动时间开展田径、足球、篮球、武术、乒乓球、羽毛球、跳绳、踢毽子等体育兴趣小组活动。

4. 举办年度体育运动会，低年级开展跳绳、跳远等项目比赛，高年级开展篮球、足球等项目比赛。

七、实施内容

以《中共中央国务院关于加强青少年体育增强青少年体质的意见》精神为依据，同时结合我校现状，现将内容安排如下：

	项目	内容	时间（分钟）	备注
早上	晨练 （20分钟）	体能训练——中长跑	周二 （7:30—7:50）	各校区可根据实际情况调整
		体能训练——跳绳	周三 （7:30—7:50）	
		技巧训练——篮球	周四 （7:30—7:50）	
		技巧训练——足球	周五 （7:30—7:50）	
上午	大课间 （30分钟）	听音乐进场	9:50—9:55	华成校区增加武术操、天河东校区增加柔韧性练习
		队形调整	9:55—9:56	
		广播操	9:56—10:02	
		跳绳	10:02—10:07	
		慢跑	10:07—10:20	
下午	年级阳光体育运动 （30分钟）	根据年级情况自行设定	每天放学后30分钟	各年级时间要错开，保证运动场地充足

八、注意事项

1. 所有学生必须穿运动服、运动鞋，提前准备好所需器材。

2. 活动由体育教师统一负责组织协调，班主任到场配合管理。

3. 加强安全防范管理，班主任必须加强教育，引导学生安全、文明、有序地参加活动。

4. 遇到阴雨天不能进行正常室外活动时，各班由班主任带领自行在教室进行室内活动（器材自备）。

第三曲——我们的主打

根据国家颁布的阳光体育运动的条例和指示精神，我校在积极参与中不断地学习修正，现已经形成了四个主打活动，它们成为我校阳光体育活动的重要保证，是提高学生身体素质行之有效的方法，是我们体育走出课堂扎根实践的四大基石。

一、晨练

我校的晨练是由体育教师监管，学生自主参与，在充分相信学生和高度尊重学生的前提下，全面发展学生的身体素质和运动技能，我们的实施思想是不求模式但见精神。晨练中，主要发展学生的体能和技能，根据学生提出的体育项目，我们选择了呼声最高的几项，由此成为学生晨练的内容。每天的晨练内容主要由学生自己提出，教师积极跟进组织，以学生的兴趣为导向，让学生在快乐的锻炼中增强体质，同时培养学生热爱运动的习惯，进而提高学生的身体素质。

二、大课间

大课间是阳光体育的重要组成部分，它是为进一步贯彻落实《中共中央国务院关于加强青少年体育增强青少年体质的意见》（中发〔2007〕7号）和《教育部关于印发切实保证中小学生每天一小时校园体育活动的规定的通知》（教体艺2号）精神，不断提高我校学生的体质健康水平，促进学生全面发展，进一步掀起阳光体育运动的新高潮，整体提高我校体育工作质量的一个项目。在大课间的内容上，我校经过体育科组的努力，在国家的标准下增加了我校的特色，这些特色又根据各校区的差异，形成了不同的风格。比如天河东校区的柔韧性练习和华成校区的武术操（有自主创编的武术套路）。各校区在大课间内容上相互呼应，又各具特色，形成各校区百花齐放的良好局面。

三、眼保健操

眼保健操是一种保健体操项目，它可以提高人们的眼保健意识，促进眼及头部的血液循环，调节肌肉，缓解眼的疲劳。研究表明，眼保健操是根据我国医学推拿、经络理论，结合体育医疗综合而成的按摩法。它通过对眼部周围穴位的按摩，使眼内气血通畅，改善神经营养，对青少年大有裨益。因此，我校高度重视，并将每天上午的 11 点 10 分到 11 点 15 分设为上午眼保健操时间，下午的 3 点 20 分到 3 点 25 分为下午眼保健操时间。在眼保健操期间，我们强调学生的纪律和常规，对学生的执行情况进行监督，建立了下一节课教师跟班指导的方案，学生标兵进行检查评分，校行政人员在各自负责的楼层根据学生标兵的反馈情况和自己的观察，进行行政评分。通过以上措施，使得师生们积极参与，从而把阳光体育活动落到实处。

四、阳光体育活动

开展阳光体育活动，要与课外体育活动相结合，配合体育课教学，保证学生平均每个学习日有 1 个小时的体育锻炼时间。将学生课外体育活动纳入教学计划，形成制度。我校充分利用每天下午放学后的时间进行年级阳光体育活动，每个班级的活动内容由班级自主制定，由班主任带领学生进行体育活动，利用体育活动搭桥，促进班级的凝聚力和向心力。这种班级负责制既能提高学生的身体素质，又能促进班级文化的建设，深受广大师生的喜爱。

第四曲——我们的风采
武术传说之关教头

关锋出生于廉江关氏武术世家，关羽第 70 代后人。关锋幼年即开始武术训练，打下了良好的武术基础；中小学即为学校武术队骨干，后进入广东省体育运动学校就读武术专业，曾被选拔为广东省武术队、拳击集训队队员，师从名师曾庆煌、赵秋荣，获恩师真传。

关锋善于自我调节，视野开阔，易接受新知识，拥有较强的学习能力，能快速适应各种工作环境，富有责任感，做事仔细认真。善于聆听，拥有高效沟通能力，思考问题勇于创新，打破常规。热爱体育活动，心态开放，兴趣爱好广泛。独立生活能力强，同时富有团队精神。自信心强，一直认为，不怕做不到，最怕没想到。多年来，在阳光体育活动中，关锋充分发挥自己的武术专业特长，在学校特色创建与品牌提升方面付出了巨大的精力和心血，取得了优异的成绩：

（1）发展学校武术特色，形成学校品牌项目，提升学校文化形象。

（2）以武术社团建设为纽带，加强学校与家长、学校与社区的联系，发挥学校的文化引领作用。

（3）以武术课程建设为依托，整合体育与传统文化教育，促进学生的

全面发展，促进学校的课程改革。

（4）凭武术专业特长以及资源团队，为学校创造更多的财富。

（5）开展天河区武术联盟牵头工作，积极深化推进阳光体育运动的形式。

（四）太阳娃成长故事

我和篮球有个约会

华阳小学六年2班　翁俪纭

你，让我充满灵感；你，让我废寝忘食；你，让我活力四射！真是无篮球不生活，我痴迷在篮球的世界里。

——题记

流畅的进攻让我拍案叫绝。眼疾手快的加索尔抢到球后，牛劲一涌，高速运球突破了半场，随之上演的是湖人队可怕的三角进攻走位。加索尔将球传给左翼的科比，科比又做了一个假动作将球传给了篮下的阿里扎。阿里扎高高跃起，来了个空中接力，一记暴扣。虽然阿里扎忙得不可开交，但全是徒劳无功的。

神奇的绝杀让我目瞪口呆。很多人认为在最后的几秒是没有可能扭转局面的，现在利拉德告诉你0.9秒就可以挽回球队一次成功。在一次比赛当中，利拉德所在的队伍在最后0.9秒时还落后于火箭队两分，当时几乎所有人都要放弃了，只有利拉德坚持了，他拿到球后，不乱阵脚，迅速投篮，球进了！利拉德用一记三分球绝杀了火箭队。火箭队的所有人都呆若木鸡，毫无预料到这个大反转，心中暗叫悔恨，但也只好"望球兴叹"了。NBA赛场上明星璀璨，魅力四射，比赛无论输赢，都扣人心弦。NBA没有永远的强者，也没有永远的弱者，篮球是圆的，就像一句广告语：一切皆有可能。这就是篮球真正的魅力所在。如果强弱、输赢早已内定，那谁还会钟情篮球呢？

而我就是在这份热爱的驱动下渐渐走上这条热血的篮球之路！

一、偶遇篮球

记得在四年级时，我在回家的路上看到了一群人在打篮球，当时我好奇地凑上前去看了看。球场上一个配合之后击掌庆祝，几个大汗淋漓的男生撞胸呼号，欢呼声中让人感到热血青春的魅力。哇，真厉害啊！篮球一定很有趣吧！于是我兴冲冲地跑回家，对父母说："爸，妈，我想去学打篮球。"父母听后很高兴地对我说："你能够打篮球是最好的，这样不仅可以强身健体，还可以让你长高一点。"就这样，我开始接触篮球。

二、相知篮球

后来在一次体育课上，我刚打完一场篮球，范老师看中了我，他诚挚地对我说："你篮球打得真好，有没有兴趣来篮球队训练啊？"我听后先是一惊，回过神来后对他说："啊？我这么矮也能加入篮球队吗？"范老师回答我："当然啦！我看中的人一定没有错！以后每周一、三、四留下来训练。"说完他便走了。日后我每天都会在晨曦和日落时分积极地练习篮球，慢慢地，我在篮球这方面的天赋被老师们发掘和认可，我的球技也有了质的飞跃。

三、相识篮球

我们上一届的师哥师姐们走后，我当上了华阳女子篮球队队长。一开始我心里还有些不安和担心，我怕自己没有带好头，更担心自己会把团队带垮。可是到了后来，在范老师的帮助下，我带领我的球队一起取得了区第六名和市第五名的好成绩，我越来越有信心了。

四、热爱篮球

打篮球不仅给我带来了乐趣，也让我受益匪浅。篮球训练后，我胳膊长出的健硕肌肉像一座隆起的小山，让我更像个强壮的"男子汉"。每天当人们还在睡梦中时，我已早早起床，踏着清晨的薄雾和阳光去和篮球约会了；炎炎夏日下，当人们在空调房间里享受畅快的凉意时，我已如疾风驰骋在宽阔的篮球场上。似火的骄阳下，日光将我的皮肤晒得发烫，汗水在我的头上一闪一闪的，顺着我的脖子流遍全身，一滴一滴地洒在篮球场上，让我全身都散发着一股"男人味"的同时，更锻炼了我坚强的毅力。我最喜欢的篮球明星林书豪说过："先要战胜自己，才能战胜别人。"他的毅力感动了世界，感动了中国，感动了我，他那坚持不懈的拼搏精神更是我学习的榜样。

其实在我刚开始进入篮球队时我的家人一度是反对的。我爸说："你这么小个去打篮球很容易受伤的。"我妈说："去打篮球一定会影响你的成绩的。"可因为我的坚持，他们答应让我去试一试。但我进入篮球队后，我的成绩开始不断下滑，而且我的身上到处是伤，我的父母就把我拉出了篮球队。直到五年级下学期时，我与我妈进行了一番沟通，并保证我的成绩不会再往下掉，而且会在打球中注意自我保护，最后我家人才同意我继续打球。我怕自己的成绩会下滑，所以报了很多课外班。后来我的父母看

到我拼命争取的样子，心疼地对我说："你这样硬补是没有用的，你要把对篮球的这股劲用一半在学习上，而且要恰当地处理好兴趣和学习之间的关系。"后来我听了父母的话，合理地安排我打球和学习的时间，果然我的学习成绩有了很大的进步。后来我妈来看我打的第一场比赛，她被我在场上积极拼搏的身影感动了。一开始我妈以为像我这么小的人一定不可能去打比赛的，可那天她看完我比赛后，才发现原来我这么有天赋。她也从来没有见过我这么热爱一个东西，所以后来她非常支持我打球。而我的成绩不但没降反而越来越好了，这都是篮球带给我的蜕变。

现在，我想和大家分享一场令我印象深刻的比赛。

华阳对战林凤娥战队是最令我懊悔的一场比赛。在一开始我们以1:8落后于她们，当时我们所有人都不抱希望，差不多要放弃了。但因为我的一次进球，再一次点燃了球队胜利的希望，于是我们球队也重新振作起来了。在第四节比赛时，我们依旧以3:8落后。后来经过我们不懈的努力，在比赛快要结束时我们追平了她们，以8:8打成了平局。可当我们在庆祝追平比分时，对手就已经把球送到她们的球框里了，比分再一次被拉开。正当我着急发球时，我的脚不小心踩到了线，球权又被交换了。她们又利用身高优势拿到了2分。最后裁判吹响了整场比赛结束的哨声——我们输了，我们输在了最后的20秒。比赛结束后我一直在懊悔和反思，如果在最后20秒我及时回防，不着急发球，那我们也不会在最后的20秒让人进4分。自从那次，我们吸取了教训，以后的每一场比赛我们都是非常谨慎的。不到最后一秒都不放弃，也不掉以轻心。

我喜欢打篮球，因为它充满了乐趣；我喜欢打篮球，因为它能锻炼毅力；我喜欢打篮球，因为它令人战胜自我。

我和篮球有个约会，那是一生一世的约会。

（橙之健运动课程供稿：易华杰　赵学伟　桑茂恒　李军）

三、黄之魅展能课程

（一）七彩社团

1. 华阳小学现代乐团——插上音乐的翅膀

华阳小学现代乐团是我国唯一交响化、声部最丰富的小学电声乐团。

乐团模式在生本理念指导下，由华阳小学自主开发，在绕开传统民族乐团、管弦乐团的重重束缚的同时，又将传统乐团的精髓纳入其中，结合电声乐器，使孩子较易参与音乐合奏。《中外要闻》杂志评价，华阳小学现代乐团"创造性的编制，开启了中国儿童音乐教育的新模式"。

华阳小学现代乐团团徽

中文名：华阳小学现代乐团
英文名：Contemporary Orchestra of Huayang Elementary School
英文简称：COHY
行政总监：江赵梅
音乐总监：郑海洋
常任指挥：郑海洋　曾漫屏
获奖荣誉：
广州市第七届学校艺术节器乐类决赛一等奖；
2017 广州市中小学生器乐比赛一等奖；
广东省第五届中小学生艺术展演二等奖；
广东省第二届中小学生器乐比赛一等奖；
维也纳第六届世界乐团艺术节比赛银奖。

乐团成立以来，成功接待了各级教育部门、文化部艺术服务中心、中国教育学会、美国校长考察团、加拿大艾伯塔省教育代表团观摩乐团排练与展示；多次参与电视媒体的演出；维也纳现代音乐大师、维也纳宫廷乐团团长、维也纳音乐大学教授威尔纳·哈克尔曾亲临乐

华阳小学现代乐团小合影

团指导排练，并盛邀师生赴维也纳交流；乐团师生与世界著名电子音乐大师雅尼进行过面对面交流，雅尼因此在其官方 Facebook 等各社交网站图文

盛赞我校乐团。乐团曾获广州市第七届学校艺术节器乐类决赛一等奖、2017 广州市中小学生器乐比赛一等奖、广东省第五届中小学生艺术展演二等奖、广东省第二届中小学生器乐比赛一等奖。

在华阳小学，学乐器的孩子有很多，尤其是学钢琴、电子琴、小提琴等键盘乐器。

威尔纳·哈克尔教授指导乐团排练

许多热爱音乐的孩子，都渴望获得进入乐团参加合奏的机会。但由于当下流行的两大类乐团——民乐团和管弦乐团都有着严谨的乐器编制，没有大量的人力和资金支撑，很少学校能建立起这两类乐团，我校初期同样也不具备这样的条件。2012 年上半年，音乐老师郑海洋在校长们的指导和支持下，通过一年的摸索，结合我校孩子的乐器学习状况，组建了一个电声和传统乐器"混搭"的乐队，开发出了全新的小学乐队模式，让学习钢琴、小提琴和架子鼓的孩子也有机会参与合奏。

2012 年秋，适逢华阳小学建校二十周年。开学伊始，乘着这一东风，华阳小学现代乐团正式成立，添置和补充了电声乐队最必要的合成器、音箱等几样器材，郑老师针对学生的乐器技术情况，专门为这群孩子改编了雅尼的《圣托里尼》，并投入到紧张的排练中。一个月后，华阳小学二十周年校庆节目审查在学校体育馆进行，这一"混搭"乐团首次亮相，赢得了在场导演组及观众的热烈反响和一致好评。这给了郑老师和乐团孩子们很大的信心，他们决心要把这个特殊的乐团做好，并让它发扬光大。

华阳小学现代乐团最显著的特点，是拥有电声乐器。它打破了传统乐团严格的乐器编制限制，创设了更容易让学生参与，但又不失音乐声部完整性的，以电声为主的编制模式。其电声乐器并非单纯的对传统乐器的模仿或替代，它充分挖掘了电声乐器的特点与功能，呈现出来的音乐效果是传统乐器所不具有的。乐团的音乐风格自成一体，独树一帜，与当今被大家熟知的"新世纪"和"现代器乐"风格相近，但又比这两种风格更加接近管弦乐风格。

我校一直秉承"充分相信学生，高度尊重学生，全面发展学生"的生本理念。为了能让孩子们自觉做好乐团的事情，乐团主要做到了以下四点：

第一，乐团一定要"好玩"。乐器的技术性练习其实是枯燥的，但假如孩子连在正式演奏、展示的时候都感觉不到快乐，那孩子学了音乐又有何用呢？所以，郑老师经常编配一些好玩、好听的乐曲让孩子们

华阳小学现代乐团表演

练习和表演，让孩子们感受到合奏的快乐和音乐的美妙。

第二，建立自主管理机制、首席责任制。乐团为管理员、首席演奏员颁发聘书，让孩子参与乐团管理，让演奏技术高的孩子承担起"首席"的责任，让孩子们把这里当成自己的"家"。孩子们喜欢乐团这个"家"，加之责任心和荣誉感使然，孩子们自然就会自觉做好乐团的事情。

第三，建立帮扶机制。一般新加入的孩子，都会有一到两位"小师傅"指导他们，每次排练时都坐在一起，直至新成员能独立胜任演奏任务。还有些孩子，原本不会演奏乐器，但让他们参与乐团管理，或者演奏相对简单的乐器，在音乐合奏魅力的感染下，这些孩子的音乐学习更投入，热情更高涨，甚至还成为乐团重要的演奏员。

第四，与家长进行充分而有效的沟通。当今的家校关系，并不是单纯的老师与家长的关系。在"为了孩子"的共同目标下，老师与家长其实也是朋友关系。为此，郑老师借助现今强大的即时聊天软件，如微信、QQ等，全面而友好地向家长反馈孩子在校情况，了解孩子在家的表现，并与家长建立了深厚而真挚的友谊。这不但有助于提高家长对于孩子在乐团的关注度与支持度，更重要的是，共同帮助孩子提升音乐技能与素养。

华阳小学现代乐团，释发出尊重个性、重视人的文化，这也是华阳小学生本教育的成功探索之一。乐团已成为孩子树立快乐积极人生观的培养课堂，助力华阳小学的人文教育。

2. 小蜜蜂动漫社团——采得百花成蜜

（1）社团简介。

社团的全称为小蜜蜂动漫社团，由华阳小学美术科组组织成立。社团

成员主要是华阳小学林和东校区高年级部及校内喜好动漫的学生。

（2）社团成立的初衷。

当今的社会文化艺术形式真正呈现出百花齐放、百家争鸣的发展态势，20世纪80年代以来，动漫得到前所未有的发展，成为大众文化的一类。随着动漫产业的发展，动漫作为一门融合文化、艺术、科技等多种内容的学科，以快餐文化时代特有的方式，以象征或明喻的表达和强烈的符号语言，描述了生活的方方面面。动漫在中小学美术教育中所占的比重也在逐年增加，所以，现今喜爱动漫的学生越来越多。于是，动漫店在全国各地遍地开花，各种形式的动漫画展也越来越多，有关动漫的网站和论坛更是随处可见。

但是动漫本身就是一把双刃剑，它对小学生观念的影响也存在着两面性，在发挥积极影响的同时，也产生了某些消极的作用。因此，我们在认识到动漫文化对小学生观念产生正面效果的同时，也要寻找有效的对策，对其产生的负面影响进行有效的规避，使动漫文化在引导小学生建立正确的价值观中发挥积极作用。

基于此认识，动漫社团这个组织形式在聚集和培养青少年动漫人才方面起到了巨大的作用，因此可以大力发展。

（3）社团的宗旨。

小蜜蜂动漫社团严格按照华阳小学社团管理规定筹办成立，以服务会员、丰富我校学生业余文化生活为宗旨，建设我校积极、上进、和谐的社团文化，办出自己的特色，办出自己的水平。小蜜蜂动漫社团就是要唤起学生的激情，让他们更好地发挥自身的主观能动性，帮助他们把好的创意想法付诸行动。

（4）社团的精神。

互助互爱、团队合作、创新求变、积极发展、勤奋锻炼、坚持不懈、努力成功。高年级的学生通过学习丰富的动漫知识，提高自己的绘画能力和绘画兴趣。

（5）社团组织成员。

学校美术科组老师，高年级陈老师和罗老师。

（6）社团人数及招募对象。

面向全体林和东校区学生招募，每班1~2名学生参加，总人数控制在20人左右。

（7）社团标志寓意。

小蜜蜂的主题色彩为黄色，这与学校
"七彩生本自立课程"中黄之魅展能课程
的主体色调是一致的，寓意孩子们热爱
艺术。

小蜜蜂动漫社团团徽

小蜜蜂是勤劳的动物，表现了孩子们
积极动脑，努力锻炼自己绘画功底的能力。

小蜜蜂的主体形象是小孩子，表达了
孩子那种天真无邪、率真的个性。

（8）社团课程目标。

①构建以"学生的动漫文化来教育学生"的自主教育模式，学生用自
己手中的画笔描绘自己身边的故事，从各方面表达了自身对生活的关注。
体验自主学习的快乐和成功感，享受探究、合作、成功的喜悦，增强自信
心，提高学习兴趣。

②通过活动保护学生对动漫的热情与兴趣，从学生的角度出发，用学
生的文化教育学生，成立动漫绘画组、剧本文学组、小记者摄影组、特殊
技法创意组、Cosplay 讲座等与动漫相关的七彩动漫小组。以动漫社团为校
园文化活动的基石，以动漫嘉年华活动为展示平台，将环保教育、科学与
人文教育等教育理念融入社团活动中。

③初步建立以"自主"为特征的"乐享"德育模式，学生有自主的地
位，发挥主体作用。社团活动提供了一种统一进行、集中管理的模式，这
可以帮助老师通过社团工作来更好地引导学生。

（9）社团课程内容。

小蜜蜂动漫社团以学习动漫原创、产业发展等基础知识以及动漫绘画
的基本技巧为主，围绕主题、人物形象、动植物形象或故事情节进行设计
创作，培养学生创新的能力和良好的艺术审美素养。

①拟订社团活动计划。

②学习基础绘画、Pop 文字、剧本写作，听 Cosplay 讲座，看动画，观
赏画展，用动漫形式记录日常生活，学画生活场景插画（四格漫画）。

③设计校徽、吉祥物、节徽以及自己的漫画形象。

④认识世界著名动漫大师以及对他们的作品进行欣赏学习，了解各国
动漫设计风格，例如日韩动漫、欧美动漫以及社会娱乐动漫等。

⑤开展动漫绘画的研究，例如中日美动漫风格研究等。

⑥举办社团小型动漫画展。

（10）社团课程进程。

第一期课程主要讲的是人物的整体造型和比例。由头部到躯干再到动态，一步一步介绍人物的整体造型。

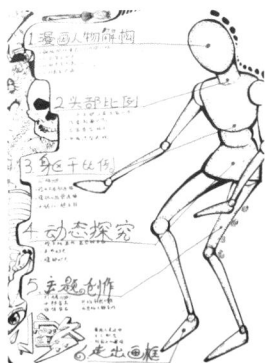

第一期课程的人物结构图

第二期课程主要从富有寓意的小主题展开，其中有艺术节角色、吉祥物设计，孩子们能够根据自己设计的小故事进行大胆自由的创作。

让孩子们设计幽默诙谐的小故事进行创作，这能充分调动他们的学习主动性和思维联想能力。

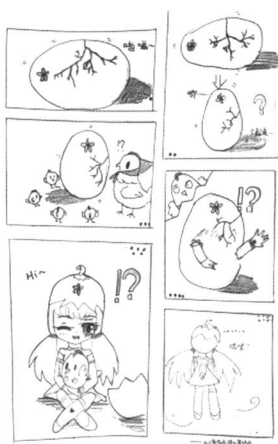

《蛋的破碎》

第三期课程主要学习手工描绘和夸张的人物面部设计，让学生动手实践，在掌握人物造型的基础上对人物的五官做出大胆幽默的变形。

在中国京剧的基础上对脸谱进行了富有创意的设计，让蜿蜒的线条、奇趣的图案在脸谱上自由交织出美丽的音符。

同学肖像 1 　　　　　　　　　　同学肖像 2

3. 都市小农夫社团——收获的芬芳

曾经，这里只是校园的一个小角落，甚至是一个少有人问津的偏僻角落。硬化的地面，光阴在一块块瓷砖间流淌。

如今，这里是校园最美的一角。这里有葱葱郁郁的青菜，有挂满枝头的累累硕果，有洋溢着自然清香的香料作物。当清晨的阳光穿过树叶的缝隙，斑驳地洒在挂满露珠的菜叶上时，点点晶莹的露珠折射出"太阳娃"美好童年的璀璨光芒。这里，便是最受华阳小学师生欢迎的都市小农夫社团实践基地。

转变，要从邓燎老师说起。为了让生活在都市里的孩子也能体会到种植的乐趣，了解植物，感受"一分耕耘一分收获"的喜悦，邓燎老师特意向校领导申请把这块偏僻的角落改造为菜地。于是，一块块瓷砖被挖起，一筐筐土被填进，简易版的菜地形成了。

经过一届又一届"太阳娃"的耕耘，一根根竹竿在家长和孩子们的手

上经过铁丝的缠绕，编织成一道菱形方格的竹篱笆。一块块松散贫瘠的沙土，在孩子们的精心养护下，变成了肥沃的土壤。

都市小农夫社团，不仅提倡学生亲手种植，更提倡绿色环保的种植理念。为了让蔬菜茁壮成长，孩子们自发地进行采集尿液并且发酵的活动。从刚开始捏着鼻子把尿液倒进发酵桶，到后来可以淡定地施肥；从刚开始见到青虫时发出阵阵恐惧的尖叫，到后来可以风轻云淡地捉虫；从刚开始生疏地翻土、播种、拔草，到后来可以熟练地操作耕作的任意环节；从刚开始售卖蔬菜时的腼腆、害羞、胆怯，到后来可以自发举行蔬菜拍卖、自发设计海报宣传……一个又一个的转变，都市小农夫社团给"太阳娃"带来了无限的乐趣，也为他们的童年加上了浓墨重彩的一笔。

如果说，生本教育是点燃孩子学习激情的火焰，那么，关注孩子全面发展、努力把孩子培养成优秀的太阳娃的华阳小学，便是播种希望、培育真正的"人"的摇篮。

一阵清风拂过，空气里是湿润的泥土的芬芳，枝头上的累累硕果诉说着华阳社团建设的成就。

（二）我们的舞台

华阳小学始终坚持"充分相信学生，高度尊重学生，全面发展学生"的办学理念，为学生创造各种各样展示自己的舞台。课堂上，三尺讲台是学生自主学习、小组展示的舞台，他们不仅是学习的主人，还充当了小老师和学习者的角色。除此之外，学校还通过一系列艺术节活动为学生创设展示自己的舞台，涵养学生的艺术生命。

历届以来的艺术节活动有三大共性：一是形式多样，组织有序。其涵盖了阅读、音乐、舞蹈、魔术、书法、语言等多种表现形式，根据校区、年段特点分阶段分系列推进。特别在万众瞩目的艺术专项活动中，有音乐科组指导学生开展的乐器演奏、舞蹈、唱歌专场活动，有美术科组指导学生进行的物纸造型、衍纸、玻璃彩绘等创作。学生个人或集体还可以选择自己喜欢的方式，在艺术节上展示各类与主题相关的才艺，如课本剧、小品、相声、双簧等。

二是多方参与，层层推进。艺术节通过教师、学生、家长三方面组织开展活动。以首届文化艺术节活动为例，活动初期，每个班级都需开展读书会活动，美术科组在全校开展节徽设计征集活动。活动中期，在班级上开展个人读书计划设计、"大手牵小手"亲子共读、"微讲坛"、"画中话"

等阅读活动；而学校则开展艺术专项活动。活动末期，以各年级为单位开展精彩的节目展演以及作品展示。学生、老师、家长聚融众智，排练出的节目水准令人惊叹。学校还对在首届文化艺术节活动中表现突出的学生、班级、教师、家庭进行奖励，分别授予"书香少年""书香班级""书香教师""书香家庭"称号并颁发奖状。

三是品质卓越，反响热烈。为提高师生的参与度，引导孩子热爱艺术，学校还特意邀请嘉宾开展魔术专场、音乐欣赏专场等体验活动。例如2017年4月18日，学校邀请了"秘密魔法学院"创办人之一的曾子健、泰国国际魔术节中国代表Leon、魔术界国际最高荣誉梅林奖中国获奖者Miki，为孩子们进行了现场魔术表演和魔术技能传授。现场的孩子们兴致盎然，学有所得，在魔术世界里流连忘返。大师的参与不仅提高了文化艺术节的含金量，保证了华阳品质，还以专业的水准、大师的人格品质影响学生对艺术的认知和审美，赢得全体师生、家长连连称赞。

（三）太阳娃成长故事

在绘画中成长

华阳小学六年4班　冯馨然

星辰交替，岁月更迭，花开花落，寒来暑往。一日复一日，一年复一年，我逐渐成长了。成长中的故事很多很多，有欢乐也有悲伤，有风雨也有彩虹。

值得庆幸的是，这一路走来，尽管跌跌撞撞，尽管前路漫漫，但至少我有美术相伴。对我来说，它就如同黑暗中的星光，寒夜中的灯火；它是我前行路上的指向标，成长路上的好伙伴。它如同一个小精灵，总能在我伤心时给我安慰；在我无聊时给我乐趣；在我欢乐时给我更多欣喜。

记得在参加2017年广州市科技周儿童活动专场科幻绘画比赛时，我突发奇想画了一艘鱼形飞行器，鱼嘴可发射炮弹，鱼眼可探测到障碍物，并派出小机器人进行清理。船身的"鳞片"掀开即是钢化玻璃窗，透过玻璃窗可以看到外面令人应接不暇的景色。这样一艘拥有创新科技的飞行器，载着一群活泼可爱的孩子与憨态可掬的动物朋友，在浩瀚无垠的宇宙间遨游，拜访各个独具特色的星球；与各种各样奇形怪状的飞船擦肩而过；与形形色色的外星人做朋友。如今，他们正准备去往一个生机勃勃、绿树成荫的绿色星球……后来，这幅画获得了比赛一等奖。

通过参加比赛和绘画创作，我明白了，绘画作品要不落窠白，别具一格。同时，我也懂得了那幅画之所以能获得一等奖，离不开老师们的悉心教导。是老师们提醒我作品的内容要新颖独特，构思巧妙；是老师们指导我作品要突出主体，丰富背景；是老师们提示我要结合科技，刻画细节；是老师们告诉我要控制颜色，整体和谐……我知道，我还有很多的不足，我还需要不断地成长，不断地进步。我懂得了，在学习的过程中，虚心使人进步。

后来，我去参观了获奖作品的画展。在那里，一张张栩栩如生的画作让我大开眼界：有生动逼真的宇宙飞船；有个性鲜明的漫画人物；还有天马行空的七彩宇宙……多姿多彩，惟妙惟肖，令我自愧不如。

在一次次的学习中，我有所进步，有所收获。如今的我也已升上了六年级，成为学校漫画社社长。但每每想起那次画展，我仍然会告诫自己：人外有人，天外有天。

光阴似箭，日月如梭。大树多了一圈圈年轮，花朵结束了一次次绽放，我收获了一份份成长。如今回眸凝望，那春夏秋冬里，留下了我成长道路上的一串串脚印，那每一个脚印中都有一段段难忘的故事，构成了我生命旅途中的一道道风景线。

（黄之魅展能课程供稿：郑海洋 陈超 郭燕红）

四、绿之趣阅读课程

著名教育学家苏霍姆林斯基说过，让学生变聪明的方法不是补课，不是增加作业量，而是阅读，阅读，再阅读。而绿之趣阅读课程就是让学生在阅读中思考、表达，将阅读自然而然地融入学生的学习、成长等环节中，实现小学基础课堂教学大阅读、大学习，培养学生认识世界、发现问题、解决问题的意识和能力，促进学生综合素养的全面持续发展。

（一）拓展阅读

华阳小学倡导与实施十几年的生本教育，构建了"以学定教单元整体教学模式"，强调学生学习的主体性，引领教师在整体把握教材的基础上，通过整体结构化的教学过程设计，优化学生的认知结构，提高课堂效率，实现学科育人价值的最大化。实践证明，华阳小学语文科组"以学定教单元整体教学模式"能充分调动学生学习的主动性和自觉性，有利于激发思维，调动学习潜能，拓展学习空间，提高教学质量。为了进一步倡导大语文、大阅读、大学习的理念，更科学地进行课程的整合规划，融合课内外，华阳小学生本语文教学团队开发并实施了绿之趣阅读课程，培养学生的阅读兴趣、创新思维和实践能力，以及学生的语文核心素养。绿之趣阅读课程，从学生个人独立阅读开始，注重挖掘学生潜能，激发学生阅读的主动性，发挥学生阅读的主体作用，推进大阅读、大交流，以实现减负增效的课堂教学。

语文拓展阅读课程开发

一、课程目标

为了让绿之趣阅读课程切实可行，我们围绕以下目标引导学生进行阅读：

（1）学生的大语文、大学习、大阅读意识不断增强，兴趣持续高涨，六年累计能背诵优秀诗文、经典名作不少于80篇（段），课外阅读总量不少于100万字。

（2）学生能广泛阅读，学习筛选和整理阅读信息，初步鉴赏文学作品，能独立阅读，学会运用多种阅读方法进行阅读积累。

（3）学生能主动进行探究性学习，激发想象力和创造潜能，在阅读实

践中学习和运用语文。

（4）学生能具体明确、文从字顺地表达自己的见闻、体验和想法，学会倾听、交流，并从中提升自己的感悟。

二、课程内容

绿之趣阅读课程根据小学生1—6年级语文学习的需求及阅读发展目标的阶段差异，共安排3个年段的策略目标，分6年逐步达成。

项目 年段	策略目标	实施细则	
		补充	提升
低年段	以读引识， 以读引读	1. 在意义文块中认识常用汉字2 500个左右 2. 以阅读指引识字，在识字中学习拼音，以拼音巩固识字，在阅读中反复再认字 3. 在整体阅读中落实听说读写技能的全面实施 4. 初步背诵优秀诗文60~70篇（段），课外阅读总量20万字左右	1. 爱好阅读，喜欢学习，能运用不同的方法自主独立记认汉字 2. 能读一篇拓展延伸，读多篇主题相关的阅读材料 3. 能在阅读中积累词汇，能在阅读时发挥想象
中年段	以读引说， 以读引思	1. 能广泛大量阅读，并能联系上下文和生活实际及自身阅读积累品读精彩文段，体会词句含义，达到读此想彼 2. 能调动阅读兴趣，提高理解能力，有当众表述阅读感受的意愿 3. 诵读优秀诗文80篇（段），课外阅读总量不少于50万字	1. 对阅读的热情持续高涨，品味语言文字的角度逐渐多元化 2. 能围绕单元主题涉猎相关阅读信息，并加以筛选、整理，形成个性化的独立思考 3. 能抓住阅读的主要内容，结合课外积累旁征博引，互动补充，并有所提高、有所生成、有所创新

（续上表）

项目年段	策略目标	实施细则	
		补充	提升
高年段	以读引写，以读引研	1. 形成随时阅读的良好习惯，一般默读速度达到每分钟500字左右 2. 能紧扣文章主题，联系上下文和自己的积累理解词句在语言环境中的恰当意义，赏析其表达效果 3. 熟练背诵优秀诗文80篇（段），课外阅读总量200万字左右	1. 鼓励读有所思、读有所感，每学年课外阅读有感及主题写作不少于20次（不包括小练笔） 2. 养成浏览文章、随时搜集信息的习惯，学会整合阅读材料，编写阅读报告，并能当众作分享交流 3. 能利用图书馆、网络等信息渠道进行探究性阅读实践，并从中开阔视野、收获知识，提高综合学习的技能

　　每一个年段，我们都始终把学生作为阅读的主体，尊重学生的天性，创设学生"乐读好学"的教学模式，遵循学生的认知规律，为学生创设一个和谐的阅读环境，使学生的阅读潜能得到最大限度的发展。因此每个年级的学生都在教师的带领下，享受着拓展阅读带来的乐趣。

　　三、课程实施

　　1. 实施方法

　　为了最大限度地调动和保持学生拓展阅读的兴趣，取得更好的阅读效果，我们融合课堂内外，在课堂上举行了各种活动，为学生创造阅读交流的平台，如课堂阅读交流分享、课前三分钟交流、阅读报告编写、专题阅读实践活动、辩论会、主题朗诵会……让学生能及时分享阅读后获得的积累和感悟，通过小组交流、讨论，全班交流等方式，促发学生思维碰撞、思考深入、思想积淀，进而提高阅读的有效性。

　　2. 实施形式

　　（1）课堂学习是重要平台。以"以学定教单元整体教学模式"各课型的运作作为主阵地，从导读到精学，到略读，到巩固，到拓展，都以激发兴趣、推进阅读为主旨，每个课型的实施都离不开阅读的指引和推进。

（2）绿之趣阅读课程，学本是主要途径。单元整体学习开发同步学案校本教材，为学生、教师提供及时操作的具体途径。学生在单元阅读学习过程中，直接运用学本进行阅读训练，开展交流分享学习实践活动，教师以学定教，高效落实相关知识体系的建构。

（3）年级组团队集备，开发共享资源。各年级由备课组长主持集体备课，形成单元整体教学共案后，教师对新课标教材充分解读，对学生深入了解，结合自身风格对学生进行阅读引导，不断开发相关专题阅读资源，再进行年级组内的资源共享，逐渐完善各课型，实现对学生高效阅读的有效指引。

（4）学生自主阅读实践分享。学生通过广泛的涉猎，体验单元整体阅读学习的收获，不断地积累并逐渐形成相关的阅读体系，以此为基础，梳理出华阳小学各年级推荐、必读书目。学生参考各年级阅读书目，自行安排课余时间，自觉开展独立阅读，并在小组合作学习探究后，定期定量在班上作专题阅读汇报，促使学生全面参与阅读交流，保障学生阅读热情的持续提高。

（5）将课前三分钟见闻谈作为阅读常规，落实对阅读信息当众表述、分享思想的"绿色小径"，而且坚持做，做扎实，做出成效。

课前三分钟见闻谈中，学生或演讲或朗读或讲解，乐享课外阅读的思考和所得，使拓展阅读无痕融入课堂学习中，让大阅读、大交流、大表达落到实处。

在实施绿之趣阅读课程的过程中，我们精心设计好活动模板，做到拓展内容紧扣新课标要求，符合学生认知规律，由易到难；重在引发学生阅读学习的兴趣，循序渐进培养学生的学习品质；关注学情，以学定教，把握教师"导"与学生"学"的适度；关注学生"上不封顶，下要保底"，两头兼顾。

因此，拓展阅读落实了广度与深度的融合，以发展学生为本，阅读交流、互动分享的过程成为学生思维碰撞、思考深入、思想积淀的过程，也成为学生学会倾听、当众表述、提升感悟的重要过程。

四、课程评价

教师对于拓展阅读课程的评价从学生语文学习的兴趣与阅读热情的程度到学生阅读量与理解领悟是否同步发展，从学生阅读积累与学以致用的内化迁移、思维能力与创新能力的显现到每学期的阅读素养是否达标，都采用了多元的评价形式：

1. 学生自评

在教师的指导下，学生对单元学习相关项目作出自我评价，并能查漏补缺、取长补短。

2. 教师评价

教师根据学生在学习中的表现，训练实践的态度（投入程度），运用技巧的能力，给予学生适当的评价。教师通过档案袋、成绩册、记分等方式简单记录每位学生的表现，作为评价依据。

3. 学校评价

通过了解本课程实施情况，学生在学校某些活动中的特长发挥，学校为学生确定相应的等级，以此激励其继续阅读。

4. 学生评价

学生根据被评价者阅读能力的变化，给予合适的评价。

5. 他评

家长、社会等对学生阅读能力和学习能力的评价，如参加社会实践后，学校调查、了解学生阅读水平及语文学习能力的表现情况。

五、课程效果

绿之趣阅读课程从促进语文课堂常规教学"阅读推进"的工作开始，促进每个班级学生阅读能力、表达能力的均衡发展，使华阳学子在大阅读、大交流、大表达能力上有了质的飞跃。

阅读娃摘星星

单元	一 初读收获多	二 快乐阅读推荐	三 精读	四 挑战读	五 一起来分享	合计
第一单元						
第二单元						
第三单元						
第四单元						

（续上表）

单元	一 初读收获多	二 快乐阅读推荐	三 精读	四 挑战读	五 一起来分享	合计
第五单元						
第六单元						
第七单元						
第八单元						
总结	自评：我悄悄地告诉你，本学期我获得（　　）颗星星。心里＿＿＿＿＿＿＿＿＿＿＿＿＿＿＿＿＿＿＿＿ 老师评议：阅读娃，祝贺你收获了（　　）颗星星。＿＿＿＿＿＿＿＿＿＿＿＿＿＿ 家长感言：＿＿＿＿＿＿＿＿＿＿＿＿＿＿＿＿＿＿＿＿＿＿＿＿＿＿＿＿＿＿＿＿					

　　近年来，华阳小学的学生们参加了"暑假读一本好书""语文达人秀""学宪法演讲比赛"以及各种相关的比赛活动，佳绩频传，硕果累累。这都源于绿之趣阅读课程落实了"听、说、读、思"各项语文能力的训练，有效地提高了学生的阅读素养和语文综合能力。

　　在2016年12月全国第二届青年教师语文教学观摩赛中，我校17个班的学生承担了观摩课学生的任务，学生们的课堂表现、阅读和表达能力得到了全国小语会及众多参会老师的盛赞。全国小语会理事长陈先云老师在多个场合高度赞扬了华阳小学学生的语文素养，点评华阳小学学生对教材的解读能力甚至超过了上课老师。这次活动不但彰显了我们华阳小学学生的语文素养，同时也改变了长期以来北方教师对南方学生、语文教学的印象，是我们华阳小学语文科的骄傲，也是我们广东语文教学的骄傲，更是我校绿之趣阅读课程的重要成果！

　　实践证明，绿之趣阅读课程让学生在阅读中思考与汲取，在交流中学会倾听和表达，切实可行地提高了学生的语文综合素养！

（二）童阅世界

古往今来，许多哲人都在大力倡导阅读。阅读可以涵养性情，陶冶情操，提升人类的精神品质。阅读是一场生命中的奇旅，一次伴有记忆的壮行。真正的阅读，要把生活中最鲜活深刻的领悟，与书本中的知识进行结合，从而升华自己。

华阳小学开展了一系列的童阅活动，让学生阅读之余，走出书房，去广袤天地中闻一闻泥土的芳香；走进现实的社会生活，去实践、体验、领会。通过真实的读书活动让每一位学生与书为伴，养成喜爱读书的习惯。

语文的力量：达人秀

为激发学生对祖国语言文字的热爱，培养和提高语言文字的感受能力，增加学习语文的兴趣，华阳小学举办了"语文达人秀"活动。活动以丰富多彩的学科活动为推力，让学生们展示自己在学校与生活中学到的语文知识与才能，分享自己的语文学习成果，感受语文真风采。

2016 年 10 月，华阳小学在全校进行了"语文达人秀"第一场——班级海选。为了在初选赛中能够脱颖而出，每一位学生都亮出了十八般武艺，全校掀起一阵阵"达人秀"热潮。经过一轮轮白热化的比赛，每个年级精选了一个节目到学校进行决赛。

11 月，华阳小学"语文达人秀"决赛拉开序幕。

1. 达人秀之君子篇

何谓君子？除了内在的品质以外，君子总是给人以文质彬彬、温文尔雅的书生意气的印象。短短的五分钟时间，小达人子越和肖同等带领大家穿越时空，通过仿古场景的方式，以第一次见面自我介绍作为开始。小达人各自选择适合的诗词介绍自己的名字，互相仰慕、互相赞美。节目的最后，小达人即兴创作一首小诗，展现古人见面舞文弄墨、吟花咏月的风范，将诗词的演绎和诵读，声音和表情，动作和情感等元素结合在一起，表现得淋漓尽致。小达人从古到今的演绎，结合古典的背景音乐、动情的吟诵，让观众徜徉于唐诗宋词营造的美好境界中。在场观众无一不被《君子》这个节目的立意高远和小达人深厚的语文素养深深打动！

家长这样阐释小达人："语文达人秀，顾名思义，用语言的方式展现

语文素养。这样就需要两方面的境界，一是文字的境界，二是语言的境界。君子自强不息，我们除学习了解古人，掌握和传承中华文化之外，还应有自己的个性拓展，有创作的能力，有感知生活的渲染力，有独立的思想，有知春秋冷暖的情怀，这样才算是一个真正的语文小达人。"

2. 达人秀之成长篇

一年级的小选手彭筱轩，是这次达人秀中年龄最小的选手。赛场上，她表演了一段儿话音的绕口令和一首儿童诗的朗诵，观众们都被这个可爱天真的小选手打动了。而她背后的参赛历程，是华阳小学生本理念的最好阐述。

刚迈入小学一年级的筱轩，对一切都充满着好奇。筱轩在知道"语文达人秀"这个比赛后，初生牛犊不怕虎，欢呼雀跃地要求参赛，但筱轩的爸爸妈妈心中更多的是忐忑。新生家长会上，周洁校长的发言"充分尊重孩子、充分相信孩子，给孩子一个尝试和努力的机会"在他们的耳边响起，那就让孩子试一试吧。

语文学科博大精深，孩子要用什么形式展示呢？筱轩妈妈伤透了脑筋，孩子说："妈妈，我会绕口令，也可以朗诵诗歌，我就表演这个吧！"经过家长与班主任李焕老师的指导，节目《朗诵达人秀》产生了。兴趣的力量无比强大，它是一种甜蜜的牵引，6岁的筱轩一个晚上背熟了所有参赛材料，自己还选择合适的动作和情感来体现作品。她一遍又一遍地练习，直至找到自己最好状态。

《朗诵达人秀》获得了华阳小学"语文达人秀"的特等奖。这个奖项对于一个幼儿园三年中只拿过一次灯笼制作比赛优秀奖的孩子来说，无疑是一次令人骄傲的成长，是一个巨大的、令人意外的奖励。孩子得意地说："原来，我可以这么棒！"

"是的，孩子通过自己的认真努力，通过老师、学校的积极培养，也可以散发出属于自己的万丈光芒。谢谢华阳小学给孩子开启了阅读的世界，孩子学会拼音后就开始自由地阅读中外的各种图书。丰富多彩的课堂内容，更是给了孩子大胆展示的机会，让孩子在语文学科的不同领域学习和探索。正因平时的学习积累，女儿才能毫不畏惧地参与比赛。"筱轩妈妈看到女儿在舞台上的表演时，发出这样的感慨。

3. 达人秀之百花齐放

吴灵梓同学亲自撰写童诗《我是华阳好苗苗》，抑扬顿挫的朗诵，加上快板的表演，充分体现了其扎实的语文基本功。你眼中的四季是怎么样的？四年级的丁绍轩等同学的节目《话四季》，用朗诵的形式描绘四季。评书《武松打虎》绘声绘色，同学们时而捧腹大笑，时而心惊胆战，博得了现场阵阵掌声。舞台剧《白雪公主》把同学们深深地吸引住了。

比赛中，达人们稚嫩的脸庞，清澈的眼神，配合上精心设计的动作表情，将一个个节目演绎得非常生动：激情的朗诵使人兴致盎然，绘声绘色的故事让人印象深刻，幽默风趣的相声令人捧腹大笑……

"语文达人秀"让热爱语文学习的学生有展示语文才能的机会，点燃了学生学习语文和热爱阅读的火种，提高小学生的语言运用和表达能力，提升欣赏品位、审美情趣和文学艺术修养，在华阳小学形成了人人争当语文小达人的氛围！

小思阅读，让阅读插上隐形的翅膀

"同学们，你们了解什么是小思阅读吗？" 2017 年 5 月，华阳小学综合电教室里热闹非凡，同学们期待已久的小思阅读启动仪式拉开序幕。

想让阅读成为自身的一种习惯，需要有一个好的平台。而真正的阅读，得从选择好书开始。小思阅读便是这样的一个平台，带领孩子们走进无穷无尽的阅读世界。为了激励学生更多参与活动，营造学校、家庭、学生三位一体的阅读生态圈，小思阅读正式在华阳小学启动。

小思阅读是一款用于促进学生阅读的互动平台，可以帮助学生记录阅读的点点滴滴。学校通过平台向学生推荐优秀书籍，学生可以在平台上浏览书籍的信息，参与在线讨论并发布读书笔记。目前，平台书库已经包含了近 10 万本适合青少年阅读的优秀书籍，以及与书籍内容相配套的 2 万多组书籍阅读情况检测题。

小思阅读拥有丰富多样的阅读系统，可以满足学生各种各样的阅读需求。小思阅读通过阅读积分、读书升级体系、阅读达人榜、公众微信号互动等多种方式激励学生更多参与阅读活动。同时，借助大数据分析手段，帮助老师了解学生阅读数据，为阅读活动的更好开展提供数据支持，营造学校、家庭、学生三位一体的阅读生态圈，帮助学生养成终身阅读的习惯。这正与本教育中提倡的语文大阅读理念不谋而合。

"通过小思阅读，孩子每天好像都在活动中轻松愉快地积累，阅读量更大了，并且不自觉地爱上了阅读。我们也能更加方便、清晰地看到孩子的阅读成长，比原来更省时省力。"一位二年级的家长如是说。

借助小思阅读这个平台，孩子们的阅读更加方便了，点更大，面更

广。生本教育中，提倡语文大阅读，在阅读中提高孩子的语文素养。在这个过程当中，需要孩子们每天自主自觉地达到一定的阅读积累。而小思阅读庞大的书库以及多样化的阅读系统，正好能够帮助孩子们实现大阅读。实现大阅读，我们正在路上。

当《城市之声》牵手"生本语文"

2017 年 7 月 29 日下午 2 点，华阳小学省语文特级教师何建芬老师带着 8 位华阳学子，来到省广播电台《城市之声》栏目名校开放日节目快乐发声。8 位学生信心十足，侃侃而谈，其优秀表现得到了省广播电台主播的高度赞赏。本次节目的收听率也创下新高。这期节目在公众号推出后，许多留言都是："华阳小学学生口头表达能力怎么这么强？"家长观摩了何老师的整个指导过程后发出感叹，不得不说，当《城市之声》牵手"生本语文"，一切就是这么水到渠成！

首先，何老师召集 8 位学生参加第一次会议，商讨节目的主要内容，提前指导学生如何撰写会议主要内容，由此增强了学生提取语言重要信息的能力。本次电台节目旨在宣扬广州传统文化和社会正能量，何老师和电台节目策划人以及学生家长共同商讨，最终定下了节目的三大板块"广府文化""走进图书馆，读一本好书""走进老人院，献爱心，送温暖活动"。何老师边参与会议，边指导学生如何记录会议要点：时间、地点、人物、准备工作、分工细节等。她细致地引导学生记录，巧妙地强调言语中的重要信息，方便学生及时提取。学生参加完第一次会议，不仅明白了本次节目的主要内容，还懂得了如何在最短的时间里抓住主要信息。

其次，何老师要求所有学生在社会实践的过程中，及时发送语音进行现场报道，并用最快速度给予指导意见，修改学生口头表达中出现的口误、措辞和语气语调，激发了学生主动用好语言的意识，极大地锻炼了他们的口头表达能力。张婧怡同学进行了广府美食文化探访，介绍泮塘的各种传统美食，为了表达流畅，她提前翻阅资料，了解每种美食背后的故事，做到熟能成诵。朱恺淳同学为了流利地介绍恩宁路的来源，提前在电脑上查找地名来历，并且反复练习口头表达，直到消除所有口误。姜泽轩同学为了承担起小主持的角色，在整个实践过程中，反复尝试各种过渡语的巧妙运用，不断调整自己口头表达的语速、语气和语调，直到录音效果众人称好才罢休。在采访路人时，孩子们由一开始的"担心会说错"，到后期的"自信能说好"，发生了质的飞跃。

最后，在"走进图书馆，读一本好书""走进老人院，献爱心，送温暖活动"环节中，何老师再三对孩子们强调："语文不只是停留在语言和文字上，还蕴藏着无穷的智慧和精神。"她认真指导学生在介绍好书时，关注作者，关注文本，关注时代背景，概括内容要提取精华，融入思想，结合自己的生活谈感悟。"介绍好书，不是告诉别人你喜欢这本书，而是让更多的人爱上这本书，爱上大阅读。"何老师还亲自带孩子们去敬老院，让孩子们主持了一场别开生面的送爱心活动。为了让老人们感到快乐，不少孩子提前练习主持词，练习打快板，练习讲故事、唱京剧。在这些表演中，孩子们不仅锻炼了语言艺术，更感受到了语文对生活的影响，给生活带来的精彩。

何老师的语文指导工作争分夺秒，步步生成。每个环节，无不渗透着"生活处处是语文"的"大语文观"，无不体现了变"要学生学好语文"为"学生要学好语文"的"生本语文"理念。在整个《城市之声》节目指导工作中，何老师的语文指导一刻都不曾缺席。由此，我们也就不用奇怪，为何学生在节目直播之时，能够如此从容不迫，妙语连珠了。

童阅世界——英语万花筒

随着终身学习理念的提出，阅读在人们生活和学习中的地位愈加重要。阅读不仅能够有效促进学习者语言能力和思维能力的发展，还能使他们获得快乐。大量研究表明，增加英语阅读输入量在提升中小学生的语言能力、发展思维品质、塑造良好的文化品格、促进学习能力全面发展等方面都有举足轻重的作用。

小学阶段是培养学生兴趣和促进学生认知能力快速发展的阶段，教师若能在英语学习中根据学生的具体情况和特点，确保英语阅读输入的质和量，并辅之以阅读策略的训练和阅读习惯的培养，久而久之无疑会产生良好的效果。

然而，目前小学英语教学仍旧存在重听说、轻阅读的现象。教师对阅读的重要性缺乏清晰的认识，在实际教学中往往忽视对学生阅读能力的培养。传统小学英语教学只是把阅读作为一种技能进行培养，而忽视了对学生英语阅读素养的培养，导致学生的阅读能力和兴趣都偏低。部分教师也缺乏开展英语拓展阅读教学的经验。因此，如何在小学阶段实施英语拓展阅读课程或开展英语阅读拓展活动，是亟待解决的问题。

在"充分相信学生，高度尊重学生，全面发展学生"办学理念的引领

下，华阳小学开展了"七彩生本自立课程"，深化运用"以学定教单元整体教学模式"进行校本课程实施。"七彩生本自立课程"中绿之趣阅读课程的确立旨在让学生喜爱阅读、享受阅读，通过大量拓展阅读帮助学生掌握方法，使其能在交流中、分享中表达。现今，学校不断在原有体系上进一步优化创新，对原有课程体系进一步完善，将绿之趣阅读课程细分成三个课程群，即国家课程、自主课程（拓展阅读）及文化浸润课程（童阅世界）。其中文化浸润课程的童阅世界从激发阅读兴趣、培养阅读能力和阅读习惯入手，增加学生的英语阅读输入量，让不同水平的学生都能感受到英语阅读的乐趣，从而养成阅读习惯，培养阅读能力。童阅世界旨在让学生在活动中潜移默化地润泽与发展，最终像花朵一样自然绽放。

小学英语阅读教学活动的设计及课程的设置要考虑不同年级、不同年龄段学生的生理、心理特点，以及他们阅读模式的差异。为顺应学生思维发展，尊重从以具体形象思维为主要形式逐步向以抽象逻辑思维为主要形式过渡的发展规律，我们将课程活动分层、分阶段进行设置。由于三、四年级学生的思维具有模仿、简单再现和直观、具体的特点，课程内容则以绘本阅读分享、课本剧表演为主；而五、六年级的学生对具体形象的依赖性逐渐减弱，创造性想象开始发展起来，则设置手抄报、创意写作等活动，课程和活动整体呈螺旋式上升。

读绘本　乐分享

阅读教学，趣味性是关键。首先，得让学生喜欢阅读，感受阅读的乐趣。三、四年级学生选用绘本作为阅读材料，是因为绘本内容覆盖广泛，既有学生熟悉和喜爱的童话故事，又有关于自然环境等方面的内容。通过阅读，学生在丰富英语知识的同时，也有助于拓宽视野，提高人文素养。其次，绘本故事中图片与文字的巧妙结合，句式的重复，有助于学生根据图片对故事情节、生词进行猜测，既能够激发学生的阅读兴趣，也降低了阅读难度。再次，绘本以故事为载体，教学中通过对时间、人物和情节的学习与互动，可以促进学生的语言学习和思考，提升学生的核心素养。

三、四年级学生有了两年的词汇积累作为基础，此时应注重阅读能力的初步培养。因此，阅读方法指导在三、四年级显得尤为重要。学生自由阅读、享受阅读的前提是学生掌握了阅读的方法：授之以鱼，不如授之以渔。所以，在绘本阅读课程前期，我们注重教授学生阅读的方法。从关注绘本的扉页、书名、作者，到观察书中图片人物的表情，感知情绪的变化；从对故事的整体感知，再到跟读、模仿朗读，对细节、感情的处理。通过让学生掌握科学的学习方法，灵活运用于学习之中，帮助学生逐步形成较强的自学能力。课上，教师组织特定的时间供学生根据自己阅读的绘本进行朗读、表演，与不同学习小组的同学开展分享交流。在分享的过程中，学生不仅能拓展阅读接收更多的信息，同时也能让学生成为学习的主体，主动参与到学习中来，最终真正实现让学生喜爱阅读的目的，并使学生能大量拓展阅读，掌握阅读方法，在交流和分享中表达独特的感受。

在华阳小学首届"生本教育年会开幕式暨学术沙龙研讨"活动中，英语科组基于"以学定教单元整体教学模式"，围绕四年级英语教材（下册）"Module 5 Sports"主题，选择绘本故事 Dick and the Olympics 作为课例教学内容，为全校师生带来了一节营养又美味的绘本阅读课。

黄莹老师执教英语绘本阅读课

课上易老师借助视频、音频、图标等多种教学资源，充分调动学生积极性。通过观察图片，深挖故事情节中的转折点、留白点和趣味点，利用故事情节发展设问引导学生参与分析、思考。由"Everyone has his own gift"的情感渗透，到鼓励学生依据自己的特长选择合适的运动，并结合自身实际发出奥运申请，一气呵成。此外，学生们大胆自信的表现也是课堂一大亮点。孩子们根据图片中人物表情的变化大胆预测故事发展，感悟人物心理变化，并热心为主人公 Dick 出谋划策；最后借助老师给予的板书支架，能声情并茂地复述故事，实现语言能力发展。

英语科组研讨课上，黄老师选择绘本故事 It's fun to jump 作为教学内容，为学生带来了一节绘本阅读拓展课。课前借助自然拼读处理生难词汇，接着引导学生观察图片，根据图片中人物表情预测故事发展，课上借助视频、音频、板书等多种教学资源，充分调动学生积极性，并借助板书支架让学生声情并茂地复述故事，课堂教学一气呵成。课上最精彩的环节当然少不了惯例的阅读分享，学生通过小组合作形式，为大家带来自己的绘本，通力合作展开分享。

齐创编 共表演

小学生的创新思维具有无法估量的潜力。课本创编是一种情感释放，在这一过程中，学生基于自己对文本的理解，将自己的想法与作者表达的信息进行交融，将自己的情感融入文本创作中，在获得成就感的同时，更获得了语言运用能力的发展。

目前在课本创编表演输出阶段，不少学生的成果展示与教材文本大同小异，不同小组所展示的对话内容千篇一律，更有甚者，表演天马行空、脱离文本，其中也不乏恶搞的现象。究其原因，是教学时提供的情景过于单一，模板过于僵化，束缚了学生的思维，阻碍了创新思维的养成。如何激发学生的创造力，引导学生进行有意义的创编，以更为有效地拓展学生语言实践，提升学生的综合语言运用能力？

一直来，我们坚持"以学定教单元整体教学模式"，以模块为单位开展教学，在感受课整体感知模块话题，再到精学课整体精学文本，接着拓展课基于课本话题进行扩充、迁移，最后综合整理。教学过程善于引导、发散、拓展、整理，最终让学生能够在相应的情景中合理运用本课所学语言点，并能根据情景创编出不同的对话，尽显他们思维的独创性，实现源于文本又超越文本的有效拓展。我们赋予学生个性飞扬的创造天地，实现了学生语言、心智与精神的同构共生。

为激发学生创造性，促使学生在情景中使用所学语言点，四年级特举办课本剧表演素养竞赛。学生以学习小组为单位，基于课本主题，对课文进行改编、续编、创编并表演。

手抄报、创意写作

语言学习一般要经历输入（input）—内化（intake）—输出（output）三个阶段，其中输出阶段往往是展现学习成果的环节，学生的综合语言运用能力此时得以充分展示。

1. 读书笔记——手抄报

教师指导学生自制记录阅读的手抄报，学生用简洁、鲜明的关键词记录下阅读材料的重要信息，如书名、作者、故事人物、情节发展线、最喜爱的语段、自己的感悟等。形象的呈现方式能帮助学生轻松地进行深度阅读、深度加工、深度思考，主动成为知识的建构者和探索者，同时达到阅读分享与传递的效果。

The cave was very dark.
I was greatly scared until it became bright as I moved inside, seeing a person with a crown. That was the King. He stared at me with his bloody eyes. "What purpose brought you here?" "He can speak English?" I was so amazed. As I told the truth, his face turned softer.
"Could we live on your planet?" I begged. "I have never seen a man save others' future regardless of danger. I believe you human will be nice to my citizens. so, yes, I can let human stay." The king said.
My heart felt very warm even though the temperature outside was minus 100 degrees!
The life of human on Mercury started.

— Rewritten by Liu Jinyan

Rewriting

"I have to find a new place for mankind. The future cannot be like 802110 A.D." I went to my time machine.
After a long flight, the machine stopped. I stepped out. Oh my goodness! Everything was red and there were volcano craters and vast plains. The sun was close to me so, I wore my space suit to protect myself.
Suddenly, something pushed my back. I looked back and cried. "Who!" There were two strange creatures with big heads, deep red eyes and long arms. "Can you speak English?" I ventured. Giving no answer, they tied me up and pushed me into a cave.

— Rewritten by Li Xiyue

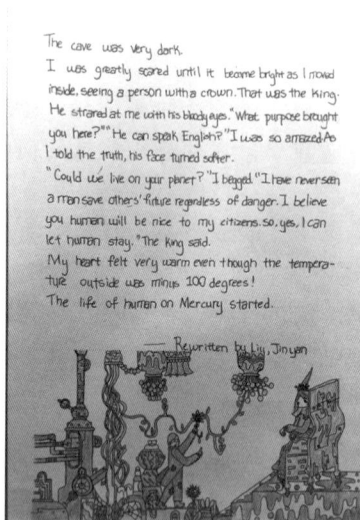

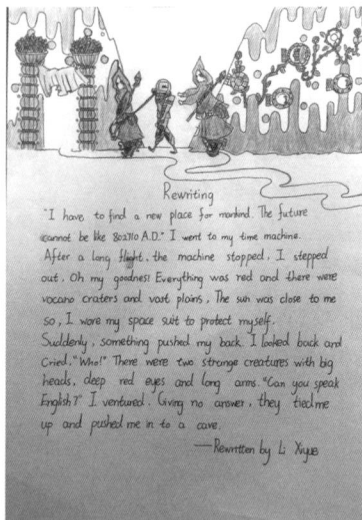

2. 爱阅读，有创意——创意写作

在阅读教学中，拓展属于语言运用层次的语言输出活动，是教师根据文本内容引导学生运用所学语言知识进行表达的综合性语言实践活动，是基于文本、高于文本、超越文本的创造性延展。教师要适度地发挥留白的作用，要在空间与时间上留白，这样才能放飞学生的思维，让他们在共享新对话的过程中激起思维的碰撞。教师文本的留白之处是进行拓展教学的有效工具，教学中教师可以引导学生发挥想象，进行创造性补白，凸显文本的动人之处。

学校为进一步提升学生对英语学习的兴趣，鼓励课外阅读，拓宽英语学习途径，放飞学生想象的翅膀，举办了第三届天河区小学英语"We read, We create"（爱阅读，有创意）读书活动。以读书小组的形式推广，读书小组对阅读过的一本英语书进行介绍和开展创意写作。

课程的内容及实施是培养学生阅读素养的载体和途径，阅读拓展课程的设计与活动开发始终服务于学生核心素养的培养——让学生具备适应终身发展和社会发展需要的必备品格和关键能力。然而，阅读能力和素养的培养是一个反复且复杂的过程，需要师生共同努力。唯有让学生逐渐爱阅读、会阅读，使阅读形成一种习惯，并能领悟文本的思想意蕴和文化情感，获得个性化、深刻的阅读体验，方能享受阅读，核心素养才能落地生根。

（三）太阳娃成长故事

阅读伴我成长

华阳小学四年2班　张苇杭

我很喜欢阅读，有的时候，书就是我最好的朋友。

以前，我喜欢读图画书和漫画书，接着又迷上了童话书。爸爸告诉我，要读"有营养"的书，于是我读书的范围扩大了：有小说、散文、科幻书……现在我明白了，"有营养"的书就是有意义和有价值的书。我最喜欢去的地方就是书店和购书中心，我的书架、书桌、椅子上都摆满了书。虽然平时学习任务很重，但一有时间我就会争分夺秒地阅读。

我爱阅读，有很多方面的原因。打开书，就像进入了奇妙世界，让我流连忘返。爸爸说，他读书的感觉就好像和书的作者对话。而我认为，一打开书，我就变成了书中的主人公，经历着他有趣的、开心的、悲伤的故事，这让人回味无穷。我爱阅读，也是因为受爸爸的影响，爸爸的包里经常装着书，在等我下课、坐飞机和地铁的时候，都会拿出书来看。一年级的时候，爸爸正在看一本叫"耶路撒冷三千年"的书，我问爸爸："这么厚的书有那么好看吗？"爸爸说："你可以看看呀。"于是我也开始看这本书，虽然有些地方不太懂，但我觉得很有趣。从那以后，我就如饥似渴地阅读，一拿起书就不想停下，仿佛一停下，书就会消失似的。

在阅读方面，爸爸从不会限制我，而是鼓励我读更多的好书。因为爸爸的鼓励，我对阅读产生了浓厚的兴趣，并把阅读当作一件好玩的事情。一打开书，我就会被书中的世界深深地吸引，像大海里的小鱼，迷失在这片壮丽的世界里。

语文老师经常告诉我们"不动笔墨不看书"，我不管看什么书，都会用笔写写画画，把书中的好词好句抄下来，写上自己的感受。去年，我在"希望杯"全国中小学生作文大赛中获得了二等奖，还在《岭南少年报》上发表了两篇文章，我阅读的动力就更足了！

阅读给我带来了许多感受，当我读到一本快乐的书时，我会哈哈大笑；读到一本悲伤的书时，则会为主人公流下眼泪。阅读让平淡的生活变得多姿多彩，在我的生活中，书扮演着重要的角色；在我的一天里，如果没有书，就像世界失去了色彩，只剩下黑和白。

我对阅读最大的感受就是，从书中可以学到更多的知识，了解世界各个地区的人文地理，充实自己的生活，还可以学到做人的道理……阅读成了我生活中不可或缺的一部分。在我看来，阅读最大的意义在于体验。以前我读了一本关于云南的书，立刻被书中的丽江古城和玉龙雪山深深地迷住了，暑假爸爸带我去了丽江，当我克服下雨和缺氧的困难登上玉龙雪山的时候，我更深刻地体会到了作者的情感。

阅读让我明白了世界的多彩和万物的奇妙，我要真正做到"行千里路，读万卷书"。

（绿之趣阅读课程供稿：李焕　梁小君　蔡海婷　陈依鹭　涂丽娜　刘婉婷）

五、青之跃探究课程

（一）科技之光

科学素养，是指日常生活、社会事务以及个人决策中所需要的科学概念和对科学方法的认识和理解，并在此基础上所形成的稳定的心理品质。科学素养是人的可持续发展和终身教育的基础，是迎接知识经济的群众基础。提高学生的科学素养是全面实施素质教育的要求，也是时代发展、科学技术发展对未来人才素质的需要。为了更好地对学生进行科学教育，在"充分相信学生，高度尊重学生，全面发展学生"办学理念的引领下，我校开设了科学社团，旨在培养学生的科学志趣和创新精神，学科学、用科学的能力，最终达到提升学生科学素养的目的，使之既符合素质教育要求，又达成本校培养目标。在尊重学生身心发展的基础上，紧紧围绕着目标开展课程的学习。学生就像是科学的种子，在华阳小学这片沃土的滋养、呵护下，慢慢地生根、发芽，最终开出绚丽的花朵！

1. 科技之观察篇

观察是科学探究的一种基本方法，是有目的、有计划、比较持久的知觉活动。观察是人类认识客观世界的重要手段，观察能力是学习科学的必备能力之一，许多科学知识的获得都来源于观察和实践。苏霍姆林斯基曾说：观察对于儿童之必不可少，正如阳光、空气、水分对于植物之必不可少一样。观察是智慧最重要的来源。

植物观察

植物对于小学生来说是很奇妙的，它们并不像动物那样能跑能跳，而是随风摆动好像没有生命一样。学生在播种凤仙花种子的过程中，感受到了植物的奇妙之处，从一粒小小的种子慢慢地生长、开花、结果。从播种凤仙花种子的那刻起，孩子们悉心呵护、耐心等候、细致观察。对于植物而言，最先生长的是根，这也是孩子们最早观察到的现象。在期待中，凤仙花长出了叶子，它的茎也越来越高，最后开花了。与此同时，学生对观察产生浓厚的兴趣。人们常说，兴趣是最好的老师，只有对观察产生了兴趣，学生才能主动地观察，积极地思考，更好地学习科学知识。

学生种植的凤仙花

学生通过细心的观察和思考发现，植物其实也是有生命的。这不但能够帮助学生理解生命的奥秘，还能培养他们珍惜生命的理念，这便是科学的美丽之处。

正在认真观察树叶结构的学生们

动物观察

夏天，雨后的墙上、墙角边、路旁的草丛里、树下，总是能看见孩子们熟悉的蜗牛。我试探着询问学生蜗牛喜欢生活在怎样的环境里，学生们异口同声地说："阴暗潮湿的地方！"学生根据生活所见归纳出了结论。我拿出蜗牛，学生观察之后这么描述："有壳，身体没有骨头，软绵绵的，能缩进壳里去，也能从壳里伸出来。身上有黏液，头上有四条伸出的角，这大概是它的触角，两条长，两条短。没有脚，但它能爬行！"我惊奇地发现，学生观察得真仔细，小小的蜗牛彰显了学生的观察能力。学生发现，观察任何一个生物体时，都要从这个生物体的外部特征着手，按照从上到下、从左到右、从前到后的顺序仔细地观察。由此可知，学生已经将观察能力内化。生活从不缺少美，缺少的是发现美的眼睛。让孩子们感受生命的奇妙之处，开始关注生物体，亲近自然，热爱生命，在生活中学习，从而树立终身学习的理念。冈察洛夫说过，观察与经验和谐地应用到生活上就是智慧。

纸上得来终觉浅，绝知此事要躬行。学生在观察中发现生物的特征，总结出观察的方法，了解到观察的工具，在观察中构建科学知识，突出了以生为本。从学生的认知特点出发，采取适合小学生的教学方式，让孩子们在快乐中学习，正如《兰亭序》所言："仰观宇宙之大，俯察品类之盛，

所以游目骋怀，足以极视听之娱，信可乐也。"

2. 科技之实践篇

当今社会，如何培养学生的实践创新能力，已成为我们教学过程中需大力研究和探讨的问题。教育部原部长周济指出，教学工作要着眼于国家发展和人的全面发展需要，坚持知识、能力、素质协调发展，深化教学改革，注重能力培养，着力提高学生的学习能力、实践能力和创新能力，全面推进素质教育。而培养学生的实践能力重在培养学生的实验操作技能，以及发现、分析和解决问题的能力。

花的解剖

三月，美丽端庄、色香俱佳的紫荆花开得正红，正是学习解剖花的好时节。学生们见到紫荆花时显得很是兴奋，一朵朵熟悉而又陌生的紫荆花激发了学生们的学习兴趣。学生们由下往上观察，看见了花柄、花托，握着镊子小心翼翼地取下花瓣，看见了长短不同的花蕊，分别是雌蕊和雄蕊。学生们说，这是他们第一次有了雌蕊和雄蕊的概念，以前只知道这叫花蕊，从未想过原来较长的是紫荆花的雌蕊。学生们的学习越来越细致，知识体系也越来越完善。学生们拿着刀片解剖花的子房，看见了一粒粒的胚珠，自此便知道了种子由胚珠发育而来，而子房发育成为果实。我问学生们，今天你们的学习心情是怎样的？你们有什么收获？学生们露出了自豪的笑容，坚定而又有力量。学生们说非常喜欢这样的学习方式，喜欢自己去发现，去探索真知，自身经历过的东西是难忘的。谈起收获，学生们非常自豪地告诉我，他们发现解剖花应该由外至里，才能清楚地观察花的各部分结构，也知道了花蕊只是花的一部分。学生的思维显得更加严谨了。教师要充分地相信学生，解放思想、更新观念，放开学生的手脚，允许学生实验失败，鼓励他们从失败中寻找原因，直至成功，帮助学生体验成功的喜悦，充分调动学生学习的积极性，激发学生的学习动机，并转化为自身的兴趣。

垃圾分类

垃圾分类，是将垃圾按"可回收再使用"和"不可回收再使用"分门别类地投放，并通过分类的清运和回收使之重新变成资源。面对日益增长的垃圾数量和环境状况恶化的局面，如何通过垃圾分类管理，最大限度地实现垃圾资源利用，减少垃圾处置量，改善生存环境质量，是当前世界各国共同关注的迫切问题之一。但目前人们垃圾分类的意识不强，行动力也不强。虽然部分地方已经有分类投放的垃圾桶，可人们还是比较随性，不会对垃圾进行分类。

我校是天河区最早实施垃圾分类的学校，开展对象是全校师生。垃圾分类也是我校郑松南老师的一个市级课题，郑老师用 UMU 互动学习平台对四、五、六年级的学生就垃圾分类进行了问卷调查。

调查发现大部分学生家里每天产生的垃圾为 0.5～2kg，部分家庭产生的垃圾为 2.5～3kg，说明每个家庭每天都会产生特定的垃圾。如果能对垃圾进行分类、收集，将可以减少垃圾处理量和处理设备，降低处理成本，减少土地资源的消耗，具有社会、经济、生态三方面的效益。

垃圾分类是我校全体师生每一天都在践行的活动，已经融入我们的生活。学生已经养成了垃圾分类的习惯，积极学习垃圾分类的知识，并在班级里进行宣传，从科学的角度去分析为什么要进行垃圾分类。孩子们上网查阅了大量的资料，发现对垃圾进行分类，去掉能回收的、不易降解的物质，减少的垃圾数量可达 50% 以上，可以减少垃圾占地。生活中总会产生一些有害的垃圾，如废弃的电池含有金属汞、镉等有毒的物质，会对人类产生严重的危害；土壤中的废塑料会导致农作物减产；抛弃的废塑料被动物误食，可能导致动物死亡。而回收利用垃圾可以减少危害，减少环境污染。我国每年使用塑料快餐盒达 30 亿个，方便面碗 5 亿～6 亿个，废塑料占生活垃圾的 3%～7%。1 吨废塑料可回炼 600 公斤无铅汽油和柴油。回收 1 500 吨废纸，可免于砍伐用于生产 1 200 吨纸的林木。一吨易拉罐熔化后能炼成一吨很好的铝块，可少采 20 吨铝矿。生产垃圾中有 30%～40%可以回收利用，应珍惜这个小本大利的资源，将垃圾变废为宝，让垃圾成为可持续发展的资源，这既可以提高垃圾资源的利用率，又可减少垃圾的处置量，是实现垃圾减量化和资源化的重要途径和手段。

垃圾分类是对垃圾收集处置传统方式的改革，是对垃圾进行有效处置的一种科学管理方法。学生在学习了垃圾分类的相关知识之后，大大地提高了环保意识，同时为保护我们美丽的家园付出自己的行动，影响着身边的人。

一年级的孩子在主持主题班会

3. 科技之探究篇

在小学阶段，学生对周围世界有着强烈的好奇心和探究欲望，他们乐于动手操作具体形象的物体，这一时期是培养科学兴趣、体验科学过程、发展科学精神的重要时期。我校以培养小学生科学素养为宗旨，积极倡导让学生亲身体验以探究为主的学习活动，培养他们的好奇心和探究欲，深化他们对科学本质的理解，使他们学会探究解决问题的策略，为他们的终身学习和生活打好基础。

探究液体分层原理与制作彩虹瓶

看到办公桌上放着一个彩虹瓶，彩虹瓶上贴着一张便利贴，写着"送给陈老师——刘思远"，我突然想起名人高尔基曾说过，爱孩子这是母鸡也会做的事。可是，要善于教育他们，这就是国家的一件大事了，这需要才能和渊博的生活知识，所以我们不可忽视教育的作用！我并没有在上课的时候教学生怎么制作彩虹瓶，彩虹瓶只是学习液体分层的一个引子，我从未想过小小的彩虹瓶拥有这样的力量，推动着学生去探究。我能想象这位孩子坐在电脑旁查阅资料，知道了彩虹瓶的制作原理是"利用极性与非极性液体之间的不互溶现象""使用相互溶解速度较慢的液体"，知道了密度大的液体会沉在密度小的液体下面；能想象到他试了一次又一次，终于成功制作出彩虹瓶之后的喜悦，以及迫不及待想要跟我分享的成就感。求知欲、好奇心，这是人的永恒的、不可改变的特性。老师不可能总是牵着学生的手走，而是要让他们独立行走。充分相信学生，能够培养学生的独创性和唤起他们对知识的渴望。学生在经历探究之后取得了成功，能够帮助学生树立自信、热爱科学、热爱学习。

学生在观察彩虹瓶

纸桥的承重比赛

科学教育的重要目标是培养具有科学素养、适应社会发展的未来公民，使其具备一定的创新能力和实践能力。为达到这一目标，国际科学教育界日益关注科学（Science）、技术（Technology）、工程（Engineering）和数学（Mathematics）教育（即 STEM 教育）的交叉融合，提出以整合的教学方式使学生掌握知识和技能，并能进行灵活迁移应用，解决现实问题。

例如，在学习了有关形状结构的科学知识的基础上，让学生用纸造一座桥，这需要他们用科学思维、科学知识动手解决实际碰到的问题。脑科学研究表明，人的大脑获取信息的途径是身体的五种感官，获取的不同信息由大脑的不同部位储存起来。只有当学习者处于一个有着多种多样的联系与刺激的环境中，学习者才能更好地建构自己有价值的知识，并迅速发

展其他思维能力。动手做正是一种积极的学习方式，但学生还必须有动脑的理性体验。而"用纸造一座桥"的设计制作活动，就是旨在让学生动手动脑学科学，它承载着科学教育中"设计与技术"的内容要求和功能。在设计制作活动中，学生通过完成带有技术目标的任务，提高解决技术问题的能力和技术设计的能力，包括确定一个简单的问题、提出解决的方案、实施提出的解决方案、对产品和设计的评价、针对问题或解决方案进行交流等，增强对科学与技术的理解。让学生在目标明确的前提下，有充分时间整理已有知识、设计方案、制作作品；在展示评价作品时，提高交流能力，达到以践行作梳理、以评价促发展的目标。

4. 科技之成果篇

小学科学课程是以培养学生科学素养为宗旨的科学启蒙课程，这门课程以其独特的魅力，吸引着学生步入奇妙的科学殿堂，常常能激起学生的创新潜能。它对于培养学生的动口能力、动手能力、动脑能力、科学探究能力、创新意识有着其他教学手段不可替代的作用。我校在坚持生本教育的路上，在培养具有探究精神、留心观察、勇于实践、敢于创新的优秀学子方面取得了显著的成效。以下是我校 2016 年在科技方面取得的硕果：

2016 年华阳小学在科技方面获奖情况

获奖日期	获奖项目	获奖级别	获奖等级	获奖人数
2016 - 08 - 05	2016 年全国青少年无线电测向锦标赛	国家	三等奖	1
2016 - 01 - 01	2016 年（首届）广佛肇中小学生观鸟实践与理论知识邀请赛（小学组）	市	一等奖	1
2016 - 05 - 20	2016 年全国青少年无线电测向锦标赛广州预选赛（M11 组）	市	一等奖	1
2016 - 05 - 30	"家用金属器具腐蚀试验"项目（广州市第 8 届小学生"科学小星星"专题探究成果评比活动）	市	一等奖	5

（续上表）

获奖日期	获奖项目	获奖级别	获奖等级	获奖人数
2016－05－30	"蟋蟀的鸣叫与什么有关"项目（广州市第8届小学生"科学小星星"专题探究成果评比活动）	市	一等奖	3
2016－07－01	2016年广州市中小学生科普知识竞赛（小学组）	市	一等奖	1
2016－07－01	广州市"发现广府文化之美"中小学生微电影大赛	市	一等奖	1
2016－12－20	小学植物观察A组"2016年广州市小学生自然观察活动"	市	三等奖	5
2016－04－20	2016年广东省创意机器人大赛天河区赛	区	三等奖	9
2016－12－01	2016年天河区第二届"小小科学家"学生科技教育体验活动	区	一等奖	1

（二）生命之源

进入21世纪，在机遇与挑战并存的环境下，人类社会的竞争压力日益加重，加上多元文化价值的冲突，使得青少年的生存状态发生了巨大的变化，道德观念、健康意识及对于生命价值的认识面临严重的威胁与挑战。近年来，校园安全事故频发，部分即源于青少年对于生命的漠视和不正确认识。针对这一情况，国家和省、市高度重视学校安全工作，李克强总理近期主持召开国务院常务会议，部署加强学校安全风险防控体系建设，打造平安校园；原广东省省委副书记、广州市市委书记任学锋和广州市市长温国辉多次对广州市校园安全工作作出重要批示，广州市教育局牢固树立"以生为本、安全第一、预防为主、教育为先"的理念，针对季节性、区域性地理状况和不同学段学生的身心特点，着眼于全体学生的身心健康、安全发展，有组织、有计划、有步骤地开展学生安全教育。先后出台《广州市进一步加强中小学生（幼儿园）安全教育工作实施意见的通知》《广

州市教育局印发广州市中小学安全教育实验区工作方案的通知》《广州市教育局关于印发 2017 年春季开学实施"安全教育第一课"的指导意见》等指导性文件，将安全教育明确纳入教育计划。

因此，为培养青少年学会尊重与珍惜自己的生命，获得身体与个性全面、健康发展，我们迫切需要在其人生发展的关键时期给予有效帮助和正确引导；倡导"尊重生命、敬畏生命、珍爱生命"的生命教育，已成为当今基础教育的工作重点，这也正契合我校"让生命如花绽放"的课程理念。青之跃探究课程——生命之源将从"我与我""我与他人""我与它——自然""我与生命"四个方面来引导小学生尊重生命、敬畏生命、珍爱生命。

第一章 我与我

一、开发背景

低年级的孩子总是好奇自己从哪里来，如何避免尴尬而又清楚地解释这个疑问，成为许多家长头疼的问题。为了给学生们解惑，同时树立对自我的正确认识，本章将在解释"我从哪里来"这个问题的同时，让孩子们发现自我、正确地认识自我。

二、课程目标

"我与我"为一年级课程，共计 4 课时的学习内容。编写内容一条主线，螺旋上升。一条主线，是让学生充分认识"我"。在教材的结构上，结合我校"让生命如花绽放"的课程理念，将课程分为"我从哪里来""夸夸我自己""我与我的约定""画画我自己"四个单元。

（1）用童趣的方式了解"我从哪里来"。

（2）认识自己，探索自己的优点，树立自尊自爱意识。

（3）正确看待缺点，寻求积极的方法解决。

三、校本课程内容

（一）我从哪里来

小威是个小精子，他和三亿个朋友一同住在伯朗先生的身体里。小威的数学不好，却是个游泳健将。眼看游泳冠军赛的日子越来越近，小威每天都在认真地练习。他知道他一定要游得飞快，才能赢得最后的大奖——一颗美丽的卵子。这一天终于到了，老师一声令下，小威拼命向前冲！他能够赢得冠军吗？比赛结束后，伯朗太太的身体里也发生了一件神奇美妙的事。想知道是什么吗？快打开书，一起来瞧一瞧吧！（《小威向前冲》简介）

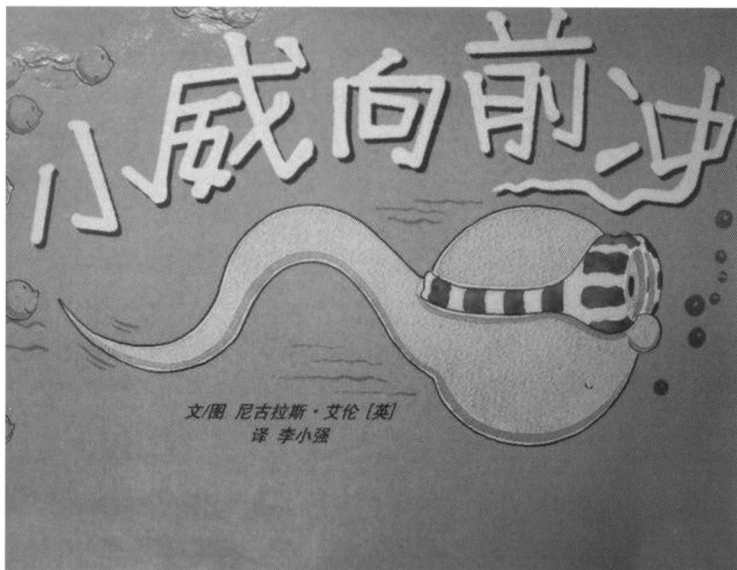

文/图 尼古拉斯·艾伦 [英]
译 李小强

低年级的孩子喜爱阅读绘本，同时结合我校"推进大阅读"的教学理念，本节课将充分利用绘本的方式来讲解"我从哪里来"这个问题。经由这样一个故事，教师可以很轻易地让孩子明白：那个变成你的小精子，曾经是最棒的那一个，你还在妈妈肚子里的时候，就战胜了几亿个竞争对手，取得了人生的第一个胜利，来到了这个美丽的世界。这是多么值得庆贺的事情！

（二）夸夸我自己

"小威从父母身上遗传到了优秀的品质，那么你从父母身上遗传到了哪些优秀的品质呢？"把这个问题当成亲子作业，并在接下来的课堂上展开汇报。让学生充分发现自己的优点，树立自信、自尊的意识。

我遗传到的优点	
爸爸给我的	妈妈给我的

（三）我与我的约定

小威的数学不好，你有没有哪个地方让自己不满意呢？有什么好办法去改变吗？

序号	我不满意自己的地方	我想到的办法
1		
2		
3		

	我与我的约定
1	
2	
3	

（四）画画我自己

第二章　我与他人

一、开发背景

在当今小学中，由于学生年龄小、普遍为独生子女，所以大多数学生以自我为中心，不愿合作、不会合作。课堂上，合作学习流于形式，学生学习效果不佳甚至无效；课后，学生的人际交往也存在很多问题，不懂得谦让，不会解决矛盾，习惯用打架解决问题，存在着安全隐患。因此，引导学生学会与他人相处显得尤为关键，一方面，在课堂学习中能够低负高效；另一方面，在人际交往中学会处理矛盾，尊重并保护他人生命。

二、课程目标

"我与他人"为三年级课程，共计 3 课时的学习内容。编写内容一条主线，螺旋上升，目的是让学生初步了解如何与人交往、如何解决矛盾，并有初步的明辨是非能力。在教材的结构上，结合我校"让生命如花绽放"的课程理念，将课程分为"我们能赢""我该怎么办""谁对谁错"三个单元。

(1) 建立合作小组，初步培养小组竞争意识，热爱自己的小组。

(2) 培养小组合作精神与交往能力。

(3) 初步了解解决矛盾的方法，初步具有明辨是非的能力。

三、校本课程内容

(一) 我们能赢

高尔基曾说过："游戏是儿童认识世界的途径，他们生活在这个世界里，并负有改造它的使命。"游戏是寓教于乐、学生喜闻乐见的方式。利用游戏来展开教育，达到教育目的，是生命教育中应当经常使用的方法。

(1) 设置情境：可怕的洪水要来了，要想登上安全的小船，必须按要求四个人一起才能通过。上船口令：其中一个人说出所有人的名字。

与同桌、后桌建立四人小组，互相熟悉，初步建立小组意识。

(2) 分序号：推选小组长，小组长为1号，同桌为2号，后桌分别为3号、4号。小组斗快小游戏：点到序号几，谁就要站起来。做得对加一分，做得不对减一分，最后通过小组积分进行排名。

(3) 小组合作：踩报纸游戏。老师说明游戏规则："这张报纸就是一条小船，报纸外边就是河水。请一组同学到前面来，其他同学在台下试着做游戏，请注意你们要一起站在这条'小船'上，谁也不要落水。"

(4) 小结获胜经验：互相合作、良好沟通、互相谦让。

（5）输的小组重新开始游戏。

（二）我该怎么办

设置不同的情境，通过心理剧的方式，让学生初步体会如何解决矛盾。

1. 导入小游戏

（1）用你右手的一个手指拍击你左手的掌心，然后再用两个手指拍击掌心，再用三个……直到用五个手指一起拍。

（2）谈体会。老师问：为什么五个手指一起拍击手掌时才会有很响的声音呢？揭示课题：团结力量大。

2. 反馈调查结果

出示提前进行的调查结果。重点展示冲突起因、解决方法。

姓名		班级		性别	
冲突对象		冲突原因			

小结典型的冲突处理方式：生闷气、乱发脾气、与人争吵、动手打架。

3. 心理剧表演：《课间》（剧本附后）

（1）三名学生表演心理剧。

（2）学生谈体验和观看感受。

①表演学生有述：我是……不是小 A，我是……不是小 B。

②采访表演学生的体验感受和其他学生的观看感受。

学生小组讨论：看了这个心理剧，你有什么想说的？

采访表演小 A 的学生：你演的小 A 当时是怎么想的？你觉得他这样做有考虑到后果吗？你猜测一下会造成怎样的后果呢？（伤害）

采访表演小 B 的学生：小 A 朝你演的小 B 发火时，小 B 是怎么想的？小 B 受了这样的委屈，你会怎么做？（安慰）

（3）二度表演。

①小组讨论如何表演。

②请刚才表演的学生再次表演或者请其他小组来展示，并作出正确的处理。

③比较两次表演的不同结果。

（4）情境再现，解决冲突。

出示学生交往中出现的三种冲突情境，让每个小组选择 2 种情境展开讨论。

①写课堂作业时，军军问李伟这道题怎么做，李伟不告诉他，军军赌气拍了一下桌子导致李伟的字写歪了，于是两人吵了起来。

②打羽毛球时，李贝不小心打到了王文，他马上向王文说对不起，并走上前查看王文被打的部位，王文说没关系。

③章明上学要迟到了，他急匆匆冲进教室却撞到了端着本子的周红，本子撒了一地，章明只管回到座位，周红郁闷地捡着本子。

小组讨论：你觉得他们的做法如何？如果是你，你会怎么做？

（5）小结：同学之间发生冲突不可避免，关键看你怎么把冲突解决好。

4. 讲述故事，换位思考

（1）讲述故事：有一头小猪、一头绵羊和一头奶牛，被关在同一个畜栏里。有一次，牧人捉住小猪，它大声号叫，猛烈地抗拒。绵羊和奶牛很讨厌它的号叫，便说："他常常捉我们，我们都没有大呼小叫，就你会大呼小叫！"小猪听了回答道："捉你们和捉我完全是两回事，他捉你们，只是要你们的毛和乳汁，但是捉我，是要我的命！"

（2）听了这个故事，你有什么想法？

（3）小结：同学之间发生冲突时，要学会站在别人的角度思考问题，不要光从自己的角度思考问题。

5. 写心里话，修复友谊

这节课，我们交流了很多解决同学之间冲突的方法。这里给大家一个说说心里话的机会，你可以给曾经和你发生过冲突的同学写一封简短的信，把当初的问题好好说明白（背景音乐中，学生写心里话）。

全班交流：①谁愿意把你的信勇敢地念出来？（把写好的信装在信封里，随意走动把信送给你最想送的同学）②采访双方的感受。可以鼓励学生用行动表示和好。

全班分享：①你收到了几封信？②采访感受：以后当你和同学再次发生冲突时，你会怎么做呢？

总结：生活是多姿多彩的，偶尔也有不愉快的小插曲。不过事情总有解决的办法，只要我们肯想肯做。愿沟通交流、宽容待人、学会解释、换位思考能化解我们生活中所有的不愉快，让冲突少一些，快乐多一些吧！

（三）谁对谁错

1. 出示情境，明辨是非。

（1）小明很喜欢同桌的一支笔，他趁同桌不注意悄悄把笔拿走据为己有。

（2）小李喜欢说脏话，朋友小红说他，他还不屑一顾。渐渐地，小红也开始说脏话了。

（3）小王喜欢乱丢垃圾，同桌提醒他，他还振振有词："要你多管闲事！"

（4）小刘喜欢摆弄讲台上的用品，把讲台弄得乱糟糟的。

（5）小徐下课喜欢在走廊里疯跑，撞到别人连句对不起都不说。

2. 如果我是他

如果我是他，我会怎么做？写一写，画一画，在小组里展示。

第三章　我与它——自然

一、开发背景

环境与人类有非常密切的关系。面对日益严峻的环境形势，如何拯救地球、拯救自己，成为全人类共同关注、忧虑和迫切需要解决的全球性重大问题。保护环境，在有效地利用环境的同时，深入认识和掌握自然规律，制止环境污染和环境破坏，走可持续发展的道路，以促进人类与环境的和谐统一协调发展，已成为世界各国的共识和人类行为准则。为此，环境教育就显得尤为重要。学校担负着教书育人的神圣职责，而帮助当代中小学生树立良好的环保意识并通过他们宣传、感染他人，是学校教育的重要任务。为提高我校师生的环境意识，让大自然的生命能"如花绽放"，同时也让学生在自然灾害面前能保护自己，本章将从"欣赏它""关爱它""应对它"三个方面来设计课程。

二、课程目标

"我与它——自然"为四年级课程，共计3课时的学习内容。编写内容一条主线，螺旋上升。一条主线，是让学生认识大自然、保护大自然，学会在自然灾害中保护自己。在课程的结构上，结合我校"让生命如花绽放"的课程理念，将课程分为"欣赏它""关爱它""应对它"三个单元。

（1）认识大自然，欣赏大自然的美，热爱大自然。

（2）知道力所能及的保护大自然的方法，初步了解垃圾分类方法。

（3）正确应对自然灾害，学会自我保护。

三、校本课程内容

（一）欣赏它

（1）通过纪录片了解世界山河大川的美妙、多种地貌的神奇以及多种多样的神奇生物。

（2）收集自己了解的美景、经历，并在小组内分享。

（二）关爱它

（1）收集资料，大自然给了我们哪些馈赠。

（2）我们身边有哪些不文明的行为污染了大自然？我们应该怎样保护大自然？

（3）帮垃圾找家，变废为宝活动。

A. 创设情境，导入主题

师：请和我一起来欣赏一些图片（播放 PPT，伴随音乐）。

【设计意图】视觉对比，冲击情感。观看美丽的环境和被污染的环境，冲击学生的内心情感，为后面垃圾分类的重要性做铺垫，引出主题"帮垃圾找家"。

B. 反思生活，行动体验

a. 列举垃圾。

师：同学们，我们小区每天产生的垃圾就可以将我们学校的一半盖住，多可怕呀！

活动一：写身边的垃圾名称

学生小组讨论，一人记录，其他人说，然后小组汇报收集到的垃圾名称。

师：哇，这么多种！每个人每天都会产生这么多垃圾，看我们的大地妈妈都在哭泣了。这些都是我们生活中产生的垃圾，它们有一个共同的名称——生活垃圾。

【设计意图】通过让学生自己列举身边的垃圾名称，从思想、内心深处让学生认识到我们人类每天产生的垃圾量，感触甚深，带动学生的情感。同时，启发学生垃圾必须分类处理，达到提高学生环保意识的目的。

b. 垃圾分类知识渗透。

师：看看我们每天产生这么多垃圾，把它们堆在一处，好挤呀！我们帮它们想个办法，这样就不会发出恶臭污染环境了（同时幻灯播放堆积如山的垃圾）。

师：对，我们可以对垃圾进行分类，给垃圾找个属于它们自己的家，

它们的家就是——垃圾桶！（幻灯播放四种回收垃圾桶）

老师介绍垃圾分类知识，板书四种垃圾：①可回收垃圾；②餐厨垃圾；③有害垃圾；④其他垃圾。

活动二：观看可回收垃圾的回收再利用过程

【设计意图】紧接着上个环节，意识到垃圾要这么处理，垃圾分类扩充了学生的知识面，后又重点介绍可回收垃圾的回收利用过程，吸引学生的眼球，让学生真实看到我们的垃圾里面还有可以回收再利用的，遵循本节课的核心——变废为宝，让学生从情感体验上意识到垃圾的有用性。

活动三：变废为宝（手工制作展示）

师：唉，这是什么呀？真漂亮。请我们小卫士说说是用什么做的。

c. 学生阐述自己变废为宝的制作过程。

师：其实没有用的东西才称为垃圾，如果我们能把像这样的垃圾再回收利用的话，就可以变废为宝！同学们，请把你们的宝贝拿出来，给你的小伙伴欣赏一下，并说说你是怎样做出来的，有什么用处等。

【设计意图】展示生活环境中可回收垃圾的处理过程，让学生从视觉上体验我们周围环境中可回收垃圾的有用性，并展示了学生自己亲手做的手工作品，再次触动学生内心的环保意识，更加契合我们"变废为宝"的课程核心。

活动四：我们来帮垃圾找家

师：同学们，咱们来比比谁能把垃圾送回正确的家，现在能把你们收集到的垃圾立刻送回正确的家吗？

分类活动：老师请带了四种垃圾的学生分批把垃圾举起来，让师生共同检查是否拿对了。老师请学生把四种垃圾分别送回家。

师：同学们真厉害，一下子就能帮所有的垃圾找到正确的家。

【设计意图】视觉体验，行动体现，加深学生分类处理垃圾的意识，初步达到环保意识渗透的目的，提升学生的环保意识。

C. 回顾感悟，提升意识

师：同学们今天可真厉害，现在来说说你们今天有什么收获？

（学生回答）

师：就让我们行动起来，把今天学到的知识告诉你的家人、邻居和小伙伴，让我们身边所有人都来学习垃圾分类，我们的环境也必将变得更加美丽！

活动五：垃圾分类快板歌

师：最后让我们唱一首垃圾分类快板歌，表达出我们努力做好垃圾分类的决心吧！

> 垃圾分分对，厨房归一类。习惯成自然，一点也不累。
>
> 垃圾分分好，分前动动脑。一举两三得，环境都变好。
>
> 垃圾没对错，种类很繁多。仔细去归置，辨别靠你我。
>
> 垃圾不讨厌，位置别放偏。不要乱丢弃，才是好观念。

（三）应对它

（1）提前收集自然灾害的种类和案例，在课堂上分享。

（2）重点分享面对地震、火灾、台风应该如何应对。

（3）反思部分自然灾害的成因，进一步树立保护环境的意识。

第四章　我与生命

一、开发背景

新课程明确要求以学生的生活为基础，以培养品德良好、乐于探究、热爱生活的学生为目标，把对学生的品德教育与学生的个人生活、社会生活和发展结合起来，以正确的价值观引导学生在生活中发展，在发展中生活，从而使学生健康安全地生活，愉快积极地生活，负责任、有爱心地生活，动脑筋、有创意地生活。而当代学生自杀事件频发，大部分是因为不能正确看待生命、看待挫折所致。因此，本章主要围绕如何应对挫折、如何管理情绪、如何设立愿景来展开。

二、课程目标

"我与生命"为六年级课程，共计3课时的学习内容。编写内容为一条主线，螺旋上升。一条主线，是让学生正确认识生命中的风风雨雨，珍惜自己的生命。在教材的结构上，结合我校"让生命如花绽放"的课程理念，将课程分为"承受挫折""情绪管理""树立愿景"三个单元。

（1）正确看待挫折，用坚毅来应对生活。

（2）初步了解情绪管理的方法，珍惜生命。

（3）树立远大理想，使自己的生活更加有意义。

三、校本课程内容

（一）承受挫折

【活动导入】

1. 活动——传球比赛。

活动准备：①全班分成三大组；②二、三组同学参与比赛；③一、三组同学既当本组同学的啦啦队又当裁判员。

活动规则：

（1）各组将球从本组第一个传球人手中开始依次传递，球必须经过每一个人的手。

（2）三个球经过每一个人的顺序必须相同。

（3）除本组第一个传球人外，其他人手中不能同时有一个以上的球。

（4）音乐停止时，传球结束。

（5）传球过程中球不得落地，落地必须重新从前一个人开始。

2. 同学们，刚才我们进行了紧张激烈的传球比赛。获胜小组的同学来说一说你们此时的心情，失败小组的同学也谈一谈你们失败后的感受。

3. 失败小组的同学刚才所体会到的就是挫折，在我们学习、生活等方面都会遇到许多不同的挫折，我们该如何面对挫折呢？

4. 请看大屏幕。

【设计意图】此环节让学生在活动中直观感受挫折，挫折是指个体在从事有目的的活动中，遇到了障碍或干扰，导致其动机不能实现，需要不能满足时产生的情绪反应。

【认识挫折】

1. 师：在学习和生活中，我们随时都可能遇到挫折，那遇到挫折是好事还是坏事呢？请看小明、小刚、小红三人遇到挫折后的表现（出示课件：挫折是坏事？）。

小明：期中考试成绩退步5名，从此一蹶不振。

小刚：竞选班长失败，从此自暴自弃经常违反纪律。

小红：小红是奶奶一手带大的，她对奶奶的感情特别深，奶奶的去世她无法接受。她不上学，不出家门。

2. 对于小明、小刚、小红三人来说，挫折是坏事。那遇到挫折有时会是好事吗？（出示课件：挫折是好事？）

被人誉为"乐圣"的德国作曲家贝多芬，一生中屡遭磨难，尤其是耳聋对他的打击最为惨重（另如：桑兰、张海迪……）。

3. 不论是在游戏中还是在现实生活中，我们并不能总是一帆风顺，伤心、难过、遗憾、失落是在我们生活中常常会遇见的情绪表现。在每一个人成长的过程中有成功、有欢乐，但也不可避免地会遇到困难，遭受挫折。对待挫折，弱者把它当作一堵墙，而强者把它当作一架梯子，我们看看这些人是如何面对挫折的。

（1）有这样20多名完全听不到声音的聋哑人，他们在2005年春节联欢晚会上做了精彩表演，让我们一起来欣赏（播放视频：《千手观音》）。

（2）他们表演得怎样？

（3）同学们，演出队在训练过程中，遇到了我们正常人无法想象的困难，但他们都克服了，所以面对挫折我们不要怕。

（板书：挫折不可怕）

4. 小结引出：（出示课件）挫折既可以使弱者倒下去，也可以使强者站起来。强者面对挫折和失败，不是手足无措、被动等待，而是积极总结经验。我们是强者，我们不怕挫折。

（板书：我们不怕）

【身临其境，直视挫折】

1. 实话实说：当自己面临挫折时，如何应对？

2. 分小组完成表格。

（1）举出平时在学习生活中学生常遇到的易产生挫折感的典型事例，如"同学们都不叫我的名字，给我起绰号""我这次考试的成绩比上次下降了""这次活动，老师没让我做主持人"等。

（2）小组讨论完成，并寻找解决问题的方法，完成后全班交流展示。

3. 交流后再次讨论：如果是你的话，你还有什么更好的应对办法？

【指导行为，战胜挫折】

从同学们的讲述中，我们发现了很多面对挫折的好方法，请说一说。

老师根据学生的回答进行小结（出示课件）。

面对挫折：

（1）找自己信赖的人倾诉。

（2）适当发泄：如运动式发泄（打沙袋、打球……）、剪纸、撕纸、到空旷的地方大喊等。

（3）补偿转移：如听音乐、跳舞、画画、做运动等。

（4）幽默对待：幽默对待自己及发生的事情。

【总结升华，笑对挫折】

（出示课件）同学们，当我们遇到挫折时，要变挫折为动力，做生活的强者。在漫长的生命历程中，没有人能永远成功。不经历风雨怎能见彩虹？只要我们以积极健康的心态去面对困难和挫折，就可以做到"不在失败中倒下，而在挫折中奋起"。没有登不上的山峰，也没有越不过去的河

流。最后老师送大家一首《阳光总在风雨后》，让我们一起勇敢地迎接人生的风雨吧（播放歌曲《阳光总在风雨后》）。

（二）情绪管理

【认识情绪，体验情绪】

首先请学生举出自己在生活中遇到挫折的事例，然后引出本次的主题，接着让学生分析产生挫折的原因，以及如何面对挫折（出示课件）。

草地上有一个蛹，被一个小孩发现并带回了家。过了几天，蛹上出现了一道小裂缝，里面的蝴蝶挣扎了好长时间，身子似乎被卡住了，一直出不来。天真的孩子看到蛹中的蝴蝶痛苦挣扎的样子十分不忍。于是，他便拿起剪刀把蛹壳剪开，帮助蝴蝶脱蛹出来。然而，由于这只蝴蝶没有经过破蛹前必须经过的痛苦挣扎，以致出壳后身躯臃肿，翅膀干瘪，根本飞不起来，不久就死了。自然，这只蝴蝶的欢乐也就随着它的死亡而永远地消失了。

这个小故事也说明了一个人生的道理，要得到欢乐就必须能够承受痛苦和挫折。这是对人的磨炼，也是一个人成长必经的过程。

案例：诸葛亮气死周瑜的故事

三国时期，吴国的青年军事家周瑜具有大将之才，年仅34岁就率军破曹，取得赤壁之战的辉煌胜利。然而，他心胸狭窄，气量相当小，总想高人一筹，对才能胜过自己的诸葛亮始终耿耿于怀，屡次设计暗害，但偏偏事与愿违，害人不成反害己，赔了夫人又折兵。在诸葛亮三气之下，周瑜三次金疮破裂，最终含恨而死。

案例：虎骑龙背，气死兀术，笑杀牛皋

兀术挥斧要取牛皋性命，杀到跟前却来个马失前蹄，刚好把牛皋的马也撞翻，两人摔在地上，牛皋正好骑在兀术背上，牛皋高兴坏了。兀术看到牛皋圆睁两眼，得意忘形之状，怒气填胸，气绝身亡；而牛皋看到兀术已死，快活至极，一口气接不上来，竟笑死在兀术身上。

结合故事，并出示事先准备好的各种情绪图片，引导学生辨认各种情绪的不同表现，并向学生说明：愤怒、悲伤、痛苦等不良情绪对人的身心健康是不利的；而愉快、欢乐、满意、平静等良好的情绪是有利于人的健康的。任何情绪的表现都应适度，否则，就会物极必反，乐极生悲。

情绪管理（Emotion Management）就是善于掌握自我，善于合理调节情绪，对生活中矛盾和事件引起的反应能适当排解，能以乐观的态度、幽默的情趣及时地缓解紧张的心理状态。

【活动：画情绪脸谱】

1. 看脸谱，判断情绪，为脸谱确定准确的情绪名称。

2. 勾画自己最近三天的情绪脸谱，交代事件、情绪、时间，帮助学生理清自己的情绪体验类型及性质。

3. 做情绪自我小结，如：最近一周（或半个月）我的情绪以消极情绪为主，有一些着急，有一些担心……

【正视情绪，表达情绪】

1. 我演你猜。准备情绪卡，让一组学生选择某一情绪并进行表演，请另一组学生猜是什么情绪。通过对同学情绪表演的判断，了解语言、动作可表达一定情绪。同时，也要了解别人也有各种各样的情绪。

2. 切情绪蛋糕。梳理自己的各类情绪，看看它们分别在你的生活中占据了多少时间。帮助学生理清各类情绪对自己生活的影响。

3. 我的情绪红绿灯。设定一定的生活情景，当遇到如此情况，你将如何反应。判断情绪反应合适与否，为相应的情绪开红绿灯。

【调节情绪，管理情绪】

控制情绪，调解情绪，不要大起大落，不要喜怒无常，要保持一种情绪的稳定，顺境的时候不要忘乎所以，得意忘形；逆境的时候不要垂头丧气，消极萎靡。具体建议：

第一，要驾驭愤怒情绪。

拖延法，拖延一下。比如数数字，一直数到不发火为止。有人说数数字数到60的时候，一般有火也就发不起来了，试一试，数到60。

转移法，转移一下。比如要发怒了，不管有没有便意，都到厕所蹲20分钟。

第二，合理宣泄。

用语言、行为来发泄心中的不良情绪，保持心态平衡。

第三，学会放松。

案例：古希腊著名哲学家苏格拉底是出了名的"妻管严"，他的妻子十分厉害。有一次，苏格拉底的朋友到他家做客，刚吃完饭，那位朋友还没走，苏格拉底的妻子就当着那位朋友的面，要求苏格拉底帮她倒洗脚水。苏格拉底感到很没面子，执意不肯，于是，他的妻子就非常生气地跟他大吵大闹。为免生事端，苏格拉底就和他的朋友一起离开家门，当他们刚走出楼梯口时，他的妻子突然将一盆洗脚水倒到了他的身上。场面十分尴尬，可苏格拉底却笑着说道："我早就知道，打雷过后一定要下雨。"他

的机智与幽默赢得了朋友会心的一笑，从而化解了尴尬的场面。

【小组活动：让自己笑起来】

1. 诱发微笑：每个人在自己手指头上画一个微笑的小人。

2. 强制微笑：咬筷子或铅笔。

3. 用心微笑：每个人想办法讲一个笑话让大家笑一次。

4. 经验分享：每个人分享自己调节情绪的方法。

【放松训练】

放松训练就是放松身心的技术。当心情不佳时，可以找一个安静的地方，面带微笑，全身放松，轻闭双眼，然后将注意力放到自己的身体上，自上而下地检查和放松全身的每一个部位，直到身体的每一块肌肉和血管都放松。也可以运用静坐、意守丹田、自我催眠、自我按摩等方法使自己进入放松入静状态。在全身放松之后，要保持微笑的表情，然后想象曾经经历过的愉快情境，从而消除不良情绪获得积极的情绪。

（三）树立愿景

1. 击鼓传花游戏导入。

游戏规则：传到的同学按盒中你所抽到的纸条上的指令去做，指令分别是：①大声地说出自己的学校、年级、班级、姓名。②夸夸你们的语文老师，最好能让他笑起来！③声音洪亮地、高兴地说："今天真幸运！得到一颗糖！"（老师发给这位学生一颗糖）④勇敢地、真实地说出自己曾经做错的一件事。⑤自豪地说出自己的理想！

2. 朗诵诗歌，激发情感。

朗读《理想》。

3. 理解"理想"。

（1）请同学们借助词典理解"理想"一词（老师：小结"理想"的含义并区分其与"幻想"的不同）。

（2）说名人"理想"。

4. 谈谈自己的理想。

（1）老师谈自己小时候的理想。

（2）学生谈自己的理想。

从三个方面来说清：①你的理想是什么？②为什么有这个理想？③怎样实现自己的理想。

学生先在小组内畅谈，然后每个小组派一名代表在全班交流（轻音乐响起）。

5. 通过辩论会进一步正确认识理想。

现象：一个小孩子在街上看到烈日下埋头扫街的清洁工人，他的父母教育他："咦，这工作怎么能做下去？你以后一定要好好读书，找份好工作，就不用碰这么脏的东西了。"如果你就是那个孩子，你是赞同你父母的观点，还是不赞同？说出自己真实的想法（组织同学分为正方和反方展开辩论）。

6. 与理想签合约。

用以下句式：长大后如果实现了成为一名_____的理想，我将_____；如果没实现_____的理想，我将_____。

7. 放飞理想。

《种太阳》歌曲响起，每位同学把自己的理想写在准备好的纸条上，然后按组分别贴在四个彩色的氢气球上，让同学们放飞气球，放飞理想。

（三）科普博物志

"博物洽闻，通达古今。"（出自《汉书·楚元王传赞》）"博物"一词自古有之，意为通晓众物，见多识广。古人"博物"着实不易，而对于21世纪的青少年来说，信息大爆炸和信息技术的迅猛发展为他们的"博物"提供极大的可能，可谓是"天时地利人和"。在学校教育中推广"博物"，不仅可以拓宽学生的知识视野，还能够让学生广泛地接触事物，提供给他们更多尝试以及选择的机会，让教师和家长发现他们的兴趣点，以便因材施教。这也与我们华阳小学的校训"心自由，行至远"不谋而合——提供机会、自由选择、个性发展、逐梦远航，这也是"博物"精神的真正精髓所在。

为了普及科学知识，让学生广泛而真实地接触到更多的博物知识，华阳小学从班级、年级、学校三个层面都做了尝试和努力，最终形成了以班级选修、年级选修、科技节为载体的三级校本课程，让学生能够在丰富多彩的课程选择中成长，也为他们的未来提供了无限可能。

3D 打印

3D 打印作为现在新兴的现代科技，在创客教育领域广受追捧。3D 打印，又称增材制造（AM）或快速成型（RP），它是一种以数字模型文件为基础，把粉末或液体等形态的可融合材料通过逐层固化的方式来构造实

体的技术。3D打印生产速度快，不受结构复杂度所限，个性化制造是它的特点。3D打印最大的优点就是能够把学生独具创意的主观设想变成现实，因此很受学生的欢迎。华阳小学2012级2班就紧跟科技潮流，在班级特色课程中选择了3D打印课程。

从2017年2月28日开始，2012级2班的42位学生每周二下午都会迎来他们翘首以盼的3D打印课程。课堂上学生们表现出强烈的求知欲、极高的科技素养，并且发挥出无限创意，运用老师教授的3D知识制作出各种主题的作品，如班徽、挂饰、眼镜等。

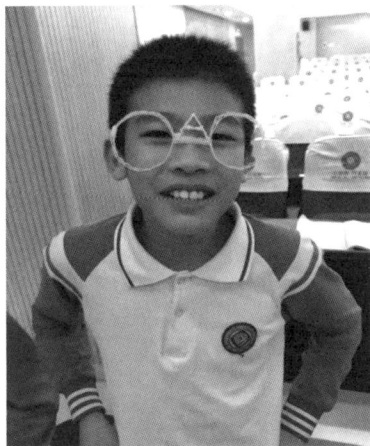

孩子们使用3D打印笔设计班徽和眼镜

孩子总是拥有非凡的想象力。当3D打印把学生的想象变为现实时，他们将得到极大的满足感，并能够转化为不断学习的动力，在这过程中他们的创新能力和动手实践能力也得到提升。艺术与技术结合、理论与实践共行，3D打印课程以其独特的魅力受到学生的狂热追捧，也得到学校领导和学生家长的一致认同。

"每个孩子都是天生的创造者，潜能无限、发展无限，自由地发现与创造是他们生命的需要。"3D打印为他们自由地创作提供了可能。

指纹和人脸识别技术

所谓识别技术，也称为自动识别技术，通过被识别物体与识别装置之间的交互，自动获取被识别物体的相关信息，并提供给计算机系统进一步处理。识别技术覆盖的范畴非常广泛，这里的指纹识别和人脸识别都属于识别技术，除此之外还有虹膜识别、语音识别、图像识别等。这类识别技术在我们生活中被广泛运用，如手机指纹解锁、指纹支付、刷脸考勤、语音输入、扫码支付等。正因为识别技术如此贴近我们的生活，所以现阶段向学生普及识别技术是符合实际需求的，同时，对培养学生的信息素养也是至关重要的。

2017年9月19日，30号课室开展了以"探索科学奥秘——指纹＆人脸识别"为主题的年级选修课，来自四年级的70位学生聚集在这里，认真聆听来自中国电信广东研究院的家长嘉宾朱阿姨的介绍。这个主题对学生来说充满了吸引力，课堂上他们欢呼雀跃、激动万分。

课堂上嘉宾老师一连串的问题导入：为什么重要证件都要求录入指纹？最新的人脸识别技术又是什么？爸爸、妈妈的指纹和我们的指纹是一样的吗？指纹可以使手指紧紧握住东西不易滑落吗？警察为什么可以根据指纹鉴定判断谁是罪犯？学生们积极思考，虽然答案有时让大家捧腹大笑，但是这些问题充分激发了学生们的好奇心，开阔了他们眼界，也增加了生活经验。

为了让学生们感受人脸识别的真实体验，课堂上还出现了一部应用人脸识别技术的考勤机，录入我们的"人脸"后，只要在它面前晃一下，它就会提示我们"已打卡"，真的是太神奇了！"这就是大人们说的'刷脸'啊！"孩子们发出由衷的感叹。

为了探索指纹的奥秘，学生们还亲自动手体验了"指纹鉴别"小实验，使用指纹鉴别套装尝试提取自己的指纹。在家长、老师和助教的引导下，学生们学会自己阅读说明书，主动与同学合作和交流，共同探究问题。在这个过程中，学生们个个兴致盎然，热情高涨。

通过实验探究，学生们欣喜地发现了指纹的奥秘，"我们已经提取出来指纹啦！""我们的指纹真的不一样哦！""我的是弓形，你的是斗形，他的是螺旋形！"他们滔滔不绝地分享自己的发现。当贴近生活的科技主

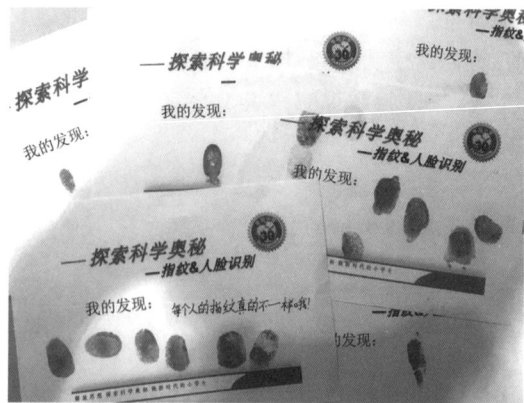

题搭配"自主、合作、探究"的学习方式，营养又美味的选修课堂让孩子们欲罢不能。学生们又向"博物"靠近了一小步。

智能机器人

　　智能机器人具有相当发达的"大脑"，其核心是中央处理器。智能机器人能够感知外界环境状态，并通过思考对外界做出相应的反应动作。其中服务型机器人作为机器人家族中最年轻的一员，越来越能满足群众的需求。服务型机器人的应用范围很广，主要从事维护保养、修理、运输、清洗、保安、救援、监护等工作，如快递分拣机器人、送餐机器人等。为了让学生们走近并了解这些前沿的科技，30号课室的年级选修课在家长的帮助下开设了"机器人小宝"这一课，受到了学生们的热烈欢迎。

科技百宝箱

华阳小学三年级 12 个班每周一节的年级选修课又开始了，学生们可以自由选择参加感兴趣的课程。

看！30 号课室的科技之旅课程吸引了好多同学！今天是科技之旅的第一站：亲手打开科技百宝箱。来自华南理工大学的谢勇教授为我们介绍了高端设备的制造和人造皮肤等现代科技，让我们了解到现代科技其实离我们并不遥远，我们需要科技，科技让我们生活更美好。

"春光明媚，照耀我们如花的笑脸。草翠花香，浸润我们欢乐的心田。今天，我们将扬起科技的风帆。今天，我们会共享科技的魅力。"30 号课室 4 位小主持神采奕奕地带领大家踏上科技之旅。68 位同学能够参加自己喜爱的课程，坐小板凳上课也一样充满热情。看，他们听得多认真啊！

打开科技百宝箱，我们自己动手来做一个七彩光纤灯！同学们都在认真地学习说明书，研究每一个步骤、琢磨每一个细节……

当自己动手组装好的七彩光纤灯亮起来的时候，有的同学高兴得跳了起来！科技是多么有趣而又神奇啊！亲手做好的七彩光纤灯，看起来格外美丽！30 号课室家委会还为每个来参与本次课程的班级送去一份科技小实验器材，鼓励同学们课后继续动手，大胆尝试。

科技节

每个学年，华阳小学都会举行盛大的科技节活动，科技节每年的主题有所不同，却有着共同的活动宗旨。从学生层面，通过开展多样化的科学活动，寓教于乐，普及科技知识，从而激发学生的科学兴趣，锻炼他们的动手动脑能力，启发他们的创新思维。同时，也为学生们提供个性化的展示平台，丰富学生们的课余生活，让他们在活动中充分体验科技创新的乐趣。从学校层面，通过科技节在校园内营造普及科学知识、传播科学思想、倡导科学方法、弘扬科学精神的氛围，以全面推进素质教育。

2017 学年的科技节活动正在如火如荼地进行，孩子们沉浸在学校浓厚的节日氛围中，本次科技节以"垃圾分类我接棒，科技创新齐分享"为主题，开展了讲座、电视广播、板报设计、展板制作、阅读分享等形式的垃圾分类科普宣传活动。同时，以年级为单位，开展了有趣的科技竞赛，如垃圾分类的宣传画及 logo 设计、"致人类的一封信"科技征文，还有精彩刺激的魔方速拧、穿越纸圈、吹泡泡比赛。特别是 12 月 9 日举行的"创新 体验 成长"主题科技游园会，颇受孩子和家长们的欢迎，一整天五个

时间段，场场爆满，孩子们拿着项目体验单兴奋地穿梭在各个科技摊位之间，神奇又有趣的科技项目让他们流连忘返。

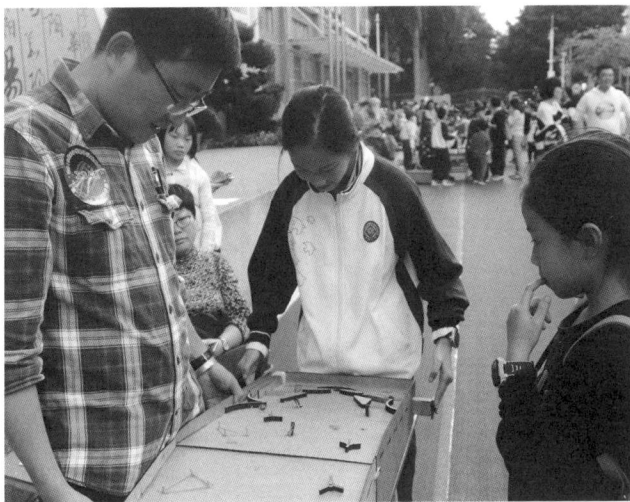

学生在科技游园会上体验弹珠对抗项目

本次科技节活动，一共有3 000多名学生参加，学生参与面广、体验项目丰富多彩。56个体验项目都是根据不同年龄阶段的学生而精心策划的科学小实验及科学游戏，内容涉及物理、化学、生物等相关学科领域。不仅有个人体验项目，如激光点火、水顶乒乓球、无人机、3D打印等，还有不少团体对战项目，如气球越狱、足球赛小车、创意搭建等，培养了学生团结协作、合作共赢的团队精神。

为了让更多的家长走进校园，与孩子们共同参与科技节，此次活动特地在周六召开。在活动中，不仅能看到孩子们体验科技活动的灿烂笑容，而且还能看到一群倍感亲切的义工家长。为了让科技节活动更大程度地激发孩子们对科学知识的探索欲，确保义工团队在活动中对孩子们的指导，在活动开始前，便有教师对参加此次活动的义工家长进行了科学原理和操作方法的指导。活动结束后，家长们纷纷表示这是一次成功的科技节，意义非凡，给孩子们提供了学习的机会，同时让家长有幸参与其中。能成为华阳小学的太阳娃是一件多么幸福的事情呀！期待着来年的科技节！

在学校领导的高度重视下，在江校长、余主任和科学科组的精心策划下，在全校老师以及义工家长的支持下，此次科技节取得了圆满成功。学生或看或说，或写或画，或触摸或感觉，在科技的海洋中，撷取一朵朵美丽的浪花，编织成一个个神奇的梦，我想这一天一定在孩子们心中播下了科学的种子，今后，我们静待花开。

（四）太阳娃成长故事

我是一个爱发明的太阳娃

我喜欢科技，喜欢奇思妙想，搞点小玩意是我最爱做的事！

从小我就对身边的事物充满好奇心，总爱缠着爸爸问"为什么"，更爱动手做小制作，幼儿园大班时我制作的"小黄人快车"获得了2014年广州科技周"奇思妙想"制作大赛三等奖。

读小学后，在华阳小学这块沃土上我的爱好得到了很好的发展。一年级时，我参加班级课程"科学舟"活动，每两周开展一次科技小制作。每做好一个作品，我都会将它拿回家去改进，使它变得更好用、更结实。虽然这些作品还不属于发明，但是它们让我感到了动手创造的乐趣。我参加了三次"共筑家园"全国青少年建筑模型教育竞赛，分别获得广州市三等奖、天河区一等奖和三等奖。

"科技小达人"余伟诚

到了三年级，我有了更多的创意和实践。我的第一个设想是自动擦黑板机，它能吸在黑板上移动，并把黑板擦干净。我做了一个模型，但它太重使用不了，很遗憾这个发明没有成功。我还想做一种定位贴，将它贴在书本或其他物体上，就能起到防丢失的作用。我还有很多很多的设想，如远程刷卡机、防卡订书机、船只防超载及自动求救系统……

经过我的不懈努力，我发明了一个非常棒的作品。我发现去银行办事、坐飞机过安检和出国旅游过关时，后一个办事的人要跟前一个人保持一定的距离以保护前一个人的隐私或不干扰前一个人办事，但经常有人忘了要求而跟前一个人靠得很近，需要工作人员不断提醒。我想如果能有一个东西可以自动提醒这些人该多好，于是我发明了"保持距离提醒地毯"。把这块地毯铺在办事的柜台前面，当一个人踩着它走过去或站在柜台前办事时，它没有任何动静，就像一块普通的地毯。但当前一个人还在办事时，排队的后一个人没按要求保持好距离而踩到它时，它就会发出蜂鸣声，并在LED屏显示出字样提醒这个人要站在黄线外。这个发明既简单又实用，我因此获得了广州市第33届青少年科技创新大赛天河区初赛二等奖和广州市决赛三等奖。这个发明正在申报国家发明专利。

独乐乐不如众乐乐，我组建了一个小社团，叫熊猫创客，找到了一群和我一样爱动手、爱创新、爱发明的朋友。我们已经有了很多发明金点子，其中最好的点子是自动净水地拖桶。有了它，拖过地的脏水会马上变成干净的水，这样就不用拖一次地要换几次水，节省时间、力气和水资源。我们正在努力把这些点子变成发明作品。

我是一个爱发明的太阳娃，我们学校有很多这样的太阳娃，大家叫我们探索娃。来吧，让我们一起走进创客空间，锻炼动手能力，培养探索精神，我们要做一个敢于创新、敢于实践的太阳娃！

（青之跃探究课程供稿：兰淇　陈秀芬　王璐）

六、蓝之海思维课程

（一）先学小研究："蓝之海"自学手册的设计与实施

一、"蓝之海"自学手册设计与实施的背景

华阳小学倡导与实施郭思乐教授的生本教育理念十多年，并根据新课

程理念和教师实践，对学生学习和课堂教学进行了研究，不懈地追求有效课堂，为促进学生自学、乐学、好学、会学、博学，创建了"以学定教单元整体教学模式"，在培养学生的自主、合作、探究能力方面取得了显著的成效。在广州市中小学课堂教学模式评比中，我校的"以学定教单元整体教学模式"荣获一等奖，并入选《课堂教学新模式》一书，这也是全市小学唯一入选的教学模式。目前，"以学定教单元整体教学模式"已面向全市范围进行推广。

"以学定教单元整体教学模式"即以学生的发展为主，根据学生的实际来确定教学，以单元作为教学的基本单位，有机整合课程资源，整体构建单元目标，通过"感受课、精学课、练习课、整理课"四个课型运作，经由学生个人先学、小组讨论、全班分享、总结提升等教学环节而构建的课堂教学模式。其中学生个人先学是四种课型中的起始环节，这一环节的实施载体是由教师根据人教版小学数学1—12册教材精心设计的"蓝之海"自学手册。"以学定教单元整体教学模式"运行流程图如下：

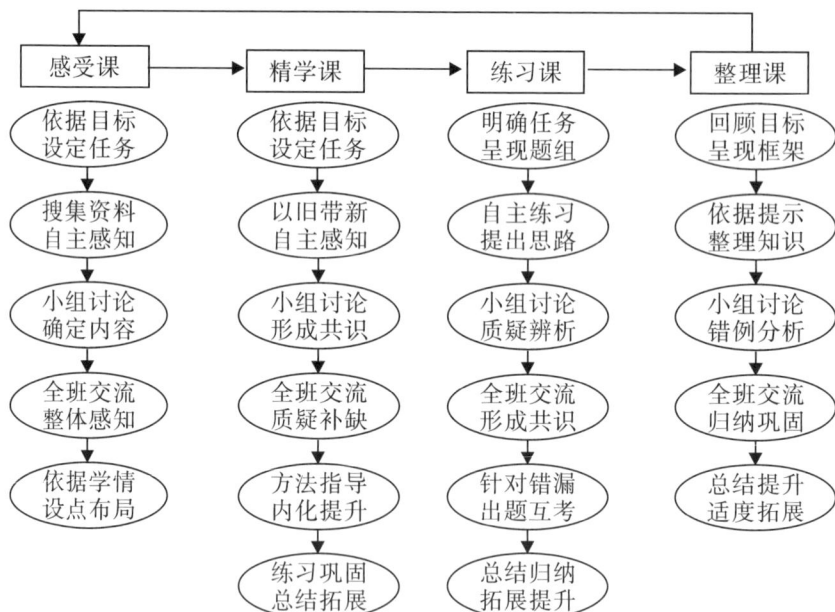

感受课	精学课	练习课	整理课
依据目标 设定任务	依据目标 设定任务	明确任务 呈现题组	回顾目标 呈现框架
搜集资料 自主感知	以旧带新 自主感知	自主练习 提出思路	依据提示 整理知识
小组讨论 确定内容	小组讨论 形成共识	小组讨论 质疑辨析	小组讨论 错例分析
全班交流 整体感知	全班交流 质疑补缺	全班交流 形成共识	全班交流 归纳巩固
依据学情 设点布局	方法指导 内化提升	针对错漏 出题互考	总结提升 适度拓展
	练习巩固 总结拓展	总结归纳 拓展提升	

"以学定教单元整体教学模式"之数学科四课型运行流程图

我校十几年来致力于"以学定教单元整体教学模式"的研究，积累了

许多优秀的课例设计，其中包含大量的自学手册内容，在教学实践中取得了显著的教学效果。本研究在以往实践经验的基础上初步整理出1—12册"蓝之海"思维课程之自学手册的初稿，然后根据小学数学新教材整体的知识架构，补充编制一套结构完整、系统规范的自学手册，最后在教学实践中通过评价、修改，不断完善，致力于编制出符合学生年龄特点、适合学生学习需要、能够激发学生学习兴趣的自学手册，使之成为小学数学课程资源，得以推广利用。

二、"蓝之海"自学手册设计与实施的理论基础

1. 建构主义学习理论

建构主义学习理论认为，学习是一个主动的过程。教师应该作出更多的努力使学生对学习产生兴趣，主动地参与到学习中来。让学生发展探索新情境的态度，通过作出假设、推测关系、应用自己的能力，以解决新问题或发现新事物。学习过程同时包含两方面的建构：一方面是对新信息的意义的建构；另一方面是对原有经验的改造和重组。学习不是被动接收信息刺激，而是主动地建构意义，是根据自己的经验背景，对外部信息进行主动地选择、加工和处理，从而获得自己的意义。外部信息本身没有什么意义，意义是学习者通过新旧知识经验间反复的、双向的相互作用过程而建构成的。

教师开发的课程资源即自学手册，是帮助学生自主学习的脚手架，提供学生主动搜集并分析相关信息与资料的支架，用探究法、发现法去建构知识的意义。自学手册既不能编制得过于简单，也不能太难。问题设计要在学生的最近发展区内，才能激发学生思考积极性，促进学生的发展。学生在没有他人帮助的情况下独立探索学习任务，完成知识的内化。

2. 学习动机理论

学习动机是引发与维持学生的学习行为，并使之指向一定学业目标的一种动力倾向。强烈的学习动机有助于唤醒学习的情绪状态，增强学习的准备状态，集中注意力，提高努力程度和意志力，而内部动机和外部动机决定着学生能否持续掌握所学知识。因此，在学习中如何让学生感受到学习的乐趣，激发学生学习的内部动机十分重要。相比于内部动机，外部动机的激发更容易引起学生的学习热情，但是使用强化和奖励诱发学习动机的做法，容易使学生把注意力放在了奖励上而不是任务本身。

因此，自学手册的编制要能激起学生学习兴趣，并时刻激发学生的求知欲望，保持学生思考问题的激情，让学生乐于投入到学习之中。自学手

册的问题设计要新颖、有趣，贴近学生的学习和生活，能引起学生学习兴趣或造成认知冲突，吸引学生注意力，产生认知内驱力。同时，在自学手册中教师要给予恰当评定，因为来自学习结果的种种反馈信息对促进学生学习效果有明显影响。

3. 生本教育理论

生本教育理论认为，人是不断成长的个体，也是在成长中彼此有着密切关联的群体。每个孩子的起点非零，这不仅体现在一般生存意义上，更体现在发展和高级精神活动的意义上，孩子拥有非凡的本能，以及人格、能力生成和发展的全部凭借。教师要以学生的需要来确定自己教什么和如何教，教师是学生的服务者、帮助者、保护者，唯独不是他们任何动作的替代者，我们应该相信孩子有自己学习的能力。我们的一切教育行为，最终要通过学生自己才能完成。

"蓝之海"自学手册的设计编制，始终把学生作为主体，尊重学生的天性，创设为学生"好学"的模式。它遵循学生的认知规律，使学生的潜能得到最大程度的发展。

三、"蓝之海"自学手册的设计思路

"蓝之海"自学手册的设计经历了不同的发展阶段，具体分为任意单一课时自学手册的设计、新授课自学手册的设计、单元整体自学手册的设计。

1. 第一阶段

任意单一课时自学手册的设计，要求体现主体性、指导性。

（1）自学手册以学生为主体，分为"我的阅读、我的发现、我的问题……"

（2）自学手册指导性明确，如指导学生阅读书本的第几页；设计的问题能引发学生根据已有的知识和生活经验进行思考，且不同的学生有不同的思考。如下图，2013 年版二年级上册乘加乘减和五年级上册观察物体的自学手册设计。

乘加乘减 自学报告

内容
人教版二(上)第56页

目标：
探索乘加乘减的计算方法。

一、自学课本第58页，会的准备向同学说一说，不会的把它记下来准备问问同学。

二、小朋友，下图有几个△？学着圈一圈，你会用几种方法列式计算？

第一种方法：　　　　　第二种方法：

算式：4×5+6=26　　　算式：_____

第三种方法：　　　　　第四种方法：

算式：_____　　　　算式：_____

我的发现：_____

第三单元 观察物体

内容：人教版
五年(上)书

课题一 观察物体(一)自学报告

目标：1、培养学生从不同角度观察、分析事物的能力。2、培养学生构建简单的空间想象力。

一、自主学习第38、39页，会做的可以用铅笔在书上完成。

二、从不同的角度观察，把观察到的情况画图描下来。

三、从以上四种立体图形中选择两个，放在一起，从不同的角度观察，把观察到的情况画图描下来。

2. 第二阶段

1—6年级各单元新授课自学手册的设计，除了体现主体性和指导性之外，还要求栏目结构完整，目标全面明确，问题情境恰当。

（1）栏目结构完整，统一格式如下：

自学目标：插入文本框，五号，宋体。

篇头："蓝之海"课程之自学手册，人教版×册第×单元第×课。

（2）目标全面明确，自学目标一般设定为"初步了解""初步经历""初步感受""初步探究"等。

（3）问题情境恰当，自学手册问题情境的设计经历了从无到有、从不当到恰当的演变过程，在教学实践中反复打磨、不断完善。

3. 第三阶段

按照"以学定教单元整体教学模式"的四种课型（感受课、精学课、练习课与整理课），整合一个单元的自学手册设计，除了体现主体性和指导性、栏目结构完整、目标全面明确、问题情境恰当之外，还要求学习难度适宜、能激发创新意识、将课程目标与教学实际相结合。

根据布鲁姆教育目标分类学，他把认知领域的教育目标，从低级到高级分为识记、领会、运用、分析、综合、评价。① 感受课的目标是识记，即学生通过自主学习知道本单元将要学习的知识是什么，通过查阅资料知道与本单元相关的知识，及其与生活的联系，激发出学习兴趣。精学课的目标是领会，即学生理解基本概念、原理、法则、内在联系以及知识的来龙去脉等。练习（拓展）课的目标是运用和分析，即学生运用知识，由易到难、由简到繁，解决生活实际问题。整理课的目标是综合和评价，即学生能重新将知识组合成整体，综合地、创造性地解决问题，并学会对客观事实做出推断。

感受课的目标是识记，作用在于引导学生整体感知单元知识点，为其他课型的内容和目标设定提供学情依据，帮助学生提前熟悉单元陈述性知识，为精学课进行高阶思维能力的培养提供时间保障。课堂上给学生充分展示学习成果的时间和空间，激发学生内在的学习动机。如人教版小学数学三年级上册第七单元长方形和正方形感受课的设计，要回归单元知识架构图，设计自学手册如下所示：

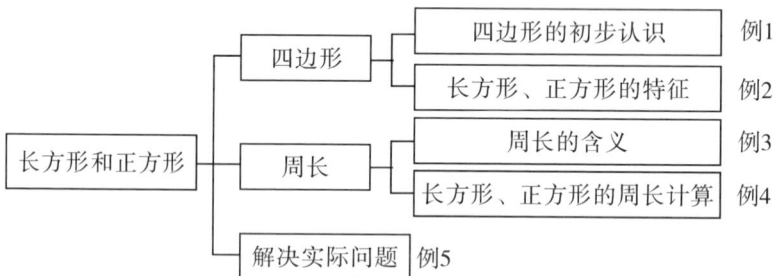

知识架构图

"蓝之海"课程之自学手册　　人教版数第五册第七单元感受课
第七单元　长方形和正方形

目标：了解本单元的知识点有四边形的特点，长方形、正方形的特征、周长、长方形、正方形的周长计算。

一、我阅读：课本79、80、83、85页，画出重要的句子，不懂的地方做上记号回来问同学。

二、我会填

---

① 黄甫全. 现代课程与教学论学程［M］. 北京：人民教育出版社，2006：435.

我的理解 （可以写书的句子，也可以举例子）		知识点
四边形	四边形（P79）	
	长方形的特征（P80）	
	正方形的特征（P80）	
周长	周长（P83）	
	长方形的周长（P85）	
	正方形的周长（P85）	
我还知道其他相关的知识（选做）		

　　自学手册包括这个单元知识架构图上主要的知识点（不包括知识的应用：例5）。精学课以感受课为基础，如果长方形和正方形单元不设置感受课，那么，第一学时的四边形、长方形和正方形特点教学目标：①直观感知四边形，能区分和辨认四边形，能用自己的话描述四边形的特点。②能借助长方形和正方形的实物或图形用1~2种方法验证长方形和正方形的特点，用自己的话描述长方形和正方形的特点。③感受生活中的四边形无处不在，体会数学与日常生活的联系。但设置了感受课后，学生的学习起点就发生了变化，学生对四边形、长方形、正方形的特点以及周长的概念都有了表象的认识，但对于三种图形之间的关系、长方形和正方形之间的关系还比较模糊。所以，精学课有了发展性的教学目标：①能区分和辨认四边形、长方形和正方形，能准确描述三种图形的特点。②能理解四边形、长方形和正方形之间的关系，并说明理由。③在比较辨析中，体会知识之间的联系与结构。由此，两节课的自学手册设计有了以下的修改：

"蓝之海"课程之自学手册　　人教版第五册第七单元精学课（修改前）

第二课时　四边形、长方形和正方形的特征

自学目标：能够根据四边形的概念辨别四边形；了解长方形和正方形的特征，尝试找一种方法验证特征。

　　一、我阅读：自学课本第79~81页，画出重要的句子，不懂的地方做上记号回来问同学，会的可以试着做一做。

　　二、我会做：把你认为是四边形的图形圈出来。

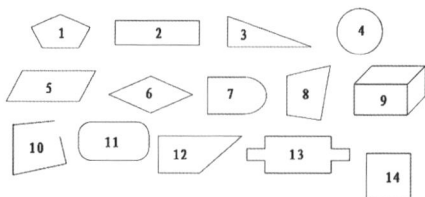

我发现，四边形的特点是：＿＿＿＿＿＿＿＿＿＿＿＿＿＿＿＿＿＿＿＿＿＿

三、我会画：尝试在下面的方格纸上画出一个长方形和一个正方形。

（若你不会画，可以带或剪一个长方形和正方形回来）

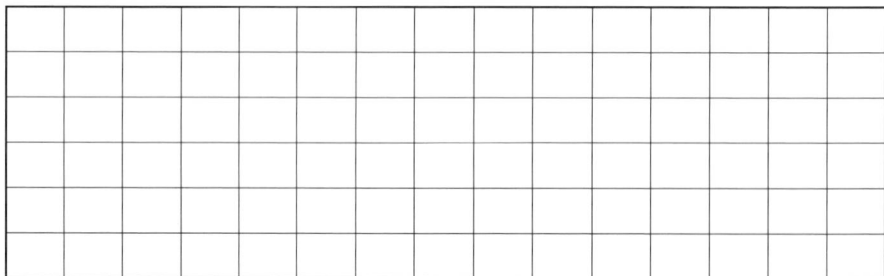

我发现长方形的特点：＿＿＿＿＿＿＿＿＿＿＿＿＿＿＿＿＿＿＿＿＿＿

　　　　正方形的特点：＿＿＿＿＿＿＿＿＿＿＿＿＿＿＿＿＿＿＿＿＿＿

（说说你是怎样发现的？）

"蓝之海"课程之自学手册　　人教版第五册第七单元精学课（修改后）

四边形、长方形和正方形的特征

目标：

1. 能区分和辨认四边形、长方形和正方形，能准确描述三种图形的特点。

2. 能理解四边形、长方形和正方形的关系，并说明理由。

　　一、我阅读：自学课本第79~81页，画出重要的句子，不懂的地方做上记号回来问同学，会的可以试着做一做。

　　二、我会填：把你认为是四边形的图形圈出来。

图形	图例（填写序号）	特点	
		边	角
四边形			
长方形			
正方形			

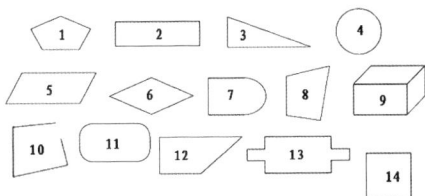

三、(选做)下面三个圈分别表示四边形、长方形和正方形，你知道那个圈表示哪种图形吗？说说你的理由。

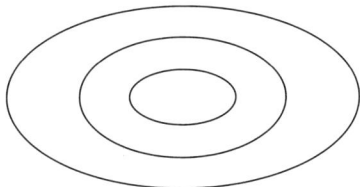

这样的设计，注重学生获得知识的过程性，更注重学生建构知识的发展性，遵循知识结构化的设计原则，学习难度适宜、能激发创新意识、将课程目标与教学实际相结合。

练习课自学手册是指教师根据本单元的教学重难点和学生最容易出错的知识点，设计出有针对性的题组，让学生课前自主研究，并具体写出解题的思路和方法。如下：

"蓝之海"课程之自学手册　人教版数学三（上）第七单元练习课

第四课时　长方形和正方形周长的计算

自学目标：尝试解决生活中有关长方形和正方形周长计算的问题。

一、我会填：

周长是指：_____

长方形的周长 = _____

正方形的周长 = _____

二、我能解决问题：（画出信息和问题，以及关键词句）

题目	一块长方形菜地，长 6 米，宽 3 米。如果一面靠墙，至少需要篱笆多少米？	一张长方形纸，长 30 厘米，宽 21 厘米。从这张纸上剪下一个最大的正方形。正方形的周长是多少厘米？剩下的图形的周长是多少厘米？
我的方法		
我是这样想的		

我的感受：＿＿＿＿＿＿＿＿＿＿＿＿＿＿＿＿＿＿＿＿＿＿＿＿＿＿＿＿＿＿＿

"蓝之海"课程之自学手册　　人教版数学三（上）第七单元练习课

第五课时　　长方形和正方形周长的计算

自学目标：已知周长，尝试求正方形的边长；已知周长和长，尝试求长方形的宽。

一、我会做：

一个正方形的周长是 36 厘米，这个正方形的边长是多少厘米？

二、我会设计：学校准备建一个周长为24米的花圃，你能在方格纸上设计出不同的长方形花圃吗?（每一个方格的边长是1米）

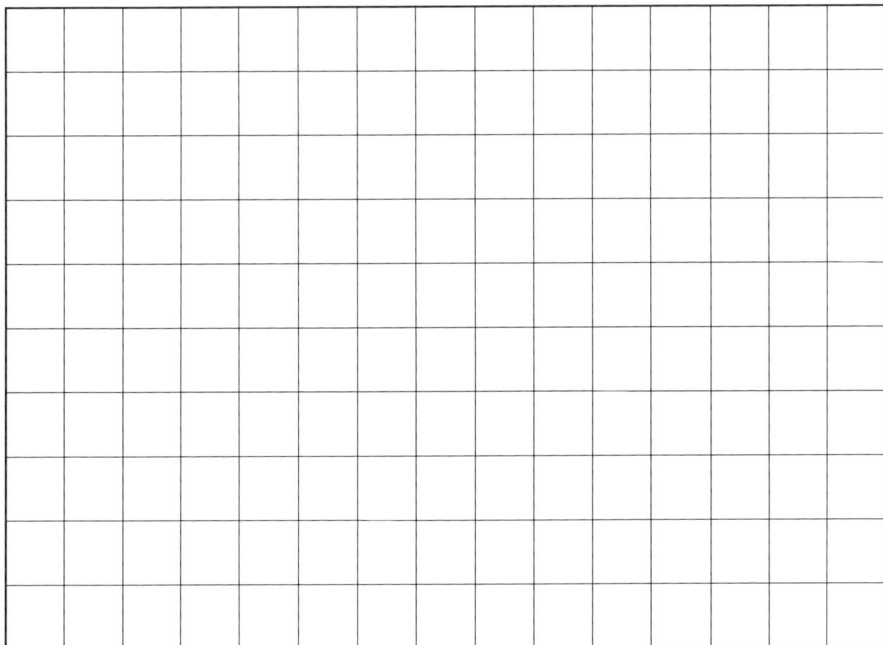

我的发现：＿＿＿＿＿＿＿＿＿＿＿＿＿＿＿＿＿＿＿＿＿＿＿＿＿

＿＿＿＿＿＿＿＿＿＿＿＿＿＿＿＿＿＿＿＿＿＿＿＿＿＿＿＿＿＿

　　整理课自学手册是教师引导学生回顾整个单元的学习目标，呈现出本单元的知识框架，在明确整体单元的知识主脉络的基础上，学生自主整理单元知识，并通过例子对每块知识内容进行分析。如下：

"蓝之海"课程之自学手册　　人教版数学三（上）第七单元整理课

第七课时　长方形和正方形单元知识整理

自学目标：对本单元知识点进行整理，对本单元的错题进行分析，并掌握正确解法。

我会填：

	特点	周长的计算公式	我的提醒
长方形			
正方形			
长方形和正方形之间的关系			
我还想知道关于长方形和正方形的其他知识			

　　正是经历了十几年的"生本"教育实践探索，在实际的教学中不断积累经验，总结做法，由任意单一课时自学手册的设计，到新授课自学手册的设计，再到单元整体自学手册的设计。从第一稿到第三稿，全体数学老师把一颗颗散落的珍珠精心串联起来，不断打磨完善，共同编制出了人教版小学数学1—6年级的"蓝之海"自学手册。

四、"蓝之海"自学手册的实施效果

　　"蓝之海"自学手册已经在我校进行了具体实施。开学初每个班级的数学老师会根据本班学生具体情况初步修改自学手册，并集体印发。课前，学生自主完成自学手册，标注出思考和疑问；课中，师生将自学手册作为课程资源载体进行学习和探究，解决疑问，帮助学生收获新知识和能力；课后，学生对自学手册进行补充和修改，数学老师对自学手册进行修改和完善。学期末，每个班的数学老师对整学期的自学手册进行整理，并传递给下个年级的数学老师。"蓝之海"自学手册在数学课堂中的运用，提高了数学课堂学习效率，取得了较好的教学效果，促进了师生的共同发展。

（一）学生的发展

1. 学习主动性的发展

"蓝之海"自学手册促进了学生学习主动性的发展，让学生的好奇心得到保护，求知欲进一步加强，且不断获得成就感，充分激发了学生内在的学习动机。如下表，从三年级某班46名学生不同单元自学手册的完成情况可以看出，得优的人数明显增加了。此外，通过问卷调查发现，学生乐于对要学习的新知识进行初步探索，有利于形成积极主动预习的习惯。

班级学生自学手册完成情况

内容	优	中	待优
两位数乘两位数	14	10	22
面积	30	11	5
年、月、日	33	7	6

2. 不同学生获得不同程度的发展

自学手册根据学生自学的差异性，关注不同层次学生在自学中的需求，让不同的学生得到不同层次的发展。

以人教版二年级上册乘加乘减为例：

自学内容：①我阅读：自学课本58页，画出重要的句子，不懂的地方做上记号回来问同学。②我会算：小朋友，下图有几个三角形？学着圈一圈，你会用几种方法列式计算？③我的发现。

A. 待优生的发展

自学要求：阅读—说—尝试—质疑求教。

阅读：指通读教材内容，从整体上了解新知识。

说：尝试说一说方法。

尝试：尝试完成自学手册问题2、3，可以选做。

质疑求教：提出自己不懂的问题。

B. 中等生的发展

自学要求：阅读—思考—讨论—质疑求教。

阅读：指通读教材内容，从整体上了解新知识。

思考：自学手册问题2以及书上的问题。

讨论：指对自己理解不透，似是而非的问题，与家长或同学交换意见，甚至进行辩论，以明确认识。问题3，可以选做。

质疑求教：提出自己不懂的问题。

C. 优等生的发展

自学要求：思考中质疑—讨论中升华—尝试中总结。

思考中质疑：自学时，细读例题，思考教材中的问题和自学手册中的问题，并记录下疑问。

讨论中升华：重点思考问题3，和家长或同学讨论。

尝试中总结：鼓励学生做一做尝试练习，并总结方法。

通过自学手册分层自学，鼓励学生全员参与，不但满足不同层次学生的预习学习需求，而且减轻学生学习负担。学生之间通过交流互学，提高预习的主动性。学生在自学的过程中注重方法的研究，在课堂上讨论、交流、质疑与补充，然后教师再引导、提升，使学生真正达到了"会学"的目的，并提高课堂教学的有效性，让不同层次的学生有不同的发展。

（二）教师的发展

1. 教师教学能力的发展

为了编制出"蓝之海"自学手册，要求每位教师认真研读教材、教参，准确把握教学目标和重难点，合理分析学情，考虑到不同层次的学生有不同的学习起点和需求，预设课堂教学中的各个环节，寻求突破教学生长点等。在一次次集体教研和自主教研活动中，提升了教师的备课能力和创造性处理教材的能力。课堂上，应用自学手册指导学生学习，组织学生小组合作探究，鼓励学生发现与质疑，及时点拨评价学生的思维发展等。自学手册要求教师有良好的组织管理能力和课堂应变能力，不断提升教师课堂教学能力，逐步形成个人教学风格。课后，教师及时反思自己运用自学手册的效果，不断修改完善自学手册，提升了教学反思能力。

2. 教师科研能力的发展

我校数学科组对"蓝之海"自学手册进行了深入探索和研究，通过查阅文献资料，学习理论基础，了解同行关于自学手册的研究现状。在编制自学手册的过程中，衍生出一系列科研课题，有效促进了教师科研能力的发展。

（二）思维万花筒

思维是人脑对客观事物本质属性和内部规律间接和概括的反映。随着

知识经济社会的来临，思维能力已成为个体自身能力的核心、社会发展的基础。正如苏联教育家加里宁所说的"数学是思维的体操"。数学因其自身的抽象性和逻辑性，而具有发展思维能力的作用。通过数学活动培养学生思维能力是全面实施素质教育的要求，也是适应未来人才发展的需要。为了更好地发展学生的思维能力，本着尊重学生的兴趣、爱好和需要，充分发挥学生主体性的宗旨，我校设置主题为"数学万花筒，好玩又好懂"的数学活动周，旨在培养学生的探索精神、合作意识和实践能力，提高学生学习数学的兴趣，促进思维的发展。

1. 根据不同年级学生的发展水平和认知特点设置不同的活动主题

根据著名心理学家皮亚杰对儿童思维发展阶段的划分，小学低年段学生处于具体形象思维阶段，中高年段学生由具体形象思维向抽象思维发展。在充分考虑不同年级学生的发展水平和认知特点的基础上，各年级科组设置以下活动主题：

一年级的"最强大脑之记忆凑十"。通过扑克牌游戏竞赛的方式加强孩子 10 以内的加减法运算。

二年级的"数学宝藏之独树一帜"。目的是通过玩数独，锻炼孩子们的观察力，加强思维逻辑，激发想象力。

三年级的"小小估算家"。以估算为基础，以测量、周长等知识为辅，让孩子们进行估算体验。包括实地测量、实地调查和实地采访三类。

四年级的"玩转 24 点"。训练孩子们的快速反应能力，提高口算、心算以及推理的能力。

五年级的"我是小小设计师"。通过观察、思考、交流等活动，让学生设计各种图案，感受几何图形的抽象美和创造美。

六年级的"立体模型 DIY"。立体模型制作是把二维的平面图形转化为立体空间的过程。通过根据三视图制作立体模型的实践活动，孩子们可以体会用三视图表示立体图形的作用，进一步感受立体图形与平面图形的联系，体验将平面图形转化为立体图形的过程与乐趣，培养创新与创造发明的意识。

2. 各年级的活动落地生根，精彩纷呈

数学活动能将抽象的数学理论形象化、具体化，学生通过实践操作积累活动经验，为抽象逻辑思维的发展奠定基础。同时，数学活动通过动手、动脑、动口等形式调动学生多种感官，激发学生好奇心和求知欲，提高学生的学习兴趣。

每个年级的活动介绍以生动活泼的视频方式向全体学生推送，校园里也张贴着设计精美的宣传海报，浓厚的活动氛围让孩子们全程积极投入。

一年级"最强大脑之记忆凑十"的比拼以班级为单位，通过"好玩又好懂"的扑克牌凑十游戏开展。一年级的孩子人小志气大，认真劲可足了。比赛以孩子们刚刚学会的10以内的加减法为基础，在班级内通过四人小组初赛、小组间复赛、班内决赛，层层角逐决出一、二、三等奖。每班获得第一名的同学代表班级参加全年级的友谊赛。

孩子在玩扑克牌　　　　　　　　最强大脑之记忆凑十

二年级的数学老师向各班讲解数独的游戏规则及玩法，孩子们先尝试着自己玩，再与组员合作交流探讨，不断提升技能。经过一周的训练后，每班在班内开展初赛，晋级的孩子代表班级参加全年级的决赛。获胜的孩子最终被评为"数独之星"。同时也开展班级之间的合作比赛，每人代表一个数字，以团队的身份参与四宫格和六宫格的挑战赛。之后，孩子们彻底爱上了数独这个益智又好玩的游戏。

三年级的孩子利用课余时间，小组商讨活动方案。有的小组选择实地测量，如测量家到学校的距离，测量学校操场的周长，测量家里物品的周长等。有的小组选择实地调查与采访，如调查三年级学生一天喝多少水，调查每位同学一天用多少纸，调查二年级学生用多少铅笔，调查学生总人数等。有的小组选择实地采访，如估算兴趣班人数等。孩子们达成一致意见后分工合作，最终以手抄报、视频或 PPT 等方式呈现小组合作的成果。孩子们通过该活动，发现和分析了生活中不少有趣的问题和现象。最后孩子们通过投票，评选出最受欢迎的作品。

四年级的"玩转24点"，孩子们充分利用课余时间积极热身，相互比赛

和挑战。经过一周的热身后，先是通过第一轮班级选拔选出 10 名选手进入第二轮的年级选拔，抢占代表班级竞赛的最后 4 个席位。第三轮的年级擂台赛则以团队合作的方式展开，最终评选出获胜的三个班级为"无敌精英班"。

五年级的小小设计师们通过奇思妙想，用长方形、正方形、平行四边形、三角形、梯形、圆形等简单的图形，合作设计出华阳号、机器人、海底世界、森林小屋……千奇百怪、独具匠心。孩子们在相互欣赏与学习中感受到了数学的快乐。

学生作品 1　　　　　　　　　　　学生作品 2

六年级的"立体模型 DIY"，科组老师为孩子们精心准备了手工制作各种基本立体图形的微课或课件，让孩子们观摩和学习。小组发挥集体的智慧，用心观察，发挥各自的创造力、想象力和动手能力，用卡纸、剪刀、胶水等简单的工具和材料制作出各种各样的立体模型。通过动手操作，孩子们发现自己对立体图形和平面图形之间的关系感悟得更深刻了，同时，被团队的奇思妙想和强大的动手能力所感动。

学生作品

3. 学生的心得体会

数学活动周在丰富学生学习生活的同时，也符合《义务教育数学课程标准（2011）》课程总目标提出的学生能"积极参加数学活动，对数学有好奇心和求知欲"的要求。以下是摘录的学生心得体会：

一年级：最强大脑之记忆凑十

许椠：参加这次比赛很开心，虽然自己输了，但觉得很好玩。

曾子烨：我学到很多知识，学会找数学信息，能记住所有的数字牌，我觉得很开心。

二年级：数学宝藏之独树一帜

李沣桓：我以前只知道数独不同行和不同列的数字不同，通过这次数独活动，我知道了每个小宫格的数字也要不同。我很开心，觉得数学很好玩。

张智乔：通过这次数独活动，我锻炼了自己的思维能力。通过动脑思考，我觉得数独没有想象中那么难。

三年级：小小估算家

胡陈轩：在数学活动周，我既学到许许多多的知识，如什么是估算，估算的方法……又体会到数学的快乐。数学活动周真有意思啊！

倪嘉桐：这次的数学活动周很有意思，通过亲身的体验，我们可以估算出很多平时不确定的事情，例如操场有多长、三年级学生所用钢笔总数等。估算还可以用到生活中，例如我们家一年用多少纸等。

四年级：玩转24点

李肖同：比赛的结果并不重要，重要的是我们参与和体验的过程，以及在这个过程中的思考与收获。当然，还有我们团队合作的快乐。玩转24点，我觉得这样的活动挺不错的，非常有趣。我想只要爱动脑，爱思考，爱创造，每个同学都能玩转数学，成为"小小数学家"！

刘哲楷："玩转24点"是一个既刺激又好玩的智力游戏！通过班级层层选拔，我和另外三位小伙伴突围而出，进入年级决赛。在班主任的精心指导和我们的不懈努力下，我们终于如愿以偿为班级赢得"无敌精英班"的荣誉。这次比赛不仅提高了我们的计算能力和反应能力，开发了我们的大脑，更加培养了我们学习数学的兴趣，增强了我们的团队合作能力和集体荣誉感！希望以后继续举办这一类有意义的活动！

五年级：我是小小设计师

邓嘉欣：在这个活动中，我发现我们生活中的物品可以分解为基本的

几何图形，加深了我对几何图形的理解。

陈启华：我们参加了数学活动周的展览，那些作品真让人赞不绝口。一幅幅作品都是用几何图形拼成的，有的拼成一架飞机，有的拼成一栋小房子，有的拼成一棵大树……原来我们生活中处处离不开数学。数学是多么博大精深呀！

六年级：立体模型 DIY

周子期：我做了城堡模型，是以我最爱的书《哈利·波特》中的霍格沃兹魔法学院为原型改造的。在制作过程中，我运用了老师教过的知识，还发现了其中的"妙处"。这次比赛时间有点紧迫，有些细节我没注意，下次我会做得更好。

4. 数学活动周的思考和总结

（1）如何实现培养的连贯化。学生思维的培养不是一朝一夕就能完成的事情，各年级如何在后续的教学中继续深化数学活动周的主题，是我们数学科组接下来要努力的方向。

（2）如何将数学学科知识与其他知识融合，进一步拓宽活动的内涵，非常值得我们思考。

（3）数学是思维的体操，让我们思维如电；数学是空间中变幻的形体，丰富我们的认知和想象；数学是形状各异的图形，形是数的化身，数是形的灵魂；数学是游戏，有趣的 24 点，变化多端的数独，让我们感受着它的无穷奥妙。各年级分别在一段时间内开展数学活动在我校尚属首次，我们将继续定期举办数学活动周，让数学活动周陪伴孩子健康成长。

（三）太阳娃成长故事

一个平凡又不平凡的我

华阳小学四年 2 班 曾子越

勤学善思，全面发展，这是我给人的第一印象。别人羡慕我、表扬我，这让我感到自豪。

我们都是华阳小学的七彩娃，每个同学都有不同的色彩。在学校，我上课积极主动，很多人就问我："你是怎么做到的？"我回答道："嘿！很简单嘛！"我有点小得意，这答案似乎听起来很轻松。其实我能获得现在的成绩，都是我坚持不懈的结果。

我从三岁开始，就喜欢跑到琴行玩钢琴，听别人弹钢琴。有一天，我向爸爸提出想学钢琴的要求。爸爸以为我在开玩笑，所以并没有答应。后来，我又把这个要求提出来了，爸爸认真地对我说："要学就要风雨无阻地坚持，你可以吗？可以就拉钩。""可以。"我痛快地答应了。这一声"可以"就盘旋在我的琴声里，直到今天。

除了钢琴，我还学击剑、日语、书法、围棋等，我还是小作家协会成员，要定期参加组织的采风培训和投稿。不少人为此而惊叹："你学这么多，不累吗？"我当然累，不仅要经常跑来跑去，还得熬夜，但我每天准时起床，并且保持精力充沛，我是如何做到的呢？

我认为意志力是不可低估的，但我又不是天生意志力很强，那又是什么让我做到的呢？是兴趣，兴趣是做成一件事情的精神核心。有了兴趣，自然就有了意志，就会有做好的信心，有克服困难的勇气，然后就会有对成功的渴望。有了这些动力，就绝不会放弃，勇往直前。

如果你只有兴趣，却没有思想、判断力等概念，那也是不会成功的。试想一下，如果一个人从来都没有自己的思想和判断力，只会跟着别人走，还觉得自己"君子生非异也，善假于物也"。要我说，你已经成功地变成一个完美的复制品。

想培养自己的创造性思维，可不是"蜀道之难，难于上青天"的事情。创造性思维的培养，主要是要考虑我怎样做别人会意料不到，想法要与众不同，要善于调整自己。

成功的路可不止一条，"条条大路通罗马"。我的这些经验可能只是其中的一条路，是适合我自己的路，但也许可以给大家提供一点思考。成功的路上总是披荆斩棘的，不会有随随便便的成功。

我就是我，一个平凡的我，但又有一点小小的不平凡——我的思想有点与众不同。我就是我，一个平凡又有点不平凡的我。

爱思考、兴趣广泛的曾子越

（蓝之海思维课程供稿：符英　侯咏娴　林丹霞　赖艳　邹涛）

七、紫之贵美德课程

（一）美德大富翁

"人之初，性本善。"我们每个人都是怀着一颗善心，带着一对行善的翅膀来到这美丽的世界。德性是人类与生俱来的天性，是心灵天生携带的种子。

"性相近，习相远。"每个人性灵的种子同一，但行为习惯并不相同，原因是后天的成长条件有所不同。

古人说："勿以善小而不为。"今人说："日行一善，给身边的人温暖，让自己的内心快乐。"是的，人的善良不能仅存于内心，道德应该是一种实践，即我们所说的善行。生活中有许许多多的小事，只要随手做来，便是一种善行，世界往往会因为人的举手之劳，而变得更加美好。

华阳小学的德育实践，除了以呵护学生德性的种子为起点和特色之外，还采取了一系列鼓励善行之美的措施。在华阳小学，每到月底，总能看到这样的画面：三五个孩子拿着一个小本子，凑到一块，相互比对着什么，而每个班的门前都贴着一棵怒放的"美德树"，树上一张张笑脸洋溢着浓浓的自豪，原来他们是当月的"美德小富翁"。

1. 小太阳美德成长银行

紫之贵美德课程以"小太阳美德成长银行"为载体，构建了一套适合我校学生特点，操作性强的文明礼仪养成教育活动课程操作体系。深入实施文明礼仪养成教育活动课程，用学生喜闻乐见的方式鼓励他们积极投入美德实践。其课程主要内容是一系列以"美德银行存美德，成长路上促成长"为目标的活动课程。

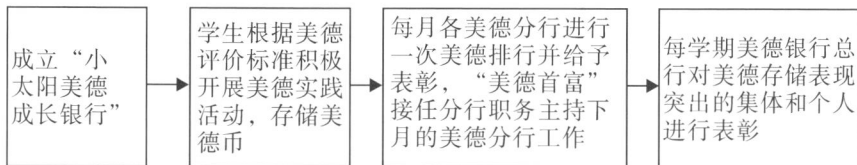

| 成立"小太阳美德成长银行" | → | 学生根据美德评价标准积极开展美德实践活动，存储美德币 | → | 每月各美德分行进行一次美德排行并给予表彰，"美德首富"接任分行职务主持下月的美德分行工作 | → | 每学期美德银行总行对美德存储表现突出的集体和个人进行表彰 |

课程操作体系

为实现这一课程领域的目标，我们根据不同的美德标准设置了13种美德币，并按照相应的评价标准开展"美德首富""超级美德富翁""最佳分行""华阳十大美德事件"等一系列评比活动。

各美德币评价要求：

礼仪币懂礼仪，重仪表。知礼仪，善交际。

遵规币守校规，懂法纪。讲公德，守秩序。

孝亲币孝父母，听教诲。分家务，勇担当。

诚信币讲诚信，不说谎。勇认错，善改正。

勤劳币爱劳动，能自立。讲卫生，勤整理。

节俭币倡节约，能爱惜。懂环保，不攀比。

服务币常服务，热心肠。多奉献，乐公益。

合作币善合作，恭谦让。爱集体，能争光。

华阳小学"小太阳美德成长银行"成立于2013年3月11日，由天河东、林和东以及华成校区共同构成，每个班级各设一个分行。每个孩子入读华阳小学的第一天就会得到一本"小太阳美德存折"，全校通用，由学生随身保管好。每位教师看到学生好的行为或不好的行为都有责任进行鼓励或批评，并根据统一的标准在学生的"存折"上增加或扣掉学生相应行为的美德资金，让学生每时每刻都在被关注中成长。每月各班结算一次，按美德资金的数量，选取前十名，由学校授予"美德小富翁"称号。同时，每个分行可由学生和班主任根据本班的实际情况，共同制定实施准则，增设币种，对"美德分行"进行"经营管理"。

其中，三年7班的"美德分行"开办得尤为红火，班主任吴嘉玲老师和班级家委会成员根据学校提出的"拥有健全心灵的太阳娃"的培养目标和本班班情，共同设计了独具班级特色的美德币，对孩子们的优秀行为表现给予奖励。美德币分为：阳光自信币、文明有礼币、好学善思币、热爱运动币、个性鲜明币、快乐阅读币、自主管理币、乐于助人币和家务能手币。在制定了符合班情的实施准则后，美德币开始配合"小太阳美德存折"在三年7班流通使用。

"小太阳美德成长银行"真正把德育的主动权让给学生，让学生自己管理自己，自己教育自己，让学生在贴近他们社会生活的情境下，储蓄自己的"健全心灵"。"小太阳美德成长银行"模式的良性运作，无论是教师

和学生，还是学校和家庭都是得益者，受到广泛好评。

"美德首富"海报

校区"美德首富"光荣榜

2. 老师眼中的"小太阳美德成长银行"

作为班主任的我，在教育孩子的工作中经常遇到一系列的问题，如孩子上学迟到、大课间忘带体育用品、教室卫生保洁不到位……这些琐事常常让我焦头烂额。今天提醒孩子，但懵懂的孩子明天又忘记了，每天我像复读机一样重复地"唠叨"着，但效果似乎不明显。恰巧学校开展了"小太阳美德成长银行"活动，我何不借着这个活动来管理班级呢？

上学迟到是我们班的"老大难"问题，过去，每到早上8:10铃声打响，总有孩子慢悠悠地陆续走进教室。我看在眼里，急在心里。问起为什么迟到，孩子们总有各种各样的理由，起床晚了、吃早餐慢了、堵车了……很多的教育方式都尝试过，但效果不能持久，一段时间又打回原形。

跟孩子们沟通协商后，我们班的美德银行管理条例多了一条这样的规定："没能在早上8:10铃声响起之前进入教室的同学，要扣除他们的美德币，每天1元；如果一周全勤，则可以获得2元的自主管理币作为奖励。"在美德币的激励作用下，班上出现了令人可喜的局面，几乎没有孩子迟到，良好的行为习惯在不经意间慢慢形成了。

就这样，一条条美德银行管理条例应运而生。除了让孩子按时上学，美德币在培养孩子行为和学习习惯的各个方面都起到了不可磨灭的激励作用，成为班级管理的法宝。孩子的成长之路又何尝不是积攒智慧金币的过程，作为园丁的我们，应该尽早培养孩子们良好的品德习惯，引导孩子努力积攒美德币，如此方能使孩子在拥有良好品格的同时一路收获快乐与智慧！

3. 孩子心里的"小太阳美德成长银行"

每一位华阳学子都是"小太阳美德成长银行"的光荣小储户，在一个月群雄逐鹿般的竞争中，不断地有新面孔冒出来，有时候是那个上课特别积极回答问题的同学，有时候是那个有点害羞的她，有时候还会是那个过去有些小顽皮的他。为了成为"美德小富翁"，我们都在暗自使劲，我们都希望"美德树"上能挂上自己的照片，那多光荣啊！

每个月进行积分统计时，我们既幸福又紧张，因为每个月都可能会出现新面孔，与此同时，各分行的"美德首富"脱颖而出，而每一位"小富翁"都积攒了很多自己的美德小故事。这次没有选上的同学也不会灰心，因为只要努力，下次就有机会上榜，机会很公平，所以在下个月的学习生活中，我们会更认真。

"小太阳美德存折"和美德币

4. 家长口中的"小太阳美德成长银行"

　　孩子点滴的进步，离不开老师正确的引导、有效的激励。"小太阳美德成长银行"就是引导和激励的好办法，孩子们不但买账，而且很是受用。为什么会有这种效果呢？一个重要的原因就是这套美德币奖励方法内容丰富，涉及孩子们成长的方方面面，比如有快乐阅读币、实践创新币、热爱运动币、乐于助人币、家务能手币、个性鲜明币和自主管理币等。这些美德币的设立其实就是华阳小学生本教育的细化。

　　一套好的方法并不一定总能取得好的结果。这套方法还有一个特点，那就是老师、孩子和父母之间的亲密互动。这在家务能手币和自主管理币上得到了最好的体现。如何让现在的孩子学会独立、懂得感恩，这是老师和父母每天都在考虑的问题。从力所能及的家务做起，从每天需要做的作业做起，自己的事情自己负责，这就是最好的方法之一。老师、家长和孩子相互鼓励、相互监督，坚持从"8:00 前到校，8:05 交齐所有作业""半个小时以内吃完饭"诸如此类的点滴琐碎小事做起，这样就能够让孩子学会人生最重要的习惯和美德。这不正是老子在两千多年前就提出来的"天下难事必作于易，天下大事必作于细"吗？

（二）经典广集成

　　古有"三立"观点，即立德、立功、立言。《左传·襄公二十四年》："豹闻之，大上有立德，其次有立功，其次有立言，虽久不废，此之谓不朽。"即品德方面堪为榜样，事功方面有所作为，言论方面能予人启迪。

　　"三立"是中国古代贤人君子追求的道德目标，也是新时期小学阶段公民教育可以吸纳的宝贵资源。我们对"三立"的具体解释是：立德，树立良好的道德品质，有高尚的道德修养；立功，有正确的行为方式，展现自己的能力特长，对他人和社会有所贡献；立言，有正确的价值观，对人和事能形成正确见解。

　　经典课程是华阳小学的核心课程之一，目的是，以古今完人之浩然正气滋养莘莘学子，这亦是立德的一部分。我国古代的优秀典籍，涵盖各种流派及文体，上至诸子百家、汉乐府民歌，下至元曲、明清小说，而唐诗、宋词于孩子们而言早已满口回香。华阳学子自小便在经典文化的浸润下成长，正所谓："熟读唐诗三百首，不会作诗也会吟。"孩子们如同一块小小的海绵，吮吸着每一滴经典甘露的滋养，在饱尝了智慧之泉之后，一洗从前的干瘪萎弱，变得丰盈、灵动。

华阳小学开设了每周一节的吟诵、书法、民乐、武术、阅读指导课；每周安排三次经典文化专题广播与书法练习、一次经典早读、一次武术特色大课间活动，各年级隔周进行集体经典诵读展示，每月一次书法比赛（软硬笔轮换）。经典教育还与德育系列活动深度整合，为学生提供丰富的交流学习、分享互评与反思自省的机会。

学校组织的童声韵社、经典演读社团、兰亭书画社等经典教育社团，由专门教师负责，定期训练，积极参加各类比赛与交流展示活动，营造了浓郁的中华经典文化氛围，得到了学生的广泛欢迎。

与此同时，教授经典课程的华阳教师也跃跃欲试，一个个如同笋芽儿冒尖一般，在各个极富创意的课程中崭露头角，学生也收获满满。

1. 研发生本理念指导下经典课堂的教学模式

在教学模式创新方面，高海燕、卢艳艳等老师取得了较满意的成效。高海燕老师的《满江红》《爱莲说》，卢艳艳老师的《论语·君子》《中庸十七章》等课例深受好评。已初步形成了"复习回顾—吟诵规则引领—学生自学—教师示范吟诵—学生练吟、师生合吟—感悟文意—主题拓展—总结升华"的教学模式。

该模式基于生本理念的指导，遵循"先学后教、少教多学、以学定教"的教学理念，老师只在恰当的时候"现身"，学生更多地"显现"。

在生本教学的经典课堂上，老师既吸收了古代教育中的优秀方法——吟诵，又充分调动起学生的课前积累，并指导吟诵规则，尊重学生的学习基础和主观能动性，使学生既能学会优秀的经典美文，又掌握了学习方法，举一反三，自主领悟更多优秀篇章，在品格与情操上得到持续不断的熏陶。实现了教师点拨与学生自主学习相结合，小我与大我有机结合，小课本与大阅读环环相扣，小课堂与大社会融为一体。

我们认为，该教学模式流程较为清晰可学，突出了"学生主体、教师主导"，并有效地吸纳了传统吟诵教学法的精髓，打通课内外，授人以渔，不但传承优秀传统文化，也有助于学生提升语文素养、涵养品格。

2. 鼓励教师积极探索经典教育的教学形式

李淑筠老师的经典诵读课堂特别注意通过音乐与节奏来启发学生的想象与感悟，引领学生在轻快灵活而富有变化的节奏之中诵读，充满趣味，帮助学生减轻背诵的压力与恐惧感，丰富的体验与感悟也启发了学生的

思维。

熊兴丽老师则采用传统的吟诵方式，带着学生仿效古人摇头晃脑地吟诵，使学生在语言环境中记忆、感悟。

刘玉霞老师注重利用经典讲故事、析义理，引导学生不仅要背诵，还要领悟传统文化背后所蕴含的文化与价值观。

李淑筠、张熙婧、何韵坚等老师大胆革新，借鉴"儿童哲学"教育理念与思维训练策略，使学生通过丰富的阅读、多角度的讨论与交流、辩论与批判对学习内容与学习过程本身进行体验、分享，把经典教育与思维发展、价值观教育有机融合在一起。

3. 经典教育内容日益丰富多元

经典教育以经典诵读为主，同时整合武术、民乐、书法等富有中国传统文化特色的项目，以及中外经典分级阅读。

如经典诵读，以先秦儒家经典为主，同时也吸纳诸子百家、历朝历代乃至现当代的经典；以规范普通话经典诵读为主，同时也注重地域文化、方言童谣的诵读。学生既诵读《弟子规》《三字经》《千字文》《晨读对韵》《幼学琼林》等蒙学经典和《诗经》《论语》《大学》《中庸》等儒家经典，也诵读纪伯伦、泰戈尔、朱自清、舒婷、徐志摩等人的诗歌、散文，还尝试用粤语诵读富有民族气息与岭南地域特色的广东童谣。

4. 研究生本理念指导下学习经典的第二课堂教学模式（班本课程）

学校开展了"广州市天河区华阳小学'精品课程'（培育）"申报活动，个人、班级、项目组均可申报（项目组可以是年级组、学科组或其他课程开发团队）。学校将对入选为"精品课程"培育对象的课程给予资金、平台、指导等方面的支持（对各班特色课程扶持资金为200元；对各项目组特色课程扶持资金为500元）。

广州市天河区华阳小学精品课程课题组成员徐涛老师申报的"'经典诵读与鼓乐舞蹈相结合'的课程开发"获得立项并取得了优异成果。

徐老师任教的二年12班有10个学生有良好的打鼓基础，另有10个学生有良好的舞蹈基础。全班学生参加2014学年学校经典诵读展演获一等奖。其中5个学生参加校水鼓队训练，在天河区乐器大赛中参演并获奖。12个学生先后参加过天河区和广州市大型经典诵读展演和比赛，获得一等奖和观众好评。

徐老师整理出适合二年级学生"经典诵读和鼓乐舞蹈相结合"的经典名篇。通过欣赏经典诵读视频和反复诵读，部分经典篇目学生能够熟读成诵，增强记忆力。通过结合鼓乐舞蹈，学生能更好地体会经典的优美意境、丰富内涵，激发学生更浓的学习兴趣，提高艺术审美能力，增强学生及家长的团队凝聚力。

北宋司马光说："才者，德之资也；德者，才之帅也。"然而仅靠说教和灌输，不足以达成理想的德育效果。经典美文蕴含着大量有益的德育因素，通过诵读而潜移默化，陶冶学生的道德情操，是一种传统的"无为教育"。不违背小学生的认知规律，让他们在自主学习中主动与古圣先贤对话，产生情感共鸣，有意无意地用高尚的道德标准规范自己的言行举止，从而养成善良的秉性、豁达的胸襟，并能与自然及社会和谐相处。

（三）我们的榜样

正因为有了光，自然界呈现出七彩的美丽。对于华阳小学来说，生本教育如同一道光，指引着华阳人探索的脚步，照亮了华阳人前进的道路。而对于华阳学子来说，他们的光，便是那些身边的榜样，他们乐于助人、甘于奉献，他们积极勇敢、努力拼搏，他们阳光自信、热情大方。他们就在身边，如同身边的光源，每一个闪耀与顿挫都对其他孩子有着无穷的影响力。

华阳小学天河东校区有一条七彩长廊，长廊由米白色瓷砖铺成，两旁的大树郁郁葱葱。七彩长廊起于校园的直跑道，终于常年青葱秀美的篱墙里的绿化带。在这里，孩子们可以玩耍嬉戏、谈天说地、学习交流，在这个快乐的七彩长廊里，心情也会变成彩虹色。在七彩长廊中，站立着七个象征华阳"七彩生本自立课程"的太阳娃，其中就有紫之贵美德课程的美德娃。

紫色是高贵的象征，于孩子而言，文明有礼、品德高尚就是高贵的。文明有礼娃的代表，是2006届毕业生林思韵。她曾为2010年广州亚运会火炬手，广州亚运会学生形象大使，曾参加过推动社会文明的"正能量"活动。更值得华阳小学骄傲的是，她也是2010年哈佛大学中美学生领袖峰会（HSYLC）代表之一，同年获北京大学全国高中生模拟联合国大会最佳阐述奖。

这位热情开朗、品德高尚的大姐姐就是孩子们心中的楷模，是学习的榜样。榜样其实离我们不远，他们就在我们身边。激烈的竞争会让我们一时间找不到自己的位置，也看不清楚自己的榜样在何处，更不清楚自己是否也能成为他人的榜样。当孩子们漫步于长廊中，在思索与讨论中，他们会逐渐发现，原来成为最好的自己，自己也会成为他人的榜样。

何谓道德?《周易》有云:"天命之谓性,率性之谓道,修道之谓教。"即道是自然规律,是人与生俱来的生命本性,德就是对道德规律的遵循,对生命的呵护和尊重。德首先是一种天性,再外化和表现在人的行为上,即善行。

作为教育者,我们无须外在地将意识、观念植入学生的头脑,我们只需为学生天性的种子灌溉和施肥,让它如期绽放,结出果实。华阳人认为,教育应当以适当的方式传递给学生,立人先立德。正如英谚所言:良好的心是花园,良好的思想是根茎,良好的语言是花朵,良好的事业就是果子。拥有良好品德的华阳学子,乘着"华阳号"逐日远行,不断驶向理想的彼岸!

(四) 太阳娃成长故事

学最好的榜样,做最好的自己

华阳小学四年 10 班　丁绍轩

"学最好的榜样,做最好的自己",是我们班级的口号,也是我一直努力的目标,并坚持用实际行动来实现自己的目标。

一、好学善思、文明有礼、懂感恩有孝心

从一年级开始,我在老师的指导下养成了良好的学习和阅读习惯、规律的作息时间,能够主动学习,成绩优秀。作为班长和大队委,我以身作则,任何事情文明先行,被同学们称为"丁哥哥"。在校际球赛结束后,我捡起操场上所有的空水瓶;曾扶起楼下琴行扭伤脚的女老师去医院,并打电话让妈妈开车送受伤的她回家。

课余时间,我为良典养老院的老人制作小手工,用零花钱给老人买水果,推老人到花园晒太阳,还邀请小伙伴一起去养老院表演,逗老人开心。我在家孝敬长辈、体恤父母,会做力所能及的事情,热心照顾邻居老人和小孩。

二、充满爱心、乐于分享,热心公益活动

2016 年,在由广州市慈善会与满天星青少年公益发展中心等联合举办的阅动羊城大型公益活动中,我用自己的实际行动感染大家,个人筹款达到 37 笔,获得"个人筹款笔数 Top10",与小伙伴们一同为偏远地区孩子送上 1 000 多个装有书籍和文具的"阅读星囊"。

2016 年开始,我在家人的支持下,每学期都购买一些书籍和学习用品,并将自己去黄山和台湾的旅行记录整理成册,通过安徽援疆办转交给新疆和田贫困地区的孩子们。

在"朝阳行动"书画献爱心活动中，我将自己获奖的书画作品和学习用品赠送给从化鳌头镇西山村的孩子，并和当地孩子进行阅读分享，为他们表演节目，送去爱的温暖。

三、自立自强、勇于实践

作为广州市红领巾成长小记者精英团的成员，我跟随老师到达香港大学，独立生活、认真调研，基于儿童网络安全课题自主完成对香港大学教授的采访和写稿工作，获得香港大学老师们的赞赏。在世界儿童互联网调研行动瑞士站活动中，我来到日内瓦联合国儿童基金会总部，演讲了自己从儿童角度看儿童网络安全问题的议案，并和总部官员叔叔进行了快乐的交流，还获得广东省网络文化协会和广州市少年宫媒介素养中心颁发的"互联网小使者"荣誉称号。

2017年10月20日，在北京十九大广东团驻地，我作为《羊城晚报》小记者采访了十九大党代表、广东省省委副书记、广州市市委书记任学锋伯伯，还采访了十九大党代表、广州市天河区华阳小学周洁校长和广州白天鹅酒店客户经理张丹凤阿姨，并被评为"羊小记十九大北京采风活动"优秀学生记者。

十九大期间羊城小记者采访党代表周洁校长

（紫之贵美德课程供稿：刘鸣）

第四章 "七彩生本自立课程"实施

第一节 六层级全方位的课程实施

自主课程和文化浸润课程，开展的时间安排见下表。

自主课程与文化浸润课程开展的方式与时间

课程类型	课程名称	课程开展方式	课程开展时间
主题活动类	我们的榜样	华阳演说家	周一升旗仪式、班会
	我们的节日	班会	
	美德大富翁	积累美德币	
	科普博物志	科技节	每学年开展一次
	身随心动	体育节	
	我们的舞台	文化艺术节	
	童阅世界	"小达人"阅读展示周	
	思维万花筒	数学活动周	
学科渗透类	科技之光	主题探究、分享	科学课、综合实践课、周二特色课
	生命之源		
	先学小研究	课前自学探究	课前
	拓展阅读	阅读与分享	语文课、英语课、课内外

（续上表）

课程类型	课程名称	课程开展方式	课程开展时间
常规项目类	思维大拓展	数学思维训练营	周三下午
	大课选修	年级选课走班	体育课
	阳光体育	多样运动	早晨、下午
	经典广集成	吟诵、书法、武术、民乐、阅读指导课	早晨、中午、大课间
自主开展类	海选总动员	大队委走班竞选	每学期初
	项目齐认领	认领"自主实践基地"	
	七彩社团	自主开展、老师协助	放学后
	一起美吧	"自由广场"自主展示	

　　不同类型的课程内容从不同层面切入实施，包括校际协同课程、家校合作的微课程、校级统筹创设的课程、年级选修课程、班级自主开发的课程和学生自行创设的课程。这六层级的课程实施方式，全方位整合了各方面的优质资源，调动了学生、教师的参与积极性与创造力。

一、校际协同：培养新时代好少年

　　由广州市天河区的华阳小学、长湴小学、珠村小学组成的团队，以"小学阶段多维立体公民教育特色课程"为研究内容，成功申报了广州市教育局组织的"广州市教育系统创新学术团队"。

　　首先，三所学校同为天河区生本联盟成员，总结出了校际之间共同研究、共同促进、资源共享的联动模式，是在长期合作的基础上自然形成的研究整体。

　　其次，三所学校都致力于通过办学特色来促进学生的全面发展，注重公民教育，将教学与德育有机融合，并取得了较为显著的成效，三校有相对集中且特色鲜明的研究方向和共同研究的科学问题。

　　1. 依托单位与合作情况

　　为什么选择"小学阶段多维立体公民教育特色课程"这一研究方向？

　　首先是基于这样三点认识：①加强内涵发展研究，探索特色发展之路。②特色课程建设是教育创新的攻坚堡垒，是形成学校办学特色的根基

和主渠道。③我国社会转型期寄希望于通过中小学公民教育培养健全的公民。也就是说，我们的研究方向符合教育教学改革和发展的需求。

其次是基于我们三所学校有公民教育的实践基础，都致力于公民教育特色课程建设的探索，并取得了一定的成果。具体体现在以下四个方面：

第一，合作学校办学特色鲜明，并在公民教育特色课程建设方面进行了积极的探索。

华阳小学以将学生培养成"拥有完整心灵的太阳娃"为目标，并针对培养目标的七个特征，将学校特色课程确定为"七彩生本自立课程"，以此发挥培育"拥有完整心灵的太阳娃"的课程价值。

长湴小学的"中国行"，让学生亲自"走遍中国"，体验祖国的地大物博和灿烂悠久。它充分调动学生学习的主动性，发展他们的兴趣和特长，培养学生强烈的爱国意识、民族自豪感和高度的民族文化认同感。

珠村小学依托珠村地域乞巧民俗文化，提出了"文化熏校"办学理念，学校逐步形成了"乞巧教育"这个特色品牌，呈现出"五育"并举、共铸品牌的成效，特别是学生，形成了较好的自主意识和参与精神，促进了学生公民素质的多维发展。

第二，合作学校德育工作成效显著，尤其关注学生公民素质的多维立体发展，并尝试进行相关课题研究。

华阳小学是中央文明办"做一个有道德的人"活动联系点，以"呵护天性、引导行为"为德育理念，充分挖掘学生自主管理潜能，促进学生全面发展，并开展了相关省级课题的研究。

长湴小学的各项德育活动围绕"中国行"展开。学生通过各种形式，了解祖国各地的风土人情、风俗习惯。学校还一直秉承绿色环保理念，促使每一个学生从小养成良好的环保习惯，提升学生改善环境和解决环境问题的能力，取得了显著的成效。

珠村小学构筑出以德为先、以智育人、以体促德、以美熏心、以劳巧手的德育工作理念。学校以评"乞巧之星"带动学校五星班级和五星少年的评比，并进一步完善乞巧德育工作的操作和评价模式。把德行内化、行为自觉作为德育的最终导向。学校德育成果获广州市中小学德育创新奖一等奖、广东省德育创新成果二等奖。

通过以上多维立体公民教育，培养学生具有参与意识、理性精神和合作能力，进而培养具有宽容精神、全球意识和多元文化理念的全球公民。

第三，合作学校课堂教学模式鲜明，在培养学生的独立思考和合作能力方面表现尤为突出。

华阳小学的"以学定教单元整体教学模式"，在培养学生的自主、合作、探究能力方面取得了显著的成效。此教学模式在广州市中小学课堂教学模式评比中荣获一等奖，并面向全市范围进行推广。

长湴小学的"生态课堂"教学模式，注重发挥学生的创造性，在课堂活动中注重扩大学生的视野，增长学生的才干，发展他们的独立思考能力和个性特长。

珠村小学着力构建"在现代教育技术支撑下的以生为本的巧课堂"，将生本教育理念引进课堂，在形成高效的师生课堂互动、建立和谐的师生关系等方面，取得了显著成效。

第四，团队骨干和成员均有较强的科研素质和合作精神，特别在培养学生公民素质的研究方面取得了突出的成果。

学术团队的骨干和成员均为各校年富力强的教科研骨干，在学校管理、德育、教学和科研等方面，取得了突出的成绩。团队成员中既有优秀的德育骨干和优秀的班主任队伍，也有长期致力于特色课程建设研究的特级教师、中学高级教师和教学骨干。多位成员曾有过开发校本教材或参与编写专著的经历，大家将建设"小学阶段多维立体公民教育特色课程"作为明确的共同追求，并愿为之不懈努力。

以上所述，均为我们这个创新学术团体的建设提供了坚实而有力的合作基础。

2. 团队带头人

本学术团队带头人是华阳小学校长周洁，其作为广州市优秀校长培养对象参加教育部全国小学优秀校长第五期高级研究班学习（每省一人）；先后多次受邀为教育部"国培计划"的校长、骨干教师授课，并在全国、省市区生本实验研讨会上发表演讲，还被华南师范大学、天津教育科学院聘为实践导师；主持并参与了全国省市教育科学规划6项课题的研究，5项教育教学成果获全国或省市一、二等奖。周洁校长具有较好的知识结构，较强的研究组织能力。

3. 团队成员

本学术团队协同整合了三所学校的学术力量，团队成员具备扎实的专业基础。团队成员先后主持参与多项省、市规划课题研究，多次在教育类期刊发表相关学术论文，具有良好的知识结构，较强的研究组织能力。

4. 开展的研究工作

（1）研究方向。

①通过跨校合作研究，建立整合与共享优质资源的有效机制，共同开发并实施公民教育特色课程。

②通过跨校合作研究，探索出构建特色校本课程的基本模式。

③以拔尖人才培养、学术梯队建设为重点，将本学术团队打造成引领公民教育特色课程教学、梯队建设和运行机制方面的团队。

④合作学校以公民教育特色课程建设为平台，进一步探索特色学校发展的新思路。

（2）项目内容。

本学术团队的着眼点有三个：一是公民教育，二是特色课程，三是团队建设。因此，我们主要从以下三个方面来设计研究内容：

第一，"小学阶段多维立体公民教育特色课程"的开发与实施。多维立体公民教育是指从最基本的培养具有爱国精神、守法意识和基本道德的国家公民，到培养具有参与意识、理性精神和合作能力的社会公民，进而培养具有宽容精神、全球意识和多元文化理念的全球公民。

特色课程的开发与实施，主要体现在七个方面：课程名称、课程理念（或背景）、课程目标、课程内容、课程实施、课程评价和课程管理。[①]

围绕多维立体公民的培养目标，我们根据各校的办学特色，分阶段分领域地选择内容、编制课程，最终以学生接受的方式呈现。"小学阶段多维立体公民教育特色课程"的开发与实施，是本学术团队重点研究的内容。

第二，"小学阶段多维立体公民教育特色课程"的构建模式。三所合作学校围绕着公民教育特色课程的建设，共同开展研究，在构建各自学校特色课程的基础上，收集整理和分析合作学校的课程建设案例，对成功经验进行总结提炼，对存在问题进行反思改进，最后形成可以推广应用的公民教育特色课程的构建模式。

第三，基于特色课程建设的跨校合作机制与人才培养机制。三所合作学校校情不同，办学特色不同，大家基于对公民教育特色课程建设的共同追求组建了创新学术团队，团队成员在对公民教育的理解、课程意识、课程能力、课程管理等方面都会发生一系列显著的变化。因此，本研究在跨

---

① 邢至晖，韩立芬. 特色课程：机制与方略［M］. 上海：华东师范大学出版社，2013：24.

校合作、团队组织、骨干打造与人才培养等方面可以探索出一套行之有效的机制与策略供其他学校借鉴。

（3）成效。

①理论成果。

a. "小学阶段多维立体公民教育特色课程"纲要及校本教材。

b. "小学阶段多维立体公民教育特色课程"实施模式论文。

c. "小学阶段多维立体公民教育特色课程"建设校际联动机制。

d. "小学阶段多维立体公民教育特色课程"建设立项课题。

②实践成果。

a. 各合作学校通过开发并实施"小学阶段多维立体公民教育特色课程"，促进了学生公民素质的多维发展。

b. 各合作学校通过"小学阶段多维立体公民教育特色课程"的建设，进一步彰显了办学特色。

c. 培养了一批在特色课程建设方面有思考、有研究、有成果的骨干教师；学科带头人及新增成员入选"人才资助计划"，获得学术表彰 3 人次以上。

d. 形成跨校联动人才培养机制，并为其他学校师资建设提供了可推广、可借鉴的经验。

二、家校合作：呈现丰富微型课程

华阳小学学生、家长、教师之间，是一个紧密的成长共同体，家长是课程开展实施的重要资源与助力。"家长进课堂"的家长微课程，丰富多彩，极大开拓了孩子们的视野，丰富了认知。以下是钟敏莉老师带领的班级中家长的"绘本微课程"。

"童悦绘本馆"——最美的父母之声
——华阳小学 2016 级 5 班家长微课程

钟敏莉

绘本，是绘画和语言文字的有机结合，通过图文并茂、图文交汇，共同讲述一个故事，特别是图片的视觉冲击，容易引起儿童共鸣，是一种深受青睐的儿童文学样式。绘本阅读，能够调动儿童阅读积极性，丰富儿童的精神世界，提高儿童的思维、语言表达能力，培养儿童的审美能力，促

进儿童的综合发展。"关于绘本的阅读对象，国内外专家已基本达成共识：虽然好的绘本可以给0~99岁的人群阅读，但它的首要对象是学龄前后的儿童。"① 基于此，我们开发了本课程。

一、课程开发的背景

（一）发展学生阅读能力的需要

《语文课程标准》中提出，要培养学生"具有独立阅读的能力，学会运用多种阅读方法。有较为丰富的积累和良好的语感，注重情感体验，发展感受和理解能力"。阅读是需要引导的。通过调查发现，现在的幼儿园普遍没有识字教学环节，本班"零基础""零识字"入学的孩子达到15.9%，为了帮助这类孩子尽快适应小学学习环境，通过班级共同阅读一本书，让学生有共同的情感体验与情感共鸣，以便学生更快地适应学校生活，融入学习的课堂。

"没有阅读的童年是残缺不全的，而没有读到合适读物的童年同样是不完美的。"② 从儿童自身的发展上看，适合一年级儿童阅读的书籍有限，而篇幅短小、文字不多且饶有趣味的绘本则成了最佳选择。为了保持儿童的阅读兴趣，从而培养阅读的能力，顺利从听故事过渡到读故事，我班利用班级特色课程的时间持续开展绘本阅读。

（二）推动阅读类校本课程开发

广州市天河区华阳小学实施生本教育，这是为学生而设计的教育，也是以生命为本的教育，它既是一种方式，更是一种理念。学校鼓励"大阅读""大语文"，为配合校本课程的开发，立足于本班学情，本班启动"童悦绘本馆"班级特色课程。适逢今年的一年级学生选用了新教材，识字量降了，对阅读的要求提高了，这恰恰跟华阳小学一直以来就提倡的理念相吻合。

"童悦绘本馆"班级特色课程的开发，力争丰富学生的学习生活，助力学校"七彩生本自立课程"之绿之趣阅读课程。

二、课程目标

考虑本课程开发的背景，根据一年级学生的知识水平和学习特点，"童悦绘本馆"班级特色课程的核心目标是：

---

① 王惠君. 绘本阅读［M］. 北京：国家图书馆出版社，2011.
② 范国强. 孩子，拿什么供你阅读［J］. 小学语文教师，2005（9）.

（一）培养学生阅读兴趣

通过多种形式的阅读活动，激发学生的阅读兴趣，培养学生的阅读能力。正所谓"知之者不如好之者，好之者不如乐之者"。兴趣是最好的老师，小学低年段的教学要注意保护好、培养好学生的阅读兴趣。

（二）发展学生语言表达能力与审美能力

通过老师及家长的生动讲解、语言引导，培养学生观察画面的能力。创造说话的机会，激发学生说话兴趣，发展学生口头语言表达能力，学而优则可以尝试简单的画画、写话；培养学生能从图文中获取信息，阅读时发挥想象，能进行简单的信息推理，提升观察能力。初步培养学生的审美能力。

"优秀的绘本是综合艺术的体现，不但具有造型、色彩、布局、构思等外在的形式美，在作品内容方面也追求蕴意，具有丰富的审美价值。"[①]儿童是天生的艺术家，优秀的绘本图文并茂，不仅能带来丰富的情感体验，还能产生视觉上的享受。

三、课程内容与实施

为达成课程目标，在征求家长意见、与家委成员充分讨论的基础上，制定了立足课堂、开放课堂、作家课堂、网络课堂四大板块的内容。本课程会利用本学年每周一次的班级特色课程进行，一共30学时。具体教学安排如下：

（一）立足课堂，教师先行

绘本是一个比较轻松的阅读起点。立足于课堂，作为本课程的负责人，我先带领学生走进绘本，展现绘本解读方式，发展学生的阅读力。"发展阅读力的第一步就是学会从阅读材料中提取信息，作为后续推论与发展阅读线索的铺垫。接收到的信息越多，在后面步骤中的领悟也就越丰富。"[②] 我注意引导学生观察画面，发挥想象力，乐于表达自己的观点看法。

"一本图画书至少包含着三个故事：一个是文字讲述的故事，一个是图画暗示的故事，还有一个是文字与图画结合而产生的故事。"[③] 在第一次的班级特色课程中，我分享的是菲比·吉尔曼的《爷爷一定有办法》。《爷

---

① 孟华.基于绘本的儿童阅读推广策略［J］.图书馆学刊，2013（11）：82－84.
② 林美琴.绘本有什么了不起［M］.乌鲁木齐：新疆青少年出版社，2012.
③ 诺德曼，雷默.儿童文学的乐趣［M］.陈中美，译.上海：少年儿童出版社，2008.

爷一定有办法》讲的是一个勤劳、慈爱的爷爷，就像会变魔法一样，在他的巧手下，孙子的破毯子变成外套、背心、领带等。我们说，绘本最主要的特点就是图文并茂，就是那些充满童趣的图画，因此，在带领孩子阅读时，我是从绘本封面的图画开始的，让孩子通过阅读图画去主观感受。而且，在讲绘本的过程中，我会适当停顿，让孩子合理想象、续编故事，这既让孩子的注意力始终集中在绘本故事上，又培养了孩子思维发展的能力。特别是《爷爷一定有办法》一书的文字、图画都是作者一人完成的，她有很多言外之意没有写、画出来，需要读者自己发掘，如整本书的下方都画着一组老鼠家庭，但没有文字上的介绍。一本书，两个故事，明线暗线相互交织，留心观察的孩子就可以发现它。我还注意发散孩子的思维，引导孩子把书读厚，"在生活中，你有没有什么东西也是舍不得丢掉的呢？"最后，我鼓励孩子回家再读几遍《爷爷一定有办法》，看看有什么新发现。

环境对人会产生潜移默化、润物无声的影响，除了课堂，我还利用好课室里的板报这一阵地，挑选了十几幅绘本截图来装裱板报。相信这些软件、硬件的相互结合，能帮助孩子形成良好的阅读习惯，建设我班浓厚的阅读氛围。

（二）开放课堂，家长进班

以"快乐阅读"为理念，在之后开展班级特色课程时，我都邀请一位家长进班分享绘本，充分调动学生、家长的积极性，学生既学到知识，我们的课堂也充满浓浓的亲情。

家长很重视一周一次进课堂的机会，提前做好课件并与我沟通上课内容，2016学年，我们班共有18位家长进课堂，他们分享了《鳄鱼怕怕和牙医怕怕》《你看起来好好吃》《乡下老鼠和城里老鼠》《非洲的大南瓜》《嘿！站住》等绘本，家长还会根据不同的绘本布置不同的趣味作业让学生完成。润钰、润钢妈妈分享完《安的种子》，给每个孩子都发了种子，让孩子们学会种花；月侗妈妈分享完《断喙鸟》，给每个孩子发了白纸，上面铺着面包干，鼓励孩子尝试不用手吃面包干；塬晔妈妈分享完《风中的树叶》，给孩子们发了树叶，让他们完成树叶贴画；左磊妈妈分享完《我不跟你走》，落实了安全教育，并和孩子们填写了安全清单……家长精心准备，课堂精彩呈现，令我们的课程充满创新精神，这种别出心裁的作业形式也受到学生欢迎。一学年下来，课程结束时，学生、家长都意犹未尽，还有孩子懂得在听故事的过程中把书中的好词语抄下来。

（三）作家课堂

结合"童悦绘本馆"课程目标，开展系列化、多元化阅读活动，本学期我班邀请中国作家协会儿童文学委员会成员陈诗哥进课堂讲故事，并对家长开放课堂。一年级孩子的思想天马行空，充满了奇思妙想，陈诗哥说："相信世界是建立在一本童话书之上。"极富浪漫色彩。儿童作家与一年级学生的碰撞，结果令人欣喜。陈诗哥为学生讲了《三个屁股》的冒险故事，学生与他现场互动、合作，完成故事的再创造。

（四）网络课堂

阅读，不应仅仅停留在课堂上，课外也应让学生享受绘本。"父母，也就是读绘本的人，可以把绘本中呈现的最美的语言转化为自己的东西，然后用声音表达出来……孩子一边读着画中的语言，一边用耳朵听故事，听和看同时进行，这是自己读书做不到的。"① 我们鼓励亲子合作，我利用班级QQ群，每周推荐一个绘本故事（教师制作成课件），例如《云朵面包》《不会写字的狮子》《七号梦工厂》《大脚丫跳芭蕾》《小魔怪要上学》《小猪变形记》，让父母和孩子一起读绘本，之后让学生在班级上分享交流，让学生做一个真正的、快乐的阅读有心人。

四、课程评价

"童悦绘本馆"班级特色课程评价主要分为学生评价、教师评价、家长评价三个维度，实行多元评价的方式，激励学生投入到绘本阅读中。实现对学生"知识与技能""过程与方法""情感态度与价值观"三方面的评估。

（一）学生评价

学生评价指在教师、家长的指导下，学生本人作出的评价。鼓励学生自主填写《阅读记录本》，记录自己所阅读的书籍并简单填写每周小结情况，填写认真的可获得教师的奖励。

（二）教师评价

以学生的发展水平为评价依据，开展阅读活动让学生交流、合作，通过板报展示学生活动成果。同时，根据学生在学习中的表现，给学生适当、及时的评价。教师可以用教学档案袋、问卷法、个案分析法、访谈法、成绩册等方式记录每位学生的表现，通过教学计划、教学案例和成果展示等搜集学生的学习体会，从而不断调整课程目标、课程内容与实施、

---

① 顾舟群. 经典绘本阅读与创意教学［M］.北京：中国轻工业出版社，2014.

课程评价，以此针对性地改进课程。

（三）家长评价

家长督促学生填写《阅读记录本》，并登记学生每天阅读的态度，对学生的阅读能力、习惯作评价，了解学生阅读能力的变化，如果学生能从读一篇拓展文章延伸为读多篇相关主题的作品，则给予相应的奖励。

一学年过去了，"童悦绘本馆"课程已近尾声。结束，也是开始。班上的孩子阅读了近60册绘本，积累了丰富的字词，班上形成了良好的阅读氛围，学生的阅读习惯已经养成……

三、校级统筹：充分展现华阳品质

生本教育年会——"我们都在华阳号上"

心自由，是共同的期望，团结创新，携手成长。辛劳汗水，浇灌芬芳，"生本"之海，骄傲领航！

行至远，是永恒的向往，不断超越，纵情歌唱。灿烂笑容，播撒希望，"生本"之海，乘风破浪！

一曲悠扬的《向往》——华阳小学"生本教育年会"主题歌，唱出了我们全体华阳人的心声。生本之花，是凝聚了我们华阳人多年的团结、辛勤、付出所共同培育的奇珍异卉。秉着生本教育的理念，华阳人不忘初心，挥洒青春，燃烧梦想，共同进步。

生本之路，可谓走来不易。我们华阳小学是幸运的，也是勇敢的。

犹记得多少年前，华阳小学初尝生本模式，鼓足了勇气，备受了挑战，顶着压力与质疑，一路坚持下来……

弹指一挥间，转眼到了如今。生本课堂，可谓灵动流淌。华阳人，彼此扶持、切磋，点点滴滴，毫不保留。每一个人，都随着华阳号披荆斩棘，一路成长。

我们，都在华阳号上。

朝花夕拾，芬芳馥郁。华阳人厚积薄发、勇担责任、收获成长。华阳小学首届"生本教育年会"，尽秀华阳风采！既有营养又美味的课堂文化——华阳小学首届"生本教育年会"开幕式暨学术沙龙研讨；又有专家引领的讲座，还有精彩纷呈的比赛等。其中，"生本教育年会"中的大亮点"华阳杯"，更是集说课、授课、反思、才艺展示与答辩五大环节于一体的盛会。能够作为参赛代表参加华阳杯，是华阳人的荣幸与骄傲。

没错，对华阳人来说，"生本教育年会"、华阳杯这些名词已深入人心。它们，是华阳人心中高水准赛事的代言词。华阳人始终充满激情，向着我们理想的教育不断前行。大家在观课的同时，也进行了集备讨论和思考，学科与学科间的交融，又是一次美的享受和经验的成长。

还记得 2017 年 5 月 18 日，首届"生本教育年会"中的华阳杯数学组大赛的帷幕正式拉开。在"大师引领"下，本次华阳杯数学组的比拼，紧密围绕"几何直观"的核心素养，通过学生丰富的生活经验和操作经验的积累，提升学生对学习数学的兴趣，培养数感。

说课环节，创新无穷。有俏皮可爱的对话式说课，有多人协作的合作式说课，也有层层紧扣的介绍式说课……

精彩课例，更是魅力从教处处显。

一年级：排列里的规律是什么？娃娃们人小鬼大，可爱的李恒静老师带着孩子们从丰富多彩的排列中，用数学智慧破解"找规律"的奥秘。

二年级：万以内的数的组成是如何的？温文尔雅的江琳老师，带着二年级的孩子们在琅琅经典诵读声中，品经典，画数学，在实际操作中认识万以内的数。

三年级：想知道什么是"面积"吗？请跟随三年级邱雄艳老师的脚步，在"找一找""摸一摸""比一比"等活动中和孩子一起体会生活中的面积。

四年级：三角形三边之间有什么秘密呢？听过四年级符英老师和学生们对三角形三边关系的探究，相信你一定会茅塞顿开的！

五年级：打电话中的数学智慧在哪里？幽默风趣的朱天海老师用特立独行的方式与学生们共探"打电话"中的学问，并赋予"打电话"游戏新生命，让学生在设计方案的过程中体会数学的优化美。

吾日三省吾教。课例结束后的及时反思，处处是精华。每节课例结束后，集备组的老师们都及时进行反思，对本课的教学进行进一步的优化思考。

到了才艺环节，三年级数学组改编的歌舞《数学本来就很美》，用诙谐的歌词诉说数学的魅力。文能提笔授学识，武能怀技展风采。明明可以靠脸吃饭，他们偏偏靠才华。

下一个节目更是精彩叫绝，小小扑克牌蕴含大学问！老师们纷纷化身扑克牌达人，玩转扑克牌里的数学奥秘。既有蕴含计算知识的扑克牌思维

游戏，又有令人惊叹的扑克牌魔术。一言概之"扑克牌今天很忙"。

到了答辩环节，现场评委和专家们围绕学科核心素养的教学设计与实施、"以生为本，以学定教"在课堂上的体现、对教学模式的落实和优化这三个方面有针对性地对备课组老师们的专业素养进行考查。数学老师们在答辩环节中大方得体、对答如流，用自己扎实的理论基础以及对教材的深刻理解，赢得属于自己的掌声。

数学是重头，语文则是压轴。

胸藏文墨怀若谷，腹有诗书气自华。携着一缕浅夏白兰花香的芬芳，伴着一地和煦醉人阳光的温蕴，华阳小学首届"生本教育年会"之华阳杯大赛——语文专场第一场于 2017 年 5 月 23 日上午在天河东校区拉开了帷幕。

随着数学专场、大综合专场比赛的进行，语文科组的老师个个摩拳擦掌，智珠在握，翘首盼望，终于迎来了这欢欣的一天。

半亩方塘一鉴开，天光云影共徘徊。语文专场开篇首先翻开了"阅"读"阅"美的一页。为了激励学生更多参与阅读活动，营造学校、家庭、学生三位一体的阅读生态圈，小思阅读正式在华阳小学启动。让我们拿起书，与书为友，与书为舞！

五月的鲜花格外灿烂，初夏的华阳朝气蓬勃。特级教师何建芬温文尔雅又入木三分的开场致辞，引领着我们在生本之海中乘风破浪！

随之而来的第二篇章是华阳的当家风采。为我们打头阵的是一年级语文团队，虽然这个团队平均年龄最小，但在何建芬老师的带领下，她们潜心钻研教材，探索新模式。她们就像夏日热烈奔放的向日葵，向着太阳奔跑！草长清风拂面，月落繁星满天，她们是夏日最美丽的绽放。

一年级的娃娃活泼好动，思维活跃，美丽智慧的钟敏莉老师抓住孩子的特点，用富有童趣的语言，采用趣味的识字游戏，让孩子们在不知不觉中认识了更多的生字。

二年级语文集备组，它充满阳光与欢乐，大家畅所欲言，其乐融融，团结互助；它充满力量，集思广益，取长补短，深谙"千人同心，则得千人之力；万人异心，则无一人之用"之道。陈祝欢老师带领二年 10 班的孩子们为我们呈现了精彩丰富的童话课堂——"丑小鸭"，正如板书所示：只要坚持，梦想总会实现！才艺展示环节，二年级老师以课本剧的形式呈现课文内容，十分有趣，让人回味无穷。

"努力工作，幸福生活！"三年级语文集备组是一个勤奋、钻研、创新的团队，团队成员大多经验丰富，但是他们从未停下前进的脚步，不断学习，不断创新，试图带给学生更多、更好的教育。瞧瞧，他们给我们带来了什么惊喜？——"双师同堂"。在两位老师默契的课堂配合中，她们教会学生抓住课本中的动作描写来体会父母之爱，不知不觉中对孩子们进行了亲情教育。阅读分享环节是体验、是感悟，更是收获、是提升、是快乐和幸福的互动。父母之爱可以藏在一个个瞬间、一句句叮咛、一声声呼唤中……

三年级团队还展示了节目《时间都去哪里了》，老师分别扮演父母、子女，演绎悲欢离合，真挚感人。随后，莉莉老师和嘉玲老师面对专家提问"为什么要共同上课"时，莉莉老师脱口而出的回答触动了全场："因为我们俩都期待成长……"

身为年轻人的我们，此刻想说："华阳小学给我们提供成长舞台，我们幸福着、快乐着、感恩着。"

我们，都在华阳号上。

紧接着，5月24日，华阳杯语文专场第二场在林和东校区继续进行。

首先上场的是四年级语文集备组。这是一个教无保留、研无止境的和谐集体。他们年富力强、青春活力，正值教学黄金期。语文科组"一枝独秀"的孔德晨老师带着四年1班的孩子们践行生本教学仅一个多月，老师和孩子的成长进步飞速。

为了帮助孔德晨老师和新接班的孩子更好地成长，语文科组组长梁小君老师带领团队接连数日深入到华成校区，帮助四年1班建设小组、养成常规、打磨细节，奔波的旅途和深入的带动见证了华阳团队共同成长的力量！孔德晨老师结合教学内容，利用"情节梯"展示了民间故事《渔夫和金鱼》，让大家感受到了故事的魅力。

接下来登场的是五年级集备组，这是一支团结的队伍。他们同心协力、群策群力，共同为比赛出谋划策。磨课过程中，一次次因为想法不一致而引起了百家争鸣，又在一次次的欢声笑语中达成共识。从课室到办公室，再到灯火通明的回家路，他们一路随行。

黄月冰老师从"人物描写"的角度来解读单元课文，结合课内单元学习和课外"名声大噪"的傅园慧视频资料，让学生多用感官学习写作手法，很有新意。五年级集备组歌声灵动、吟诵动情、舞姿优美、板书清秀……给我们带来了一场典雅的视听盛宴！

除了专业领域以外，我们还会进行学科间的融合。学科融合就是把两

门以上的学科融合到课程中，改变课程的内容和结构，变革整个课程体系，创立综合性课程文化。针对教育领域中各学科课程存在的割裂和对立问题，通过多种学科的知识互动，并在问题探究的过程中全面培养和训练学生的学习能力和综合素养，促进师生合作，实现"以生为本""以学定教"的新型课程研发。还记得那堂绝妙的美术课，以色彩、音乐和情绪为线，为我们展示了不一样的精彩。艺术与艺术间的交融，让我们看到了学科融合的魅力，让我们在"生本教育年会"中又得到了新的思考和启发。

值得庆幸的是，虽然生本之路走下来不易，但我们如今已经是站在了前人的肩膀上。经历了以前摸着石头过河的阶段，如今我们有了经验丰富的专家在前引领，有了较为宝贵的经验积淀。有了指路与示范，我们都对生本教育有了更深刻的认识。"纸上得来终觉浅，绝知此事要躬行"，希望各位老师带着华阳杯中的思考与收获，并运用到以后的教学实践中，让生本之花更美地绽放！

年级综合视导——"一个也不能少"

教学视导，是教育视导的一环，是指特定教育专业人员，针对学校或教师的教学措施进行系统性的视察与辅导，以提升学校教学质量与学生学习效果的过程。它发展至今，已经成为提升教学质量的新机制，不再是一种特定教育行政职务的代称，此一机制建立在互信、专业、参与的基础上。

现代化教学视导理念的落实实施，有赖观念、制度与人员的配合调整。首先，要建立教学视导是一种教师专业成长过程的观念；其次，要建立学校参与式的教学视导制度；最后，要培育视察与辅导能力兼备的视导人员。

所以，为了提高教师的专业素质和教学质量，华阳小学设置了年级综合视导——由全体行政人员及生本研究室的专家组成视导团队，对各年级进行把关帮助。而这个视导工作，可谓是一个也不能少。

这里的一个，既指华阳小学的每一个年级、每一个班级、每一位老师都会被关注到，一个也不容忽视；也指班级中、课堂中可以看到的每一个方面、可以感受到的每一个细节，都要严抓过关，不能小瞧：从课堂教学、集备与教学设计、学生阅读、思维与表达、对教学模式的落实、小组合作学习等项目，到年级团队建设、学生常规、班级文化建设、场室卫生等，细细覆盖，面面俱到。

总之，年级综合视导，一个也不能少！

周五上午的第2、3节课，便是全体行政人员及生本研究室的专家定期下年级视导的时间，此刻老师们都打起了十二分精神，把平时做好的优秀常态展示出来，大家齐心协力，打造团队优秀形象。而在视导结束以后，行政人员都会尽快为视导年级召开反馈会议，分析情况，携手向前。

能有年级综合视导这个制度，我们每一位老师都非常感恩与珍惜。因为通过视导，一方面能挖掘各年级的优秀典型和做法，形成共同学习的资源；另一方面也能发现年级中存在的问题，督促整改，共同进步。

对于视导人员的到来，每位老师都非常重视。既然是一个也不能少，那老师对每一个细节、每一个角落，都会细细检查，准备得一丝不苟。

在课前，一本教材、一本教参、一份教学设计一定会整整齐齐地摆在听课位置上。走进课室，大方美丽又富有特色的班级文化，明亮整齐又干净的教室，还有活泼可爱、精神抖擞、着装整齐的孩子们，都在那里等待着，盼望着。

在课上，从课堂趣味性、思维性，到课堂环节的设计落实，再到课堂常规细节的关注，特别是学生坐姿和写字姿势的习惯，一个也不少。学生的阅读、思维与表达是老师所关注的，"以学定教单元整体教学模式"运用得非常熟练，生生之间、师生之间的相互尊重、小组合作学习已成型。而且老师们非常重视小组合作学习的习惯：合作要有序、有效。从一年级一个人的发言到同桌之间的合作，再到四人小组的合作交流，每一个小组都有交流的机会，一个也不能少。同时，每一个孩子都有自己的小任务和小角色，在小组中保证都能得到讨论机会，避免了只有优生成为课堂的"话霸"，让每一个孩子都得到发展。

所以，全体学生在老师的关注下，一个也不能少！

除了在课堂中，课堂以外的教案和作业也是备受关注的。对于五年内教龄的老师，视导人员需要检查其动态教案，即手写教案，或在原集备教案上做调整，且一定要有尽可能详尽的反思。对于五年以上教龄的老师，则检查个性化教案和精品教案，需要体现集备的智慧。而且，团队还会互帮互助，"师傅"要检查"徒弟"的教案，集备组长、教学部长要关注年轻老师的情况。大家你帮我扶，一个也不能少！

至于作业，从语文、数学到英语的每一科，从优生到待优生，一个也不能少。出于对孩子健康成长的考虑，我们一二年级以口头作业为主，而且还会尽量控制时间，尽量不布置书面作业。我们鼓励一年级孩子自己完

成作业，尝试开动脑筋，不会写的字用符号代替。与此同时，我们还会尝试让作业布置有梯度、有层次，关注到不同的孩子。而三年级的语文、数学、英语作业需要协调好作业量，保证学生能在45分钟内完成三科作业。作业批改，不但要保持零出错，还要注意学生的及时改错。

在这样精心的全方位视导下，华阳小学的教学工作和成果也是蒸蒸日上。这离不开每一个华阳人的付出和努力，离不开老师和行政人员间的信赖。年级综合视导的成功与有效，与被视导者的配合意愿是离不开的。而且每一位老师，都抱着要积极提升教学专业能力的心态，排除一切消极的批评与责难，使教学视导成为自己专业成长重要的一环。此外，在教学视导的过程中，每个老师都有主动参与的机会，不是被动接受视导而已。

我们每一位老师，岗位虽小，但责任很大，因为我们面对的是一个个饱含期待的家庭，一个个天真可爱的孩子，这些孩子都是我们祖国的未来。既然他们选择来到了华阳小学，那么我们华阳人一定会尽最大的努力，认真对待每一个孩子。

因为，我们深知，一个也不能少。

多彩德育活动——"经历风雨，方见彩虹"

小学德育，即学校对小学生进行的思想品德教育，它属于共产主义思想道德教育体系，是社会主义精神文明建设的奠基工程，是学校社会主义性质的一个标志。它贯穿于学校教育教学工作的全过程和学生日常生活的各个方面，渗透在智育、体育、美育和劳育之中，与其他各育互相促进、相辅相成，对促进学生的全面发展，保证人才培养的正确方向，起着主导作用。

德育工作，能培养学生初步具有爱祖国、爱人民、爱劳动、爱科学、爱社会主义的思想感情和良好品德，遵守社会公德的意识和文明行为习惯，良好的意志、品格和活泼开朗的性格，自己管理自己、帮助别人、为集体服务和辨别是非的能力；为使他们成为德、智、体全面发展的社会主义事业的建设者和接班人，打下初步的良好思想品德基础。

作为一所省一级小学——华阳小学，我们也一直重视德育工作，充分发挥校内、校外各教育途径的作用，互相配合，形成合力，创造良好的教育环境，共同完成德育任务，取得了很不错的成效。除了落实平时的德育课程，加强平时的德育常规要求，精心开展不同主题的德育活动，我们还与家长合作，做到家校共赢。我们努力做到贴近学生的生活实际，采用由个人推及家庭，进而推及社会、国家乃至世界的以己推人、由近及远的方式，使学生的道德认识建立在坚实而丰富的现实生活经验上，打造了扎实的华阳德育品牌。

华阳小学坚持以生为本，充分尊重学生的主体性，让学生参与德育，在活动中进行自我体验、自我探索。在教学中，教师也经常应用多媒体教学，并灵活应用开放式、直观式、启发式、讨论式等教育方法，调动学生的学习兴趣，鼓励学生主动参与，充分发挥学生的积极性、主动性和创造性，完整地实现德育的价值。

平时学校都认真贯彻《小学生守则》《小学生日常行为规范》，每周举行一次升国旗仪式，每天升降国旗，并进行时事政策教育；利用重大节日、纪念日举行全校性传统教育活动，定期举行主题校会等；开辟教育陈列室，悬挂中国地图、世界地图和中外名人画像，并通过加强日常管理，建设整洁优美的校容、校貌，形成良好的校风，创造良好的教育环境。

同时，学校也做好教师师风师德培训，由表及里向全体学生开展经常性的思想品德教育和组织管理工作。班主任是班级教育工作的组织者和领导者。华阳小学班班有特色，班主任能根据自己班级的情况，与家长携手合作，组织培养班集体，开展各种教育活动，加强班级管理，深入细致地做好个别学生的教育工作，建立和形成良好的班风；协调班级各方面的教育力量，保持教育的一致性。

除此之外，学校和班级还经常积极组织丰富多彩的适合小学生年龄特点的教育活动和社会实践活动，寓思想品德教育于活动之中，丰富学生的课余生活，培养和发展学生健康的兴趣爱好。通过参观、访问、劳动、社会调查等活动，扩大学生的视野，帮助他们了解和认识社会；还重视社会环境和社会信息对学生的影响，选择有益于学生身心健康的书籍、报刊、影视、文娱节目等，对学生进行生动、形象的思想品德教育，抵制各种不良影响。

少先队工作也紧跟步伐，能按照队章的要求，与学校教育紧密配合。加强少先队的组织教育，充分发挥其组织作用。学校要指导家庭教育，积极开展正面管教讲座，帮助家长端正教育思想，改进教育方法，提高家庭教育水平。学校和教师要通过家长委员会、"家长学校"、家访、家长会等形式了解家长对子女进行教育的情况，宣传和普及教育子女的知识，推广家长教育子女的成功经验，促使家庭教育与学校教育协调一致。

就以 2017 学年为例，华阳小学的活动可谓精彩纷呈。

首先，上好"开学第一课"为十九大献礼。广州市关工委携手广东广播电视台新闻广播联合举办开学日系列活动，2017 年已经是第八个年头，成为品牌活动，收到了很好的社会反响。2017 年 9 月 1 日，广州市关工委联合天河区关工委、区教育局以我校为主会场开展"开学第一课"活动，以"听党话、跟党走"为活动主题迎接党的十九大胜利召开，并通过广东广播电视台新闻广播频道将活动情况向全省中小学进行广播。借此活动契机组织全校师生上好"第一课"、上活"第一课"。引导青少年树立和践行社会主义核心价值观，团结教育广大青少年听党话、跟党走。

其次，开展"好家风伴我成长"主题教育活动。为传承和弘扬我国优秀传统家风文化，用优良的家教影响学生，培育其良好的道德情操，并贯彻落实《广州市天河区教育局开展"好家风伴我成长"主题教育活动工作方案》，华阳小学积极开展"好家风伴我成长"主题教育活动。召开家长会、开展主题班会、汇编好家风小读本、开展"好家风伴我成长"华阳演说家活动……华阳小学大胆开拓创新，积极探索有价值的活动进行家风教育，让家风教育贯穿于多个校园实践活动中，让好家风吹遍校园和家庭每一个角落，让良好的家教品质体现在师生学习和生活的一言一行当中。

另外，还有一年一度的"体育节""科技节"活动。华阳小学不断优化活动项目的设置和组织，例如 2017 学年的体育节就有了创新，根据学校实际情况，不组织开幕式，而是以校区为单位开展校园吉尼斯体育竞技活动；科技节围绕垃圾分类主题，开展系列科技环保活动……营造良好的热爱运动、热爱科学、勇于面对、敢于创新的氛围，使活动取得实效。

同时，我们还围绕国庆节、中秋节、元旦等节日，开展"我们的节日"系列活动，让学生学习和传承中国传统文化。加强普法、安全、国防教育工作，强化学生法制观念、安全意识和国防意识。进一步会同有关部门加大周边环境治理力度，稳步推进"平安校园""和谐校园"建设工作，常抓不懈，通过落实责任、突出教育、强化检查、组织演练等措施有效杜绝安全事故发生。

然而，在经济全球化、文化多元化、教育国际化的背景下，西方的价值观念不断深入，对德育工作的挑战也越来越大。中小学生的个体本位意识越来越强，身边的诱惑也越来越多，孩子们的视野不断拓展，意志稍不坚定就容易沾染上坏习惯。作为教育工作者，我们也应不断去改革、去创新，把德育落到实处；而我们的孩子，也会在一次次的活动中去磨炼、去洗涤，变得越来越好。

德育应从点滴做起，融于学生的现实生活中。经历风雨，方见彩虹。华阳小学的发展一路走来不易，多年下来也经历了不少挑战。但一分耕耘，一分收获，风雨过后便是美丽的彩虹，相信未来的华阳小学一定会越来越好！

四、年级选修：尊重学生自主选择

四年级特色课，"走出"不寻常

在天河区华阳小学的校园里，如果你突然看见几个小学生踏着上课铃声有序走进一间课室，直接站到讲台上，面对讲台下四十多双求知若渴的眼睛，开始镇定自若地讲起课来，而台下不断传出一阵阵赞赏的掌声，你可千万不要奇怪！又或者，如果你突然看见很多孩子，从不同的教室欢天喜地跑进同一间教室，而那里的讲台上早就站着几个同龄的"小老师"，正在紧锣密鼓、细致有序地做着教学准备，你同样不必感到惊讶。因为这种课程，就是华阳小学四年级孩子们熟悉又喜爱的"年级特色走班课"。

年级特色走班课究竟是一种怎样的课程？为什么创立？与其他类型的课程相比，有哪些特点呢？

朱熹在《朱子全书·论学》一文中提出"小立课程，大作功夫"一说。当下，国家课程、校本课程都是由专业的教育机构设定的。华阳小学秉承的生本教育理念，强调"高度尊重学生，充分相信学生，全面依靠学生"，在这样一所积极鼓励学生彰显个性、发挥所长的学校，除了国家课程、校本课程外，还有七种丰富有趣的自立课程。学生的自主创造意识在参与这些课程的过程中，受到极大的肯定和呵护。四年级的年级特色走班课，从内容设定到教学环节，学生占据了主导地位，是华阳小学的自立课程之一。

年级特色走班课的创立，源于年级"左邻右里班级联盟"社团活动所带来的启发。其他老师在观摩了华阳小学特色班级"30号课室"的阅读分享课程后，纷纷发出邀请，希望这个班级几位表现出色的"阅读汇报者"走进其他班级，展示风采。这些孩子开心接受了任务，认真备好了上课内容，并且呈现了非常精彩的课堂教学。当他们的足迹不断留在不同的教室，"邻居"播撒的种子开始生根发芽开花——不仅是这几个孩子走进其他教室，其他教室的孩子也开始走向更多的教室。"左邻右里班级联盟"开始形成。不仅仅是阅读分享，交流的内容还扩大到手工制作、动漫绘画、机械拼装、历史探究等，最终形成了各种系列课程。年级在不断探索

中，开始为孩子们设立固定的课程时间，定期开展。年级特色走班课，与其他课程相比，有哪些特点呢？笔者在此展示两份年级特色走班课程表：

课程名称	经济小学堂		负责人	戴河清
隶属课程群	赤之远责任课程（　）橙之健运动课程（　）黄之魅展能课程（　） 绿之趣阅读课程（　）青之跃探究课程（　）蓝之海思维课程（√） 紫之贵美德课程（　）			
上课地点	四年7班教室			
任课人员	四年7班江铭洋爸爸			
课程目标	1. 启蒙经济学常识 通过趣味经济学现象的故事化讲解和案例分析，让孩子了解背后的商业逻辑，学习经济学家们的思维方法 2. 学会如何在生活中做合理的决策 每个趣味挑战都是一次头脑风暴和思维碰撞之旅，有利于培养孩子的独立思考能力。我们的目的并非培养孩子的财商，而是践行培养孩子"独立、好奇、未来公民"之品格的主张，让孩子在实践中逐步学会如何在生活、学习和未来的成长路上做出合理的决策 3. 促进团队协作和亲子了解 鼓励孩子与同班同学或学校、社区小伙伴组成团队，灵活安排时间，一起完成实践。当然，爸爸妈妈也可以是孩子完成挑战的好搭档。这是提升亲子关系，享受周末时光，并真正了解孩子个性的一种非常有效的方法			
课程内容	为什么超市里的水果会打折，食盐却从不降价？为什么钱存在银行里还是会越来越少？回家后是先做作业，还是先睡觉？看书好还是听音频好？想要了解整个经济社会的运转规律吗？如何更理智地思考，做出更合理的决策？欢迎大家来到四年7班的"经济小学堂" 1. 越来越珍稀的宝藏沙子？——稀缺与选择 2. 谁决定一杯星巴克咖啡的价格？——供给与需求 3. 饭店为何淡季仍然不关门？——生产与成本 4. 为什么失去让我们更痛苦？——行为经济学			
课程评价	通过师生互动情况以及学生的参与程度、完成情况进行评价			

课程名称	探索科学奥秘	负责人	黄小阳妈妈、丁绍轩妈妈
隶属课程群	赤之远责任课程（　）橙之健运动课程（　）黄之魅展能课程（　） 绿之趣阅读课程（　）青之跃探究课程（√）蓝之海思维课程（　） 紫之贵美德课程（　）		
上课地点	四年10班教室		
任课人员	四年10班家长及相关课程嘉宾		
课程目标	1. 鼓励孩子们进行问题探究，在疑问中激发求知欲望和兴趣 2. 借助模型、实物或虚拟场景，引导孩子进行观察，培养孩子的动手和探索能力 3. 通过实践验证，在体验中感受科学的神奇 4. 让孩子通过与老师、嘉宾交流，在沟通中领悟科学魅力		
课程内容	第一课时：探索科学奥秘——日新月异的科技 1. 为什么重要证件都要求录入"指纹"？最新的人脸识别技术又是什么？ 2. 演示人脸识别技术的应用。 3. 科学实验（小组进行）：指纹鉴定。 第二课时：探索科学奥秘——神奇无比的地球 1. 为什么会发生地震？四川为什么地震频发？ 2. 感受：地震虚拟场景。 3. 科学实验（小组进行）：地震报警器。 第三课时：探索科学奥秘——千奇百怪的叶子 1. 叶子都有哪些千奇百怪的形状？茶叶又是如何制作而成的？ 2. 体验：品各种茶，用味觉感受不一样的茶叶。 3. 动手画树叶，做树叶标本或户外实践：找叶子。 第四课时：探索科学奥秘——本领奇特的动物 1. 哪些动物有怎样的奇特本领？动物的身体结构和生存本领有哪些是人类所不能及的呢？ 2. 演示：近距离接触几种小动物（选择安全性较高的）。 3. 鼓励实践饲养或轮流认养小动物。		
课程评价	1. 课程调查表——收集孩子们的意见和建议 2. 特色课程宣传稿——延伸阅读		

通过在年级宣传栏和年级微信群、QQ 群公布全年级的特色走班课程表，年级学生可以自由选择自己喜欢的课程。显然，其特点集中表现在课程的内容非常有趣，打破了班级的空间和时间带来的壁垒，让孩子们走出来、动起来、自立起来。课程给予了孩子们想象力、创造力和操作能力的无限可能。

华阳小学四年级创立的年级特色走班课，试行两年来，不断激发出学生的内在驱动力，让学生不断探索，勇于尝试，在课程中找到了无穷乐趣和巨大的价值感。正因如此，课程不断得到了学校和家长的大力支持，在持续实践和完善中，越走越精彩，走出了不寻常！

五、班级特色：找准契机发挥优势

"穿粤少年，快乐成长"——传承广府文化

班主任：邱靖

一、穿"粤"的缘起

面对这些年粤语作为广州的本土语言被弱化的倾向，我非常痛心，想到著名主持人汪涵自己出资 500 万元保护湘方言，我在思考，作为一个地道的广州人，作为深爱岭南文化的广州人，作为一名老师，我可以做些什么呢？

粤语是广府文化的重要载体之一，提升学生岭南文化自信的"粤语体验"，自然需要大力继承和保护。我们要做的，就是找到保护粤语文化行之有效的方法。越是植根于本地沃土的文化，越能在世界上走得远，我也有这种传承粤语文化的使命感。

2014 年接任现在的班级时，我先是在语文课上渗透了一点粤语的内容，没想到引起了学生的强烈兴趣，我了解到班级的 40 多个学生，一大半都是新广州人，不会讲粤语，甚至听不懂粤语，但是他们都希望能学会粤语，更深入了解广府文化。于是我把想要在班级开展"粤文化"特色活动的想法和学生、家长说了，得到了他们的积极响应。

经过和学生、家长的共同商议，我们将班级特色课程命名为"穿'粤'时光"，将班级命名为"穿'粤'6 班"。穿"粤"时光意指通过对广府文化多种形式的体验、感知、阅读、探索等，对广府文化产生浓厚兴趣，并且爱说粤语、乐说粤语，获得对本土文化的归属感和自豪感。

一场穿"粤"时光的美好旅程，就此开启。

二、穿"粤"的计划

(一) 穿"粤"目标

我接任这个班级时，班级处于四年级，我和学生一起制定了一个三年目标。

四年级：结合学校经典诵读大阅读活动，提倡学生用粤语来诵读经典作品，培养学生对粤语的兴趣。

五年级：对广府文化有一定的了解，产生对广府文化的认同感和自豪感，能较熟练地使用粤语。

六年级：对广府文化有较深入的了解，有传承与弘扬广府文化的使命感，能熟练使用粤语听说读写。

(二) 穿"粤"步骤

(1) 通过调查问卷等形式，明确学生与家长的需求。

(2) 制订特色课程方案，初步实施，逐步完善。

(3) 深入开展相关活动，让学生在活动中进一步激发兴趣，获得快乐体验。

(4) 与语文综合性学习相结合，推动大阅读。

(5) 形成成熟的课程体系。

三、穿"粤"的足迹

(一) 穿"粤"经典诵读

四年级时，我们用粤语朗诵课文、《三字经》和《弟子规》；用粤语吟唱诗歌；设计情景对话，用粤语表演课文，把传统文化引进了课堂，课堂丰富多彩。

(二) 穿"粤"语文综合性学习

五年级时，我们把广府文化（粤语、粤曲、粤剧）同语文综合性学习相融合，开展了系列活动。

"吃在广州"，我们一起探究和吃有关的广州俗语，学生在课堂上将收集的内容进行分享，如"食死猫""炒鱿鱼""执死鸡""食得咸鱼抵得渴""咸鱼青菜各有所好""咸鱼翻身"……课堂欢声笑语，快乐无限。粤语代表粤文化，理解这些生动形象的语言就能理解粤文化背后蕴含的精髓，体验其中的奥秘和美妙。

结合五年级上册第六单元"父母的爱"这个主题："每位父母都爱自己的孩子，但爱的方式不尽相同，我们在爱中长大"，在班里开展有关

"父母的爱"的活动，鼓励学生用粤语讲讲父爱母爱的体验、感受、印象。学生们从不敢说到乐说、爱说粤语。在学习本单元时，有些学生还找了陈百强《念亲恩》、Beyond《真的爱你》等歌颂父母的爱的粤语歌曲来学唱。

我班的邝柳宁同学是湖南人，对学习粤语非常感兴趣，每次回家后都把老师课上教的内容按要求教给家长。学习方言从学校辐射到家庭，扩大了社会认同，形成了思想共识，并转化为社会群体意识。

（三）穿"粤"校外实践活动

为了让学生进一步认识广府文化、感受广府历史、领略广府精神，并更好地融入校本课程，我们还开展一些校内外相关活动，如2014年11月24日组织学生开展了一场别开生面的穿"粤"时光粤秀行活动。45位学生在我的带领以及家长的陪伴协助下来到了越秀公园，参观了古城墙、四方炮台、中山纪念碑等有着悠久广府历史的景点。古城墙是广州北门的制高点，历来是兵家的必争之地，学生拿出软皮尺，测量记录着一块块城墙砖的厚度和长度，感受着广府人的英勇与机智；学生来到中山纪念碑，争着清点碑基上层26个羊头雕像，领略着广府建筑的精雕细刻；最吸引学生的是四方炮台，锈迹斑斑、摆放一排的炮筒，仿佛再现了三元里抗英的真实画面。行走中，讲解员还给学生介绍了广州古代的通草画，这一神奇的技艺让学生深切体会到了广州早期对外贸易的繁华。

通过这次穿"粤"时光的特色课程活动，学生在行走、触摸、品鉴、探究中对广府文化的博大精深和源远流长有了更深的感悟。家长的赞叹也不时传来："这样的活动真好，增进我们对粤文化的了解。""我们常来，却没发现广州有这么深厚的文化底蕴。我们也长见识了！"其乐融融的活动让老师、学生和家长感受到广府文化的魅力，作为广府人的自豪感和荣誉感油然而生，诚信、友爱、乐学、善思的信心与决心得到了进一步增强。

粤语需要寻求更多元化的文化承

穿"粤"少年和粤剧名家一起表演

载形式，我们利用课余时间组织学生听听广州城门的历史，行走探秘古城故事等；利用节假日开展亲子活动，如"粤你吃""粤你听""粤你看"以及"粤你猜"。"粤你吃"让大家去寻找骑楼下的广府美食：团一大广场美食→中华全国总工会纪念馆美食→越秀南路风味馆→文明路老西关濑粉→苏记牛杂→百花甜品店→德政路婆婆面→文明路银记肠粉→达扬炖品店→九爷鸡→文德路致美斋→鱼蛋粉店→万福路口煲仔饭店。以特色小吃为主，以南方早茶糕点为辅，再现了南方早茶的闲适及南方小吃的独特，让学生亲身体验了舌尖上的粤文化。"粤你听"则让学生领略了廖百威、林颐等本土歌手的动人歌声，马艺荣妈妈还献唱了一首《友情岁月》，带领大家走进粤语的殿堂。而"粤你看"向大家展示了广府特色建筑、南粤风俗习惯和南粤独特的风土人情。"粤你猜"则通过粤语歌名和粤语文字的竞猜，将现场互动推向了高潮，带动学生的积极性。

这些活动不仅向大家展示了粤文化，也开阔了学生的视野，推进大阅读上了一个台阶，丰富了校本课程的内涵。

（四）穿"粤"粤曲、粤剧

时代在变迁，城市在发展，我们也在进步，唯有文化能历久弥新。广州也因有着粤剧这一文化支撑，使粤文化内涵更丰富。在学习课文《鹅》时，当学到"鹅的步调从容，大模大样的，颇像京剧里的净角出场"时，我适时播放著名表演艺术家阮兆辉演的包公视频，他把京剧净角的唱功和粤剧花脸的唱腔融合对比。这一系列活动让学生对粤剧有更深一层的了解、认识。

四、穿"粤"的成效

（一）孩子发展，家长反馈良好

学生对学习语文更有兴趣，课堂更活跃，通过粤语学习，使学生真正融入广州，更有归属感。例如，詹雅雯同学从完全不会讲粤语到喜欢讲，她妈妈告诉我，现在她俨然成了家里的粤语小老师，她还在亲戚群里自豪地说："我现在是真正的广州人了。"

从班级建设来说，穿"粤"活动给了学生更多的展示平台，班级整体参与性广，增强了学生的自信心，打造了班级文化特色，班级更有凝聚力。班里的池昊航同学比较内向，由于性格原因在班里没什么朋友。他是广州本土人，特色课程让昊航成了班里的粤语小老师，同学们都会去请教他，他增强了自信，学习也积极多了。

一个具有良好班风班貌的班集体，一定具有凝聚力、吸引力，一定能

给学生提供一个良好习惯养成的环境氛围。著名教育家叶圣陶先生说过："教育是什么，往简单方面说，只有一句话，就是养成良好的习惯。"班级原来不文明的话语听不到了，处处能听到"唔该""多谢""唔客气"，课间听到的是用粤语比赛读诗、读课文、唱歌。班风班貌得到了整体发展，每个学生都能把班集体的荣誉与自己的行为紧密结合，都想为集体争光。这样，学生的成绩和学习习惯好了，能力也得到了发展。

此外，家长反馈良好。"该课程激发了孩子的粤语学习兴趣。""近期组织的穿'粤'时光粤秀行活动让孩子们在行走、触摸、品鉴、探究中对广府文化的博大精深和源远流长有了更深的感悟。""广州本土文化特色之旅，使孩子们走出书本，接近身边的'语文'，这样的尝试拓宽了语文教学的思路，也激发了孩子们学习广府文化的兴趣。"

（二）社会认可

天河教育网、天河教育在线都对我们的活动进行了报道。

在十九大会议召开前，《中国教育报》记者刘盾来我们学校采访十九大代表周洁校长时，对我们开展的学科及班级粤语特色活动非常感兴趣，并对我进行了采访。

为了能更好传承粤文化，增强岭南文化自信，我欣然答应广东著名音乐人廖百威的邀请加入"广东省广府文化研究会"。

五、穿"粤"的期待

每个人都有自己的方言、自己的地域文化，作为一名语文老师，作为一名班主任，我带着学生在教学中去渗透、去捍卫、去守护这些独具特色的地域文化，即培养他们的民族自信、文化自信。我期待依托特色课程推动校本课程的建设，期待看到学生能流利运用粤语交流，期待广府文化在他们身上得到传承与发扬。

2014级10班：30号课室——梦开始的地方

班主任：曹定金

在华阳小学有一间学生引以为豪、家长为之骄傲、领导高度赞誉的教室，它就是为人美慕的"30号课室"。华阳小学在声誉不断提高、生源猛增、课室有限的情况下，将偏僻的专用室改造成这间课室。起初，没有一个教师与班级愿意来到这间课室，而被孩子们称为"曹妈妈"的曹定金老师却立足于此，并将它命名为30号课室，且立志成为30号课室的女主人！于是，它成为学校第一个绿色作业班的诞生地，班报的创始地，"三生教育"理念的沃土——这里，有足迹，有奇迹，有故事……

曹老师说："现代教育，多了物质、知识、分数的追求，少了精神生活和心灵的构建，我一直梦想打造一间特色教室，把它当家一样来经营，让它形成特有的生态环境和教育磁场。它，就是我的30号课室。"

一、用爱浇灌，铸造幸福的30号课室

"斯是陋室，惟吾德馨。"是对用偏僻课室改造而来的30号课室的最好阐述。曹老师认为必须尊重学生的个性，"讨得"学生的喜欢。亲其师，方能信其道，人是靠环境培养的，所以优秀且有特色的班集体非常关键。曹老师首先从课室这个有形的环境入手，充分调动孩子们的积极性：用心规划课室每一块"宝地"，让孩子们发挥想象力、积极参与布置美化，努力让孩子们成为课室的主人，并设计了属于30号课室的班徽、班旗。下面我们一起来看看这幸福的课室吧！

1. 会说话的墙壁

美德树：30号课室门口的美德树，从上至下是本月各项表现最佳、美德币前十名学生的展示，要想把自己的照片贴在这棵树上，那下个月得努力哦！

七彩长廊：30号课室走廊上有迷你型的七彩长廊，7节火车厢代表7个小组的动态，或生活，或竞赛，向同学们展示出各小组这个月的最新动态。

板报：在30号课室，专门划了一块供同学们展示各种优秀作品的专区，一幅美丽的画、一篇优美的作文、一张清晰的数学思维导图或者比赛中的精彩瞬间照片等，总之同学们每时每刻都可以向优秀的同学学习。"学最好的榜样，做最好的自己"，这是30号课室的口号，也是同学们努力的目标。

2. 图书角

"书籍是人类进步的阶梯"，多读书、读好书不仅可以提高一个人的文化品位，还可以提高一个群体的文化品位。30号课室为方便孩子们阅读，特别开辟了图书角，里面有各类优秀书籍和报刊，同学们闲余时间想看书那是唾手可得。成千套书籍都有了30号课室的图书专用章，图书漂流在班里掀起了热潮。

3. 植物角

为了净化课室空气，给孩子们更好的健康环境，30号课室开辟了一片植物角，购置了放置花卉植物的层架，曹老师在假期会专门给孩子们部署

养护绿色植物的作业，记录植物的成长，还会定期开展植物评比。植物角的开辟不仅起到了净化空气、美化课室的作用，还提高了孩子们的观察能力。

30号课室的布置将知识性、教育性、趣味性融于一体，犹如一位沉默而有风范的老师一样，起着无声胜有声的教育作用。

二、个性发展，积极为孩子们创造展现自我的平台

亲其师，方能信其道，人是靠环境培养的，所以优秀且有特色的班集体非常关键。只有完善的集体，才能造就完善的人，个人的成长离不开集体，因此30号课室致力于孩子们的个性发展，充分挖掘孩子们的个人潜力，让他们自信阳光地成长。

1. 增强凝聚力，争当小主人

每周一次的主题活动是采取自主探究的方式开展的。主题根据当期教育主题或热门新闻话题来定，当期负责队员围绕主题在曹老师的指导下查资料、做调查，再与全体同学一起讨论、感悟和总结。学生们从准备到分享主题过程，主动去学习和思考，培养和增强了主人翁的意识，锻炼学生们的自理自治能力，让30号课室主题活动深入每个学生的内心。

2. 悟经典之美，享阅读之乐

"阅读分享"是30号课室为让学生们养成爱读书的好习惯、张扬个性而开展的特色活动。每周会有学生走上讲台，分享优秀的书籍，讲述阅读的快乐和收获，与其他学生进行交流，并会得到曹老师以及学生的点评。得到好评的还可以被邀请到其他班级分享。学生们分享自己的读书成果，获得了认同和成就感，对读书产生更浓厚的兴趣。

3. 创意出班报，团结力量大

曹老师决定创办30号课室班报，让学生打开心窗，给学生飞翔的自由。学生热烈响应，《热点追踪》《文采飞扬》《学海无涯》《英语直通车》《画中有话》《人物专访》等栏目逐一产生，并很快有了各自的主人。各版主各出奇招，积极征稿。通过办班报，增强了学生的集体意识、团队意识、合作意识、沟通意识，进而在班级营造团结互助的良好氛围，形成和谐共进的生动局面。

4. 人人有事做，事事有人做

充分调动学生的主人翁精神，30号课室坚持"人人有事做，事事有人做"的原则。每学期开始，学生通过民主选举，积极发挥参与管理、自我约束的作用。值日班长，科代表，值日生，图书、电脑、绿化管理员……把班内的工作

分配到个人，使每个人都是班级小主人，形成一种人人力争上游、个个比学赶帮的良好氛围。让学生成为班集体的主人，极大地激发了学生的进取精神和学习热情，形成一股巨大的教育力量，增强了学生的责任感、义务感和集体观念，从而在自我管理和自我教育中求得发展。

三、积极实践，在体验中追寻人本、走向生本、关注生命

激发学生运用非智力因素来开启智力因素。要想帮助学生解决问题，就要走进他的心灵。曹老师将这个理念运用到实践活动中：每次实践，力求创新，利用并积极调动自然资源，精心筹备、周密策划，让学生体验全过程，自己去发现、去探索、去感悟。

1. 大手拉小手，一起向前走——30号课室出海观鸟、认养放生海龟活动

为了让30号课室这个优秀的集体班班传承、年年创新，在曹老师的倡导下，已升入高年级的原30号课室的班级和现30号课室的班级来到惠州海龟湾，成功举办了"大手拉小手，一起向前走"活动。

在中国大陆最后的海龟"产床"——惠东海龟自然保护区，工作人员带领学生认养了一只一岁的小海龟，放生了一只四岁的海龟。它们的体内都植入了高科技的电子芯片，拥有一个独一无二的序列号，以供全世界的保护和研究人员辨别其出生地信息。据工作人员介绍，此次放生的海龟，约在30年后会再次回到这片沙滩繁育自己的后代。海龟是国家二级保护动物，通过这次活动，在学生的心中树立了热爱大自然、爱护野生动物的意识。看着海龟融进大海、游向远方的那一刻，所有的人都安静了，都流露出深深的不舍和殷殷的期待。

2. 用心悦读，爱在路上——30号课室参加"阅动羊城"公益徒步活动

"一次5公里徒步挑战，一次阅读公益嘉年华，您的一小步，改善一大步，您捐献出的每一块钱，都将是偏远地区队员们知识的源泉，成为他们的阅读盛宴。"为了帮助偏远地区队员们实现阅读梦，30号课室的学生踊跃报名，在曹老师的带领下参加了2016阅动羊城全民公益嘉年华。

活动中，所有学生都勇敢挑战了自己，成功到达了5公里徒步终点！除了徒步活动外，学生有的少看一场电影，有的拿出玩具义卖，还有的去社区义演……到活动结束为止，华阳小学30号课室七支队伍已经筹得善款8 646.85元人民币，为偏远地区送去了1 000多个装有书籍和文具的"阅读星囊"！

四、家校沟通，用真诚点燃家长内心的火焰

班级文化建设仅仅靠全班同学和老师的努力是不够的，还需要社会的榜样支持、学校的活动支持、家长的同步教育支持，形成教育合力才能促进班级的文化建设。在与家长沟通时，曹老师总是以诚相待，用诚心架起沟通的桥梁。她对班级每个学生的学习成绩、性格特点、特长和爱好、优缺点等都充分了解，用诚心诚意打动家长的心，和家长进行愉快的沟通。

30号课室最有创意的莫过于绿色作业了。"设计课外阅读作业，将多种知识的获得和多种能力的训练有机结合，为学生提供张扬个性和创新的空间，使学生在自主、合作、探究的学习过程中得到愉悦。""小故事，大道理"让学生在故事中学会尊重自己，孝顺父母，接纳别人，学会做事，学会做人。这些是作业的目标，同时也是教育的最终目标。阳光总在"风雨"后，从孩子喊"作业多"到孩子给曹老师起了个外号"作业最少的老师"，从孩子抱怨学习累到孩子变得爱学习，从家长质疑到竖起拇指称赞，曹老师的绿色作业创意得到家长的一致认同。

曹老师还组织热心且有能力的家长成立班级家委会、义工队，开展各种社会实践活动，喜乐共享，增强班级凝聚力，在班级传递正能量。正是曹老师的人格魅力，让家长们感受到30号课室女主人是一个真正师德高尚的人。

老师是蜡烛，在学生心里点燃智慧与希望，并且照亮他们的一生。30号课室的孩子们阳光自信、文明有礼，个性鲜明、好学善思。他们热爱祖国、热爱校园、热爱生命、热爱大自然；他们民主选举、自主管理、团结友爱、乐于奉献；他们有"不动笔墨不读书"的良好习惯，热爱阅读并肆意享受着阅读的快乐；他们充满爱心、纯洁善良，勇敢接受挑战；他们将"学最好的榜样，做最好的自己"铭记于心，付之于行……爱和智慧的传播者、30号课室的女主人曹老师，充分尊重每个孩子的个性，致力于孩子们的个性发展，极具感召力，让孩子们心甘情愿紧紧追随。在这里，孩子们不但汲取知识的营养，心灵更是得到了成长。30号课室成为华阳小学家长、学生口耳相传的好班，班级学生不仅先后接待了几十次专家团队的来访，还被评为2016学年省级优秀中队。

守望生命，创造奇迹，相信30号课室的故事定会精彩继续！

别开生面的"爸爸在三班"亲子游学活动

班主任：魏春燕

2014级3班的爸爸们深度参与了班级特色课程建设，打造了"爸爸在三班"的特色课程，多次开展亲子游学活动。

一、"爸爸在三班"游学活动之"因为有您才会完满"

2015年7月4日，"因为有您才会完满——爸爸在三班"游学活动在深圳南澳新区拉开了帷幕。活动前后经历两天时间，主要由七个环节构成：爸爸讲故事、带着爸爸找房间、爸爸陪伴孩子睡眠、爸爸带着田间摘菜、爸爸掌勺的集体野炊、篝火比赛、爸爸带着冲浪。活动通过情境模拟和角色互换的方式，让爸爸和小朋友走进彼此，一方面让小朋友融入大自然，积累课外知识和技能，形成良好心态及习惯，最终让小朋友在充满温馨、爱意的氛围中感受父母的信任和支持，理解父母的良苦用心，学会感恩珍惜父母的爱。另一方面让爸爸感受与小朋友共同成长的乐趣，学习亲子沟通技巧，改善亲子之间的关系，懂得尊重小朋友，赢得小朋友的信任。同时让爸爸体会妈妈平日照顾小朋友学习生活的不易，从而感激妈妈的付出，也让妈妈再次感受爸爸的魅力与激情，进而促进家庭的和谐美满。

二、"爸爸在三班"游学活动之"同一蓝天，用爱陪伴"

2016年11月，为了培养小朋友的爱心，了解农村留守儿童的生活学习情况，班级与河源星州小学开展"陪伴爱"互助活动。这次"陪伴爱"互助活动前后历经半个月，由四大模块组成：

1. 爱心义卖储蓄爱

2016年11月14日上午，我们联合天河区少年宫举办了"同一蓝天，

用爱陪伴"义卖活动,积蓄所有爱心人士对山区小朋友的爱,义卖所得款项全部用于为星州小学小朋友购买学习用品。义卖活动分两部分进行:一是跳蚤市场,由小朋友捐出自己心爱的玩具、手工艺品、学习生活用品等进行义卖。二是都市小报童,我们与《南方都市报》合作,由本班小朋友担任都市小报童对外售卖《南方都市报》。两种义卖活动交叉融合,每个小朋友均有机会参与这两种活动。由于少年宫是封闭式管理,环境相对安全,故我们的义卖活动都是小朋友组团独立完成,除工作人员外,并无父母陪同。在小朋友的热烈叫卖声中,短短两个半小时的售卖共得善款2 000余元。义卖活动不仅锻炼了小朋友的胆量和口才,培养了小朋友的爱心及独立能力,更让小朋友体会到劳动的辛苦和赚钱的不易,懂得珍惜自己优越的生活条件,一举多得、意义深远。

2. 为爱捐书分享爱

星州小学教学设施相对落后,图书资源匮乏,为缓解他们图书短缺的窘境,在义卖活动后,我们提出了"为爱捐书"的倡议,号召小朋友踊跃为星州小学的小朋友捐出图书。在接下来的一周,我们共收到小朋友的捐书超过250册。这些图书将在接下来的联谊环节捐给星州小学。为爱捐书,不仅让我们的小朋友学会分享,让书籍得到充分利用,还让我们的小朋友了解到贫困山区小朋友缺乏课外书的现实,懂得珍惜目前优越的学习条件。

3. 父爱陪伴我成长

"父爱陪伴"是我们班在一年级开展的"爸爸在三班"活动的延续,通过情境模拟和角色互换的方式,让爸爸回归我们小朋友的学习生活。活动于11月28日至29日在广东省河源市紫金县鹿飞农场进行。

途中,我们组织爸爸通过读故事、诵诗歌等方式与小朋友互动,寓教于乐,重温经典;到达目的地后,小朋友在教练的指导下动手搭建帐篷,并通过抽签方式决定住宿的地方,让小朋友带着爸爸找房子办理入住手续,使小朋友学会基本的生存技能,分担父母的负担。小朋友深入深山野道,跟随农业专家学习自然植物相关知识;下田割水稻甩稻谷,了解水稻生长习性。小朋友除了体会到田间嬉闹的快乐,还学会了相应的植物知识,并体会劳动的辛苦,懂得了珍惜节约。晚会上我们进行了丢手绢、抢凳子游戏。小朋友还与爸爸一起动手烧烤,让小朋友与爸爸加深相互了解与团结协作,一起感悟生活的美好与时光的宝贵。活动中我们还组织观看露天电影,勾起爸爸的童年记忆,也让小朋友体会父辈的生活方式。爸爸在没有妈妈帮助的前提下陪伴小朋友洗漱、睡觉，爸爸根据自己孩子的特点各施奇招，哄小朋友尽快睡着。在这过程中，爸爸真心体会到照管小朋友生活起居的不易，感动于妈妈的平时付出。

4. 爱心联谊陪伴爱

11月28日上午，我们专程来到星州小学与小朋友开展联谊活动。联谊活动内容丰富多彩，有才艺表演，有拔河比赛，还有其他有趣的游戏。大家在学校内种植了一棵友谊树，希望它见证两校小朋友的友谊和共同进步。我们向星州小学捐出了我们小朋友捐赠的书籍以及用义卖款购买的学习用品。最后两校小朋友还共同完成华阳小学太阳娃的彩绘，希望我们华阳小学的逐日精神能传递给星州小学的小朋友。爱心联谊，让我们的小朋友亲眼见识了山区小朋友在简陋学习生活条件中积极上进的状态，深刻体会生活的不易，懂得珍惜现有的优越条件和身边的亲人朋友。也让星州小学的小朋友开阔了视野，丰富了生活，感受来自城市小朋友的关心与爱护。同时通过两校老师的沟通交流，让两校老师都对教育理念与方式有了重新认识，这对两校小朋友今后的教育成长具有积极的意义。

与星洲小学的孩子快乐互动

三、"爸爸在三班"社会实践活动之锻炼意志的军训活动

为增强小朋友的组织纪律性及集体观念，培养吃苦耐劳、勇于挑战的品质，锻炼身体、增强体魄，提高消防意识和逃生技能，同时增进友谊、丰富课余生活，班级分别于2014年12月和2017年2月与全国消防正规化试点单位、连续五年获广东省消防标兵大队的萝岗消防大队合作开展"小小消防卫士"军训活动。

2017年2月的军训活动由三大部分组成：一是观摩营区和设备，了解消防战士一日的生活制度和生活习惯，让小朋友对消防车辆等装备有了更深的了解。二是进行队列和作息训练，锻炼小朋友吃苦耐劳的精神。三是进行消防体验和消防技能学习，包括灭火战斗服着装演示、消防逃生帐篷体验和灭火器的使用等。

在萝岗消防局参加活动

通过军训活动，小朋友不仅学到了各种消防知识，还增强了团队意识，锻炼了钢铁意志，改善了慵懒的生活作风。

此外，还有"爸爸在三班"——参观益力多工厂、"爸爸在三班"——参观广州市图书馆、"爸爸在三班"亲子游学活动之参观岭南报业博物馆等活动。

榕树下，爱萌芽——"笑容社团"诞生记

班主任：沈小玲

要问华阳小学最美丽的地方在哪里？三年5班的孩子们一定会异口同声地说："我们的大榕树！"曾经，这棵枝繁叶茂的大榕树孤独地驻足在华阳小学校门口，它经历了数十年的风风雨雨，守护着华阳小学这块沃土，见证了华阳小学蓬勃发展的历史。直到那一天，4吨泥土，500盆花，300斤基肥，20米围栏，忽然出现在华阳小学的大榕树下……故事要从一年前讲起。

有一天下课后，一个孩子牵着我的手站在二楼的走廊上说："老师，您看，这棵大榕树多美呀！可惜它脚底下的树根没有泥土覆盖，都裸露出来了。有时候小朋友玩的时候还会踩踏它，榕树妈妈该多疼啊！"多么会观察的孩子啊！多么有爱心的孩子啊！他的话深深地印在我的脑海中。等到班会课，我便把这个问题抛出来，班里马上炸开了锅，孩子们一致呼吁：想想办法保护大榕树！紧接着，经过热火朝天的小组讨论，他们每个小组给出了多种保护方法。然后，经过一番梳理，孩子们认为当务之急就是设置护栏，不让人去踩踏。再找一些肥沃的泥土填在树脚下，给榕树妈妈补充营养。孩子们的想法得到了家长们的高度认可，他们也立即参与到保护大榕树的行动中来。

2013年3月29日，上午9点，家长们带领着自己的孩子准时来到校园保护大榕树，然而天公不作美，偏偏在这个时候下起了大雨。可是孩子们没被大雨吓倒，看着雨中的大榕树贪婪地吮吸着春天的雨露，焕发出勃勃的生机，孩子们兴奋得手舞足蹈，他们迅速穿上雨衣和雨鞋准备投入"战斗"。等家长们把买来的泥土从卡车上卸下来的时候，他们有的拿起铁锹，有的拿起锄头，有的拿起铲子，把泥土填盖到大榕树的根部周围，干得热火朝天。雨继续淅沥沥地下着，帽子被风吹掉了，衣服全湿透了，双脚沾满黄泥，但孩子们全然不顾，反倒是"愈战愈勇"，雨水混合着他们的汗水滴在泥土里，渐渐地，肥沃的泥土填平了整个圆形的花基。卸泥填土就整整干了两个多小时，但不曾听见一个孩子叫苦喊累。我本以为再加上白色护栏，就一切完工了。没料到，一个家长吆喝道："种花啦！种花啦！"啊，还有花？原来，他们早就商量好了，填好土之后再种上喜阴的花卉，这样大榕树就更加美丽了！花在哪里？花藏在家长们开来的大车里呢。500盆凤仙花被几十个孩子亲手种在了树脚下，最让人意想不到的是

树脚下最里层那一圈也插上了碧绿的冬青树枝，顿时绿树红花相映，在雨水的滋润下，显得格外漂亮。大榕树外围加上白色护栏，以后孩子们再也不会踩疼榕树妈妈了。远看，一道白，一道红，一道绿，真像孩子们五彩斑斓的爱心围绕着大榕树。孩子和家长们都忍不住在树下合影留念，一张张笑脸如微风中摇曳的花朵般美丽。更重要的是在此处还诞生了一个响亮的名字——笑榕（容）社团，一年5班的孩子们从此就是这个社团的主人。"笑榕"在这里绽放，爱的种子在这里萌芽。

如今，大榕树底下还多了七个活泼可爱的太阳娃，太阳娃自主广场成了华阳小学的标志性景观。有人说："生活是面镜子，你对它微笑，它也对你微笑。"教育要给予学生幸福，首先我们要让孩子们感受到校园生活的幸福。幸福从微笑开始，我们要微笑面对每一天，微笑面对每一个孩子，幸福其实离我们很近很近。

六、个人设计：彰显自由绽放个性

马子寒：创建爱因斯坦科学社团的心路历程

大家好！我是马子寒，来自五年5班，是学校爱因斯坦科学社团的创建人。爱因斯坦说过，"科学能够破除迷信，因为它鼓励人们根据因果关系来思考和观察事物"。两年前，我刚刚开始接触科学课就被深深地迷住了。我觉得学校每周仅仅两次的科学课太少了，于是萌发了"科学梦"，想要组建一个科学社团，团结学校里的科学"发烧友"一起探索。于是我把自己的想法写成一份简短的计划书，找到周洁校长谈论我的计划书，令人惊喜的是周校长尊重我的想法，并给予我支持。最终我的"科学梦"得以实现，爱因斯坦科学社团于2016年9月1日得以正式创建。我好激动啊！

科学社团成立以后，我开始按照自己的设想招募社团成员，我写了一份激动人心的科学社团宣言，在学校红领巾广播站广播，还做了一张表格分发给各班班主任，请班主任老师们帮忙登记想参加科学社团的人员名单。

差不多两周后，我一共招募到了14位社团成员，大家都是科学"发烧友"，我把大家分为3个小组，我们每周二下午聚在一起钻研科学、探索世界。

激动人心的每周二下午，在科学实验室里，小伙伴们一起沉浸在科学的世界里。看看我们的社团活动内容计划吧。

爱因斯坦科学社团活动内容计划		
制表日期：2016 - 09 - 19		组织者：四年5班马子寒
日期	周次	社团活动内容
9月1日	第一周	新学年开学，学生报名注册
9月6日	第二周	成立爱因斯坦科学社团兴趣小组，确定指导老师及社团活动对象
9月13日	第三周	召开科学社团兴趣小组会议
9月20日	第四周	讲解科学社团整个学期活动方案内容，进行科学小实验：死海不死
9月27日	第五周	自制二氧化碳灭火器
10月4日	第六周	国庆节放假
10月11日	第七周	采集植物，制作昆虫标本，交流展示
10月18日	第八周	制作航天模拟器
10月25日	第九周	航天模拟器作品展示
11月1日	第十周	制作测风仪风向标
11月8日	第十一周	制作趣味生态瓶
11月15日	第十二周	寻找淀粉的踪迹实验
11月22日	第十三周	自制幻灯机
11月29日	第十四周	筷子提米
12月6日	第十五周	校园电浪费调查
12月13日	第十六周	交流讨论"杜绝校园电浪费金点子"，整理写成校园倡议书
12月20日	第十七周	社团成员自主设计制作科学小发明
12月27日	第十八周	社团活动总结，表彰颁奖
1月3日	第十九周	社团成员自主活动
1月10日	第二十周	学生期末考试

　　真好，整个学期都忙着社团的事情，我认识了很多朋友，同时也被很多人所认识，大家都是科学"发烧友"，有很多共同的话语，交流起来特别合拍。

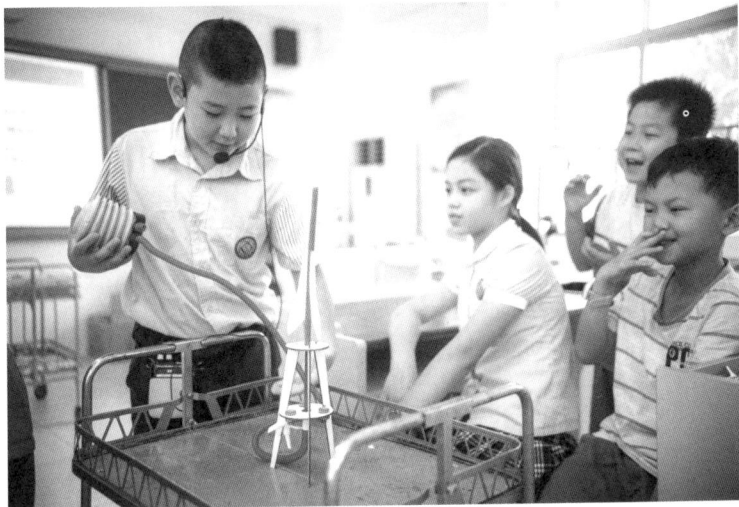

看呀，社团成员在对广州的大小河涌的取样进行水质监测，忙得不亦乐乎。

瞧瞧，我们科学社团的成员个个脸上都洋溢着笑容，个个都目光炯炯，我想这就是对科学社团能办得好的最好诠释。希望我的科学社团继续发扬光大。

张靖怡：我的雨后彩虹语艺社团

随着社会的发展，时代的进步，校园的文化生活愈加丰富多彩，同学们对于学习方面的追求也越来越高。因此，为了扩大同学们的学习领域，提供多样化的学习渠道，促进同学们全面发展，学校的各种社团纷纷成立，从很大程度上丰富了同学们的课余生活。

我喜欢语言艺术，热爱优秀的传统文化，也经常参加一些校内外的语言艺术类活动。由于学校还缺少一个语言艺术爱好者交流的平台，教导主任肖老师提议，由我牵头成立雨后彩虹语言艺术社团，简称雨后彩虹语艺社团。

雨后彩虹语艺社团是由本校学生申请，经过学校批准，在自愿的基础上组织起来的学生团体。雨后彩虹语艺社团名字中的"彩虹"代表了华阳小学七个太阳娃。

社团成立以后，经过老师的指导，家长的帮助，同学的商议，确定了我们社团的社徽：由学校的阅读娃和彩虹以及书籍组成。

社团社风：社团成员以"求效——工作讲究效率；求美——工作重心围绕美好的语言艺术作品；求实——工作踏实肯干，做事实事求是"为行事准则。

社团社训：以"养就高尚的艺术情操，守住正洁的道德品质，成就团结友爱之氛围，聚合朴实自谦之个体，开创属于自己的美丽"为社训。

社团目标：弘扬中华民族优秀文化，充分发挥学生社团在校园文化建设中的作用，丰富校园文化生活，提高同学们的语言表达能力，为同学们提供一个自我展示的平台。

社团活动内容：本社团致力于激发同学们的语言兴趣，扩大同学们的视野，充实业余生活，并在此过程中锻炼自己的综合素质，以丰富多彩的活动，如我是朗读者、小品小达人、小小演说家、故事大王等为主要特

色。本着公平、公正、民主的原则培养锻炼社团成员，主要在校内外展示语言艺术类节目。

成立之初，我联系了很多喜爱语言艺术的同学，向他们介绍了社团的性质以及活动内容。最终确立了11位志趣相投、热心致力于社团建设工作的同学。

社团活动注重实用性、趣味性，社团成员积极参与，利用课余时间进行排练。在雨后彩虹语艺社团的首期宣传及介绍的节目录制中，我们以学校校歌《向着太阳奔跑》为背景音乐，向同学们分别表演了优秀的个人节目。

在周校长、郭校长、江校长、肖主任、曹主任、大队辅导员以及各班班主任老师的鼓励和大力支持下，多个优秀的社团如火如荼地开展活动。雨后彩虹语艺社团的成立，为校园的自主课程建设注入了新鲜的血液。

本社团致力于繁荣校园文化生活，传播语言文化，展现艺术风采；培养同学们的交往能力、合作精神；使我们在学习中体会生活，在生活中感受艺术，在艺术中创造生活，让我们在充满艺术气息的学习中不断地前进！

海阔凭鱼跃，天高任鸟飞，雨后彩虹语艺社团就是我们展翅翱翔的天空。

在开学典礼的"七彩路"上欢笑的孩子们

第二节　几种有代表性的活动模式

一、开学典礼

开学典礼，是学校为迎接新学期而举行的仪式。"圣人有以见天下之动，而观其会通，以行其典礼。"（《易·系辞上》）华阳小学特别重视开学典礼，每个学期的开学典礼都是那么别出心裁，令人充满惊喜。

（一）校门口的惊喜

华阳小学每个学期的开学典礼，最吸引人眼球的当属校门口的惊喜，太阳娃、幸福七彩路、华阳号……一个个华阳元素的精彩亮相，既亲切、可爱，又彰显华阳小学形象，引得同学和家长们纷纷驻足，或与它们打招呼，或与它们合影留念，同学们在开学初的紧张情绪得到了化解，轻松、愉悦地走入校门，开始新学期的学习。

1. 太阳娃

在天河东校区茂密繁盛的大榕树下，在林和东校区现代大气的"心自由，行至远"的校训之下，七个可爱的太阳娃光彩熠熠地站立着，自信饱满地迎接着每一位老师、每一位学生、每一位客人。太阳娃是华阳学子的形象代表，每个学期的开学典礼，自然少不了活泼可爱的太阳娃，他们或奔跑，或驻足，举手投足间尽显阳光自信，澄澈双眸中尽展文明睿智，可爱的外表下是丰富的涵养。太阳娃成为开学典礼上一道亮丽的风景线，吸引家长和学生们驻足合影留念。

2. 幸福七彩路

2015 年 9 月 1 日，华阳小学以"华阳因我更精彩，班级开学第一课"为主题分校区举办了别开生面的开学典礼。开学典礼当天，华阳小学天河东、林和东两个校区的门口均铺设了"幸福七彩路"迎新，新生们穿着整齐的夏装礼服，伴随着校歌《向着太阳奔跑》的欢快旋律，回到了亲切的校园。

因为有了光，自然界呈现出七彩的美丽。对于华阳小学来说，生本教育如同一道光，指引着华阳人探索的脚步，照亮了华阳人前进的道路。在

生本之光的照耀下，华阳小学自然而然地构建起"七彩生本自立课程"体系，自然而然地走出了一条"以学定教"的教学路径。对于华阳学子来说，有"七彩生本自立课程"陪伴他们的七彩童年，有自立课程教导他们学有所成，将来远行的每一步都有了扎实的根基和幸福的回忆。

开学典礼当天，华阳学子踏着"幸福七彩路"走进校园，学习"七彩生本自立课程"，学生的七彩童年必将更加绚丽多彩，这也是华阳小学每一位老师对学生的殷切希望和祝福。学生自由自在地遨游在学校为他们营建的教育生本系统中，积极主动地行走在老师为他们搭建的课程体系中，学习在老师为他们提供的课堂教学中，快乐求知，特色成长。

3. 华阳号

2016 年 9 月 1 日，是 2016—2017 学年第一学期的开学日，"华阳号"巨轮停泊在华阳小学三个校区门口，这艘巨轮彰显了华阳小学的办学理念，吸引了学生和家长们的驻足观望。开学第一天，师生们就要登上这艘巨轮，开启新的征程。

在"华阳号"这艘巨轮上，站在最前面的是太阳娃，他穿着新校服，手指向前方，代表华阳小学将会乘风破浪，逐日远行！船顶上高高飘扬的是中国少年先锋队队旗，寓意着同学们将团结一心，热爱祖国、热爱学习，永远跟党走！在开学第一天，走进华阳小学校门，师生们就登上了"华阳号"巨轮，开启了新的征程！

华阳号，是华阳小学显在的、独到的精神象征和文化形象，这艘巨轮自诞生之日起，就搭载着广大华阳人乘风破浪。伴随着新学期号角的吹响，华阳号将再次扬帆起航！

（二）精彩的节目

1. 学生的节目

每个学期的开学日，在校门口的惊喜，除了太阳娃、幸福七彩路、华阳号这些华阳文化元素，还有华阳小学师生的创意迎宾活动：林和东校区的现代管乐团吹奏起了流畅婉转的乐音，天河东校区以动作刚劲的舞狮助兴，华成校区的架子鼓表演荡气回肠……这些迎宾活动都是学生自主申报，并利用假期的时间，与老师、同学共同排练的。

每个学期的开学典礼都有一个明确的主题，如"开心诵童谣，和谐一家亲""金鸡报晓，春满华阳""尊师重道古诗诵读"等，围绕这个主题组织开展文艺会演，表演精彩纷呈，充满童真童趣，为三个校区的开学献礼。

在开学典礼这样一个重要时刻，广东新闻广播更是大力宣传，在各个客户端对活动进行全程直播报道。而华阳小学则采用红领巾电视台现场直播的方式，让每一位华阳学子坐在课室就能看到精心策划、精彩纷呈的开学典礼。

2. 校长的节目

每个学年的第二个学期，在农历新年过后的开学典礼上，华阳小学的校长们都会为开学典礼添加惊喜，羊年有三位校长的"三羊开泰"，猴年有五位校长的"五福临门"，鸡年有童趣盎然的"小鸡舞"，校长们乐在其中，学生们也感受到学校的关爱与祝福。

（三）成长的纪念

1. 成长红包

2016学年第二学期第一天一大早，华阳小学三个校区门口，欢声笑语，鼓乐飞扬。原来是校长们在给全校3 000多位学生派送新年"成长红包"！孩子们开心地接过"成长红包"，红包设计极具中国风，打开看真是惊喜连连，里面不仅有周洁校长亲笔签名的新学期祝语，还有各式各样的新学期心愿惊喜，"和校长共进午餐一次""与校长合影一张""当一次校长小助理""读一本好书""自选作业一次""当一次班主任小助理""做一次体育器材管理员"……特殊的新年礼物，让孩子们充满期待，让笑容洋溢在每一个孩子的脸上，让华阳小学开学典礼洋溢着更多惊喜。

2017年6月6日下午，风和日丽，获得"与校长合影一张"红包的孩子们兴奋地挑选着他们最喜爱的校园场景：活泼灵动的太阳娃、绚丽斑斓的自由广场、精致可人的艺术节作品展示区……每个孩子都能与校长拍合影及单人合照，欢声笑语洒满校园。孩子们创意无限，纷纷摆出各种造型：或落落大方、乖巧可爱，或欢腾跳跃、奋力向上，或机灵搞笑、故作严肃……童年欢乐与校园美景在此刻定格，成为学校和孩子们共同的珍贵回忆。

6月16日中午，又一批孩子兴高采烈地带着"和校长共进午餐一次"的红包齐聚各校区会议室。学校为孩子们准备了菜式丰富的营养餐，还搭配了水果点心，大家一边品尝美味佳肴，一边畅所欲言。孩子们纷纷和校长们交流了自己感兴趣的话题，既包括对升入中学和华阳小学未来发展的看法，也不乏学校生活中的困惑，比如遇到不爱听课的同学怎么办。校长们认真聆听了孩子们的心声，耐心作了解答，并引导大家积极思考，提出自己的看法。

"成长红包"是我校生本德育的重要组成部分，不但激励了全校学生锐意进取，更融洽了师生关系，营造了良好的校园氛围。

2. 成长明信片

华阳小学每个学期的开学典礼总是那么别出心裁，让人充满惊喜。2016学年第二学期孩子们收到"成长红包"，2017学年孩子们刚进入校门，就收到了由校长们派发的印着七彩太阳娃和华阳号的明信片。明信片的正面是华阳号，美术科组的老师们对华阳号进行了细心的修改，祝福孩子们新的学期在华阳号的巨轮上开始新的征程；明信片的背面是太阳娃，有热爱运动的活力娃，阳光自信的阳光娃，文明有礼的美德娃，好学善思的好学娃，享受阅读的阅读娃，实践创新的探索娃，个性鲜明的追梦娃，太阳娃是孩子们的象征，也是老师们希望孩子们拥有的华阳品质。有梦想有追求的华阳人，将在华阳小学这块沃土上一起成长！

二、学科节日

（一）体育节

1. 历经风雨，方见彩虹——华阳小学第 16 届体育节开幕式

2016年11月29日上午，冒着严寒，华阳小学第16届体育节开幕式在广东省奥林匹克中心如期举行，华阳小学全校师生、学生家长都参与了活动，充分体现了"热爱运动，全员参与"的运动会口号，更彰显了"团结拼搏、不断超越"的体育精神与华阳"逐日"精神。开幕式得到了区委区政府、区教育局及社会各界的高度关注和大力支持。广州市政协原主席林元和，天河区应急办主任林穗炜，天河区文广新局调研员李晓勤，天河区教育局副局长王建辉等领导出席了此次活动。

伴着清脆的校歌，开幕式开始啦！开幕式内容主要包括仪仗队入场、运动员入场、奏唱国歌、特色表演和田径比赛等环节。

随着《运动员进行曲》的响起，仪仗队和运动员们井然有序的入场式开始了，走在最前列的是国旗队、校旗队。旗手们精神抖擞、意气风发，手擎旗帜，步伐坚定，鲜艳的旗帜在阳光下熠熠生辉。强健体魄、为祖国增光是我们最崇高的责任和精神境界。紧随其后的是活泼可爱的华阳小学吉祥物——七彩太阳娃，他们阳光自信，热爱运动，热爱学习，彰显了华阳学子的本色。

各班的入场方阵更是各具特色，令人目不暇接："56 个民族"来了，"海陆空军"来了，"武当少林"来了……严寒没有让孩子们退缩，他们穿着自己设计的班服，举着自己创作的班徽和班旗，挥着五色彩旗雄赳赳、气昂昂地走过主席台。有的手捧向日葵，有的手持太阳花，迎着太阳的光辉，他们阳光、大气、自信、乐观；他们团结友爱、勤奋好学；他们人才荟萃、多才多艺。他们迈着整齐的步伐，昂首阔步，满怀豪情地接受着领导、嘉宾们的检阅。

在奏唱国歌后，周洁校长为本次体育节致开幕词，激励孩子们发扬更快更好更强的拼搏精神，预祝他们在各项比赛中取得好成绩，为班级增光添彩。

特色表演环节精彩纷呈，沉稳有力的武术表演，彰显了孩子们积极向上的精神风貌；振奋人心的拳击表演，展示了孩子们的阳光自信与强健体魄；优美曼妙的韵律操表演，彰显了孩子们美好快乐的校园生活；整齐划一的课间操表演，展示出孩子们团结友爱的合作气氛。

周洁校长说了一段感人的话对开幕式进行了总结："今天华阳小学的体育节在寒风冷雨中热烈地拉开了帷幕，也上演了一幕幕感人的画面……演绎了一个个感人的故事……华阳小学 8 000 多位老师、学生、家长不畏风雨、不畏严寒，风雨同行，在奥林匹克中心上演了'坚持就是胜利''历经风雨，方见彩虹'的华阳大剧。感恩同行，感恩坚持！华阳精神的力量也让华阳人再次经受了考验，感谢所有为此次运动会开幕式付出艰辛努力、矢志不渝的老师、家长、孩子们！为华阳呐喊，为华阳喝彩，更为华阳人骄傲！"

开幕式只是个精彩的开始，更精彩的赛事将在接下来的一个多星期陆续开展。让我们积极行动起来，以饱满的热情投入到体育运动中去，让我们用健康的体魄，迎接新的挑战！奔跑吧，太阳娃！

2. 校园吉尼斯大赛

沐浴着冬日暖暖的阳光，在享受了体育带给我们无尽的乐趣，感受了为集体荣誉而奋力拼搏的酸甜苦辣之后，华阳小学第 17 届体育节——校园吉尼斯大赛圆满地落下了帷幕。

回首一个月来丰富多彩的吉尼斯挑战赛，总结一个月来我们老师与学生走过的道路，我们正在书写一段新的历程：一段在"热爱运动，全员参与；挑战自我，超越自我"思想指导下，我们全体师生用智慧与汗水书写的历程；一段在体育精神感召下，我们奋发进取、勇于开拓的历程。

（1）活动安排。

校园吉尼斯大赛活动安排

时间	内容	地点	主要负责人
11 月 20 日至 12 月 22 日	在全员参与前提下,以班级为单位比出各项比赛的吉尼斯纪录者,代表班级参加年级比赛	各校区	班级体育任课教师,正、副班主任
12 月 6 日 (周三) 下午	五、六年级足球 7 VS 7 对抗赛(季军争夺战、冠军争夺战)	华成校区后操场	体育科组、年级行政人员、年级级长
12 月 25 日 (周一) 下午	五、六年级足球 7 VS 7 对抗赛(季军争夺战、冠军争夺战)	林和东校区足球场	体育科组、年级行政人员、年级主任
12 月 26 日 (周二) 下午	校园吉尼斯大赛 (一年级专场)	天河东校区后操场	体育科组、年级行政人员、年级主任
	校园吉尼斯大赛 (华成校区低年部专场)	华成校区后操场	体育科组、年级行政人员、年级级长
	校园吉尼斯大赛 (四年级专场)	林和东校区后操场	体育科组、年级行政人员、年级主任
12 月 27 日 (周三) 下午	校园吉尼斯大赛 (二年级专场)	天河东校区后操场	体育科组、年级行政人员、年级主任
	校园吉尼斯大赛 (华成校区中年部专场)	华成校区后操场	体育科组、年级行政人员、年级级长
	校园吉尼斯大赛 (五年级专场)	林和东校区后操场	体育科组、年级行政人员、年级主任
12 月 28 日 (周四) 下午	校园吉尼斯大赛 (三年级专场)	天河东校区后操场	体育科组、年级行政人员、年级主任
	校园吉尼斯大赛 (华成校区高年部专场)	华成校区后操场	体育科组、年级行政人员、年级级长
	校园吉尼斯大赛 (六年级专场)	林和东校区后操场	体育科组、年级行政人员、年级主任

（2）集体展示项目——广播操、跑操（华成校区增加武术展示）。

各班推选 10 位最能代表班级精神风貌的学生展示广播操和跑操（5 位男生、5 位女生），同时展示。

（3）单项决赛。

单项决赛内容

校区	年级	比赛内容
天河东校区	一年级	立定跳远、投掷网球、30 秒跳绳
	二年级	立定跳远、投掷网球、篮球投篮
	三年级	立定跳远、投掷网球、篮球投篮
林和东校区	四年级	跳远、实心球、篮球投篮、50 米跑
	五年级	跳远、实心球、50 米跑
	六年级	跳远、实心球、50 米跑
华成校区	低年部	一年级：立定跳远、投掷网球、30 秒跳绳 二年级：篮球投篮
	中年部	三年级：立定跳远、投掷网球、篮球投篮 四年级：跳远、实心球、篮球投篮、50 米跑
	高年部	跳远、实心球、50 米跑

（4）团体项目。

30 米迎面接力跑（各班选派男、女运动员各 10 名代表班级参赛），万众齐心跳（各班选派男、女运动员各 5 名代表班级参赛，华成校区）。

回首过去两个多月，有过胜利的喜悦或失败的遗憾，最后发现已然成长；有过来自同伴的鼓励，也许还有指责，最后发现原来是那么团结；有过对胜利的执着，有过放不下失败的执念，最后发现，原来运动不只胜负！

（5）奖励办法。

比赛活动现场高潮迭起，精彩纷呈，参赛选手们认真比赛，观众们的加油声、助威声不绝于耳。在紧张、激烈的比赛气氛中，各个参赛选手都本着"挑战自我，超越自我"的精神，展现出了华阳学子"热爱运动，阳光自信"的风貌。

①班级竞赛。

单项奖：分男、女生，各取前 5 名，第一名代表班级参加校园吉尼斯大赛年级专场比赛。

②年级专场。

单项奖：分男、女生，各取前 6 名。华成校区分男、女生，各取第 1 名。

③精神文明奖若干名，获奖要求如下：

a. 展示项目精神饱满、动作规范、有力量；

b. 参赛选手遵守比赛各项规定，听从指挥；

c. 班级同学文明观赛，主动为所有参赛选手鼓劲喝彩，努力营造良好的比赛氛围；

d. 做好卫生保洁。

（二）文化艺术节

1. 读书成就梦想，艺术照亮人生——天河区华阳小学首届文化艺术节活动安排

（1）宣传启动阶段（2 月 20 日至 28 日）。

①宣传动员。

活动方案上传，各学科教师查阅学习，工作小组明确分工。

大队部利用国旗下讲话、红领巾电视台、校讯通、海报等方式，向全校师生发起活动倡议，鼓励全员参与。

大队部在红领巾电视台开设专项栏目，及时报道各项活动的开展情况，如推荐好书、优秀作品展示等。

②氛围营造。

利用学校电子屏滚动字幕，宣传文化艺术节活动资讯或活动标语。

利用主题队会、黑板报进行宣传。

各中队围绕"读书成就梦想，艺术照亮人生"这一主题出版三月份板报，并在活动实施阶段，开展 1~2 次与主题相关的班级读书会。

美术科组向全校师生、家长征集节徽设计，入选设计可用于汇报表彰阶段的宣传展板上。

各班选出阅读大使，在年级或跨年级进行阅读推荐、阅读感受等交流活动，也可与红领巾电视台栏目结合。年级教师可以推选阅读推广人，进行本年级整体活动的推进。

各班充实、完善班级图书角，开展图书漂流活动，准备进行"校区十佳图书角"评选。

（2）活动实施阶段（3月1日至20日）。

2016年学校首次尝试将读书节和艺术节合并，打造首届文化艺术节。活动将分阶段分系列推进，根据校区、年段特点，从教师、学生、家长三个方面组织开展活动，形式多样、丰富多元。

①读写系列活动。以语文科目教师为主，各学科教师携手合作，按阶段、分年段开展各项活动：

师生制订个人阅读计划、班级阅读计划。

根据推荐书目，开展"大手牵小手"亲子共读征文活动。

根据各学科推荐书目，开展读书笔记、童谣创作、"我的阅读故事"或其他形式的读写活动，教师跨学科组团进行指导。

②阅读实践活动（可自主选择，具体安排请看各阶段的工作安排）。各学科教师与美术科组教师携手，在班主任的引导下，按阶段、分年段开展各项活动：

开展"大手牵小手"亲子共读活动，家长可与孩子一起完成相关的实践活动。

各校区开辟"校园读者剧场"，师生、家庭可通过读者剧场的形式来演绎课文内容或读书收获，节目时长不超过5分钟。

开辟经典教育专项活动，以讲述广府经典故事、诗词大会擂台赛、经典童谣诵读、画中话等形式开展。

各校区开展"微讲坛"活动，师生、家长将自己在生活中的爱好、特长以专题讲座形式进行展示，可以自己设计活动海报、入场券。

阅读实践活动可与各级读书、艺术比赛等活动结合，分校区开展阅读书签、读书海报、阅读创意卡、手制书、"我爱讲故事"、书法等活动。分校区根据实际情况开展阅读游园会活动。

③艺术专项活动。在音乐、美术科组教师指导下，开展乐器演奏、舞蹈、唱歌、剪纸造型、衍纸、玻璃彩绘等活动。学生个人或集体可选择自己喜欢的方式，展示各类与主题相关的才艺，如课本剧、小品、相声、双簧等。

（3）总结表彰阶段。

对首届文化艺术节活动中表现突出的学生、班级、教师、家庭，学校将分别授予"书香少年""书香班级""书香教师""书香家庭"等称号，

并在会演当天颁发奖状。活动中全员积极参与的班级，统一表彰，设立优秀组织奖。

2. 读书成就梦想，艺术照亮人生——华阳小学首届文化艺术节暨"童心向党"优秀节目展演

燃情四月，缤纷华阳。随着各年级选拔出的优秀文艺节目的会演以及颁奖活动的举行，华阳小学以"读书成就梦想，艺术照亮人生"为主题，将读书节与艺术节进行整合的首届文化艺术节活动精彩落幕。

回顾历时三个月的活动，从精心制订方案，到分阶段分系列地推进，再到根据校区、年段特点，从教师、学生、家长三方面组织开展活动，可谓形式多样、丰富多彩，充分彰显了华阳品质。

4月下旬，是精彩的节目展演以及作品展示。以六个年级为单位的六台节目，堪比六台"春晚"，学生、老师、家长聚融众智，排练出的节目水准令人惊叹，比如一年级美妙动人的《踏歌行》，二年级铿锵大气的《大河舞》，三年级跃动时尚的《游戏世界》、感人肺腑的微诗剧《你依然站在这里》，四年级集帅气动感于一身的街舞《WOW》，五年级77岁的琵琶演奏家贾培浩带着孙子同台献技的琵琶演奏……老师、家长的手机拍不停，微信不断刷屏，都难以表达激动的心情。各年级选出的优秀节目，学校组织了会演并录制，在三个校区同步播放，个个都有亮点，个个堪称经典。而美术科组呈现的展板内容：盘子画、彩泥画、水彩画、素描、手工等，简直令人叹为观止，是尽显童真的艺术品。

最后是表彰奖励，对在首届文化艺术节活动中表现突出的学生、班级、教师、家庭，学校将分别授予"书香少年""书香班级""书香教师""书香家庭"等称号，并在会演当天颁发奖状。

"读书成就梦想，艺术点亮人生"华阳小学首届文化艺术节给所有孩子提供了一个学习展示与创作的平台，一个精益求精、不断创新超越的平台。文化艺术节虽已在众人的交口称赞中落下了帷幕，但余韵还在回荡，余音还在绕梁……

3. 魔术专场，魔力无限——记华阳小学首届文化艺术节魔术专场活动

4月18日下午，华阳小学首届文化艺术节魔术专场活动在天河东校区阶梯教室如期开展。学校邀请了三位近年来活跃在国际魔术舞台上的知名魔术师："秘密魔法学院"创办人之一的曾子健、泰国国际魔术节中国代表Leon、魔术界国际最高荣誉梅林奖中国获奖者Miki，为孩子们进行了现场魔术表演和魔术技能传授。

魔术专场活动由学校红领巾电视台现场直播，同时推送给华阳小学林和东校区和华成校区共同观摩。天河东校区三年级四个班的孩子在阶梯教室近距离欣赏了精彩绝伦的魔术表演。魔术大师还热情耐心地进行了"慢镜头分解动作"指导，使在场的小观众掌握了两项"魔术绝技"。现场的孩子们兴致盎然，学有所得，在魔术世界里流连忘返。

诚如魔术师曾子健所言："当你相信魔术，魔术就会变得真实。希望更多的人能通过表演魔术，把快乐带到世界的每一个角落。"学校特地开展魔术专场活动，让孩子欣赏魔术、学习魔术，何尝不是在为那些有着神奇梦想的孩子插上魔力的翅膀？

（三）科技节

1. 垃圾分类我接棒，科技创新齐分享——华阳小学第八届科技节科学体验活动安排

（1）"垃圾分类"系列宣传科普活动。

"垃圾分类"系列活动

项目	内容安排	对象	地点	负责人协作者
科技节启动热场活动	《放眼看世界，放手去探索》科普专题讲座	现场：三年级全体班级 收看直播：全体师生		
垃圾分类知识讲座暨科技节活动启动	1. 我校与城矿协会举行环境教育基地授牌仪式 2. 垃圾分类知识讲座《地球人都该做到的垃圾分类》	现场：二年级部分班级 收看直播：全体师生	天河东校区阶梯教室	大队部二年级

（续上表）

项目	内容安排	对象	地点	负责人 协作者
国旗下 讲话	充分利用不同平台进行宣传、普及垃圾分类的知识，在师生中倡导热爱科学、崇尚科学、追求真理的精神（可录制垃圾分类情景剧）	全体师生	分校区	大队部
主题班会 （已完成）		班级学生		班主任
红领巾 电视台		全体师生		大队部
黑板报	出一期垃圾分类黑板报，可以和体育节的板报整合	各班	班级课室	班主任、大队部
生活垃圾分类小常识科普展	在校园科学室的展板粘贴垃圾分类的知识进行宣传	全体师生	分校区	科学科组
读科普书	每位同学阅读一本科普书籍，根据班级情况自行通过讲故事、读书卡展示等形式向全班同学介绍自己阅读的科普书籍	1～6年级	班级课室	班主任
好奇电学堂活动	通过实验互动、戏剧演绎（融入安全用电情境模拟、电的科学实验、知识问答、趣味游戏）等方式，将安全用电的知识生动地介绍给孩子	部分班级	华成校区	德育部门

（2）科技竞赛（以年级为单位，自行组织）。

科技竞赛活动

实践创新DIY	垃圾分类宣传画设计 1. 以树贴画的形式宣传垃圾分类，家长可参与作品设计。规格要求 A4 纸 2. 每个年级由级长牵头评选出一等奖 2 名，二等奖 3 名，三等奖 5 名，并将这些优秀作品上交大队部	1～2 年级学生	美术课堂、课余时间	班主任、美术老师、年级级长
	垃圾分类 logo 设计 1. 以海报、手工、绘画等形式设计生活垃圾分类 logo，对垃圾分类进行宣传。规格要求 A4 纸 2. 以年级为单位评选出一等奖 2 名，二等奖 3 名，三等奖 5 名，并将这些优秀作品上交大队部汇编成册	3～6 年级学生	美术课堂、课余时间	班主任、美术老师、年级级长
	"致人类一封信"征文 1. 面对日益受污染、受破坏的环境，致人类一封信，呼吁全员行动，从身边做起，参与到垃圾分类的活动中，爱护地球环境。用 A4 纸打印，并配上图画 2. 以年级为单位评选出一等奖 2 名，二等奖 3 名，三等奖 5 名，并将这些优秀作品上交大队部	3～6 年级学生	课余时间	班主任、语文老师、年级级长

（续上表）

	魔方竞赛 材料：魔方			
科技比赛游戏	穿越纸圈 要求：每班 5 人。在规定的时间内完成最快的组为胜。从一张 A4 纸中钻过去，不能将纸撕成两半 材料：A4 纸一张、剪刀	1～6 年级	各校区（各年级具体地点另通知）	大队部、年级主任、科学科组、班主任
	吹泡泡 要求：每班 5 人。年级统一自制泡泡水，10 秒内泡泡吹得最大的获胜 材料：泡泡水			

（3）科技游园会。

①活动安排。

亲子科技游园会活动安排

项目	要求	时间	负责人协作者
亲子科技游园会	与外部机构合作，组织亲子科技游园会。学生分时间段凭票入校园，有序体验科技活动 1. 每个活动招募两位家长志愿者作为当天的管理员 2. 教育学生爱护体育器材，活动结束完好归还 3. 大队部统一制定活动横幅，美观得体	12 月 9 日（周六） 8：00—9：30 9：40—11：10 11：20—12：50 14：00—15：30 15：40—17：10	德育部门、科学科组、部分老师、部分家长

②"创新·体验·成长"2017 年天河区华阳小学科技体验嘉年华项目清单。

"创新·体验·成长" 2017 年天河区华阳小学科技体验嘉年华——争当华阳探索娃

班级：＿＿＿＿＿＿＿＿ 姓名：＿＿＿＿＿＿＿＿

序号	项目名称	体验位置	项目负责人签名或盖章	序号	项目名称	体验位置	项目负责人签名或盖章
1	空气大炮台	前操场		27	钉子结构	后操场东面风雨棚	
2	足球赛小车			28	空气运球		
3	气量大比拼			29	胶袋升空		
4	气压小火箭			30	魔法泡泡		
5	电磁换能			31	乒乓球连弩		
6	弹簧下楼梯			32	平衡快车		
7	连发橡筋手枪			33	气球对战小车	后操场东面雨棚	
8	水龙卷风			34	强力电磁铁		
9	水顶乒乓球	后操场直跑道		35	柔和电击	后操场西面风雨棚	
10	愤怒的小鸟			36	纱网运水		
11	弹跳僵尸			37	手触电池		
12	箭术比武			38	手摇吹泡泡		
13	乒乓大炮			39	燧石取火		
14	高尔夫大赛			40	太空飞环		
15	激光点火			41	特斯拉线圈	后操场舞台旁	
16	倒车高手			42	体感游戏网球		
17	不倒陀螺仪	七彩长廊		43	遥控对战机器人		
18	跳豆迷宫			44	巧取羽毛		
19	鱼洗现象			45	弹珠台		
20	音控水柱			46	太阳能磁悬浮		
21	磁珠迷宫			47	圆珠爬坡		
22	踩高跷			48	气球越狱		
23	磁阻现象			49	创意搭建	前操场中厅	
24	气垫台球			50	3D 打印	后操场校门口	

（续上表）

序号	项目名称	体验位置	项目负责人签名或盖章	序号	项目名称	体验位置	项目负责人签名或盖章
25	电动挖掘机	后操场东面风雨棚		51	无人机	后操场篮球场	
26	遥控六足机器人						

备注：1. 体验时间结束，体验项目超过20个（含20个）的同学将体验表交给后操场出口处回收点的老师

　　　2. 体验项目超过20个（含20个）的同学可荣获"华阳探索娃"称号，学校统一颁发奖状

③活动要求。

活动具体要求

序号	具体要求
1	联系租借科技体验器材，落实体验项目，并提早协调布置好场地
2	设计并印发"入场券""体验单"。保证每个班级都有每个时段的入场券（每个时段各8~10张）
3	华阳十大"科技小达人"海报宣传，提早布置
4	1. 周六安排4位老师加班和8~9位义工家长协助，周三（12月5日）把名单发给叶振宇老师汇总（如果个别年级安排在一天有困难，建议可以分上午、下午各一批） 2. 加班老师及义工家长子女当天科技体验时间不受限制
5	1. 提早把"入场券"和"体验单"发给学生，并针对"温馨提示"的内容进行强调，要求学生严格遵守 2. 保证每个班级各个时间段都有，如需调换请班级内部自行解决 3. 周六活动以自愿参加为原则
6	各年级负责的体验项目所需器材、桌椅等请在12月8日（周五）17：30前准备完毕

（续上表）

序号	具体要求
7	1. 周六当天请加班老师和义工家长提早 30 分钟到位，熟悉游戏规则 2. 活动结束，请各年级体验点负责老师和家长整理设备如数归还，并做好清场工作
8	汇总各年级加班老师和义工家长名单，统计订餐人数（含保安、保洁），并提早订好快餐，做好领餐登记表
9	1. 协助配合好场地布置 2. 准备瓶装水 3. 拍照
10	校园保洁、厕所卫生
11	1. 礼貌指引家长、学生根据时间段有序凭"入场券"进入校园和离开校园（前后门各安排 2 名保安） 2. 配合做好场地布置，保证校园安全
12	活动横幅定制和悬挂
13	活动新闻稿

2. 快乐体验，童心同行——华阳小学第七届科技节

2016 年 12 月 26 日至 30 日，为期一周的第七届科技节活动在我校快乐上演。其间，我校充分利用国旗下讲话、主题班会、红领巾电视台等平台对科学知识进行宣传普及，激励孩子们热爱科学、追求真理、勇于实践、自主创新。

12 月 27 日下午，我校特邀 TVS5 广东少儿频道主持人开展以"好奇电学堂，智慧校园行"为主题的宣传活动，活动现场借助"神奇的水母"等科学实验，通过有趣的知识问答，向学生普及了智慧用电、节能用电、安全用电的知识。一串串有趣的问题，一个个神奇的实验，引领整个活动走向一个又一个的高潮，大家都被"电"到了，人人获益良多。

12 月 29 日下午、30 日全天，学校又以游园形式分校区开展了创意互动实验项目体验活动。热闹的操场上，几十个体验项目让孩子们欢笑连连。"气压小火箭"项目前的孩子一个个摩拳擦掌，"圆球爬坡""遥控六足机器人"项目前都是惊讶的表情……在全体老师及众多家长义工的组织下，每个孩子都在丰富多彩的活动中收获了欢乐、增长了才识。游园会整

整持续了两个小时，但孩子们还是意犹未尽，欢腾的校园将本届校园科技节的气氛推向了高潮。

此次科技节活动，极大地丰富了孩子们的校园生活，激发了孩子们学科学、爱科学的兴趣，让他们在丰富多彩的活动中充分体验了学习、创造、动手、动脑的乐趣，在潜移默化中提升了科学素养。科技节虽只有一周，但华阳小学师生探索创新的脚步不会停止，期待他们用心探索更多的科学知识。

3. 用创新点缀校园，让科技融入理想——华阳小学第五届科技节汇报展示活动

为了在全校范围内营造浓厚的"学科学、爱科学、用科学"的科技氛围，2014年12月5日上午，我校举行了"用创新点缀校园，让科技融入理想"第五届科技节汇报展示活动。

本次汇报展示了我校形式多样的科技体验活动，体验项目新颖、繁多，如：学看真假人民币、彩虹圈下楼梯、激光射击、水顶乒乓球、水龙卷风、新型电动滑板车、吸盘弓箭、神奇的魔术螺丝、高跷上的平衡、考考你的倒车技术、气量大比拼……孩子们参与热情高涨，收获颇丰。

我校今年的科技节定在11月份。在历时一个月的科技节中，校园里处处充满了"学科学、爱科学、用科学"的浓烈氛围，同学们以"崇尚科学为荣"积极参加儿童科学幻想绘画、生物摄影、发明创意金点子等比赛。

活动现场，周洁校长代表我校接受了《现代中小学生报》为我校颁发的科技小记者站牌匾。《现代中小学生报》活动部的陈老师、黄老师和我校小记者站负责老师彭俏苑还为我们华阳小学的全体小记者颁发小记者证，并赠送小记者服，希望他们能履行好小记者的职责，积极报道和宣传丰富多彩的校园生活。学校还对本次科技节各项活动进行简单而隆重的颁奖仪式。

本届科技节不仅给我校的学生带来不一样的收获，而且在促进我校科技创新教育的发展、提高学生的科学素质和实践能力方面发挥了重要作用。

第三节 营造 "七彩自立" 的环境氛围

一、青葱绿榕

"三季无声张，强枝壮叶忙。金秋一树花，老幼皆赞赏。"

在一座座高楼的簇拥下，有一处静谧之所绿意盎然，葱蔚泗润。她，就是创办于 1992 年的广州市天河区华阳小学。这是一个诗意盎然、书声琅琅的学习之地，也是一个活力多姿、意气风发的活动之所，还是一个爱意弥漫、笑声盈耳的成长之域，更是一个其乐融融、欢喜与共的大家园。

踏入校门，映入眼帘的便是那棵葱郁葳蕤的大榕树。大榕树笔直粗壮的树干挺立在花坛之上，俨然是一位慈祥又庄重的长者，庇护着校内一草一木的生长，陪伴着校园里的芸芸孩童。这位长者俊秀挺拔，只有把头扬起，才能看见它那亭亭如盖般的树冠。阳光倾泻而下，铺满米白色瓷砖的地板上立刻勾勒出蔚然深秀的树影，清风拂过，树叶哗哗作响，为朝气蓬勃的校园又增添了几分灵动。

大榕树底下站立着 7 个个性鲜明的太阳娃，他们头顶光芒，身着各色靓衣，红领巾迎风飘动，校徽精致醒目。他们或奔跑，或驻足，或跳跃，举手投足间尽显阳光自信，澄澈双眸中尽展文明睿智，萌萌的外表下是丰富的涵养。太阳娃与每一位师生一起，共同经历，共同成长，共铸辉煌。每一位太阳娃都有一个名字，橙色的是热爱运动的活力娃，赤色的是阳光自信的阳光娃，紫色的是文明有礼的美德娃，蓝色的是好学善思的好学娃，绿色的是享受阅读的阅读娃，青色的是实践创新的探索娃，黄色的是个性鲜明的追梦娃。

华阳小学以"七彩课程，焕发生命风采"为课程理念，意味着华阳小学的课程以阳光般七彩的绚丽滋养着每一个学生，让他们焕发出生命自由而奔放的多样风采。七彩娃与七彩课程遥相呼应，让孩子们在华阳小学的沃土之上更恣意地成长！

"朝气、灵气、大气"几个醒目的大字安放在教学楼最上端，红色的字迹在阳光的照耀下愈发彰显勃勃生机——朝气蓬勃的孩子如同初升的太

阳，他们灵动活泼的身影遍布在校园的各个角落。敦兮其若朴，旷兮其若谷，德育于无形，华阳莘莘学子在这般朝气灵动的环境下熏陶长大，自幼便知胸怀宽广于漫漫成长之路中是何等重要。

二、璀璨银河

沿着米白瓷砖路往里走，会寻得一条绿树成荫、充满着欢声笑语的七彩长廊。横跨教学楼与综合楼之上的，是一座圆拱形连廊。横架七彩长廊之上的连廊犹如腾空而起的彩虹桥，俊逸灵动的七彩长廊在彩虹桥的映衬下显得越发端庄深邃。

七彩长廊起于校园的直跑道，终于常年青葱秀美的篱墙里的绿化带，七彩长廊实际距离虽然有限，但在孩子们心里，它却是一条没有边际的璀璨银河，孩子们可以尽情地在长廊里玩耍嬉戏、谈天说地、学习新知，在这条快乐的银河里没有烦恼，只有丰富多彩的知识浪花在涌动，并在每个孩子心中泛起阵阵涟漪……

这条璀璨银河中站立着七个象征华阳小学"七彩生本自立课程"的太阳娃，分别对应七个目标：热爱运动、阳光自信、文明有礼、好学善思、享受阅读、实践创新、个性鲜明。

七个太阳娃个性鲜明，积极昂扬，就像校园里那些活泼可爱的孩子们。这七个形态各异的太阳娃静静地站立在长廊上，诉说着背后的故事……

赤色象征着热情、温暖和无限的生命力。榜样的力量不可估量，阳光自信娃带着太阳的光泽，如同一朵向阳而生的向日葵，以勃勃的生命力影响着一群群华阳学子。邹芷婷年纪虽小却热心公益事业，在无形中告知孩子们要明确社会责任感，热心助人，乐于奉献。邹芷婷是 2009 届毕业生，性格开朗、阳光、自信，现为星海音乐学院民族唱法专业在读学生。她的民族唱法表现突出，曾多次登台比赛，并在"童声童气"少儿歌唱大赛中获得金奖。她还经常参加公益演出，如广州市创文明城市文艺会演，迎接十八大文艺会演，慰问老人献爱心演出，亚运会志愿者演出等。

橙色象征着元气与活力，热爱运动的活力娃给人以蓬勃的朝气与无穷的力量感。热爱运动的李毓瑜是橙色活力娃的代表，她于 2003 年从华阳小学毕业，曾为广东花样游泳运动员，现已退役。艰苦的花样游泳训练带给她健美与荣誉：曾获亚洲冠军杯花样游泳比赛双人自选动作第二名，全国青年花样游泳锦标赛集体自选动作冠军、双人自选冠军。2010 年李毓瑜参加"美在花城"比赛，荣获"优秀选手"称号，同年参加"食在广州"活动，担任亲善大使。

黄色，是光荣、希望、光明的代言，个性鲜明的追梦娃穿着黄色的衣服，开怀大笑，富有感染力的笑脸影响了每一位从他身边走过的孩子。常石磊是华阳小学首届毕业生，正是在华阳小学种下了七彩音乐梦。他是追梦娃的代表，更是华阳小学的骄傲。常石磊毕业于上海音乐学院音乐工程系，是全能型音乐人、金牌制作人、新生代音乐创作人及歌手。他受邀担任了众多国际大型赛事和文化活动的音乐创作，并演唱了众多脍炙人口的歌曲，也是北京奥运会开幕式主题歌《我和你》的编曲、原唱，其个性唱腔风靡海内外。

绿色是自然和平与幸福理智的化身，穿着绿衣的阅读娃无处不在。漫步在校园，常常能捕捉到这样的画面——一个个阳光稚嫩的太阳娃安静地捧着书，坐在校园的图书角专注地阅读，阳光暖暖地倾泻而下，洒落在孩子们的书本上、指缝间，浓浓的书香味，好不惬意。陈楠，是 1998 届毕业生，她是阅读娃的代表。与常人不同的是，她的身体并不健全，因脑瘫留下了严重的后遗症。但她自强不息，用数倍于常人的付出，顺利完成了小学、初中、高中、大学，被医生称为"医学奇迹"。从小爱好阅读的她，以其顽强的意志在华阳小学开始编织七彩的文学梦，打下了良好的文学基础。她热爱创作，多次发表作品，现已出版散文集《路在脚下，梦在远方》。2013 年，陈楠加入了广州市作家协会。目前正应邀撰写一部儿童电视剧剧本。

青出于蓝，而胜于蓝，青色是智慧、沉静的象征，预示着思考与探索。在华阳小学，也有这样一位非同一般的学子。叶泉志是探索娃的代表，他在华阳小学开启了七彩科学梦，于 2000 年毕业。如今，叶泉志已是国内知名业余天文学家，曾获"苏梅克近地天体奖"。他长期致力于小行星研究，是第一个发现 NEAT 小行星的中国人，任"晴天钟"网站站长。一位从小怀揣着天文梦想的孩子，在华阳小学度过了美好的童年时光，在包容开放的环境中浸润成长，而后走出了一条创新的天文科学之路。

如大海般深邃、如天空般明净的蓝色，是冷静、真实、真理之美，就像严谨的数学之美。好学善思的彭子芮，为 2003 届毕业生。乐于学习，善于思考的他，现就读于美国加州大学伯克利分校。在国际关系问题、行为经济学及宏观经济学三方面的研究成果突出。为加州参议院选举助选总部

选区组长、三藩市市长选举总部华裔选民策略分析师，曾接受《明报》《侨报》《世界日报》《星岛日报》《华裔周报》等媒体采访。

紫色是高贵的象征，于孩子而言，文明有礼、品德高尚就是高贵的。文明有礼娃的代表，是 2006 届毕业生林思韵。她曾为 2010 年广州亚运会火炬手、广州亚运会学生形象大使，曾参加过推动社会文明的"正能量"活动。更值得华阳小学骄傲的是，她也是 2010 年哈佛大学中美学生领袖峰会（HSYLC）代表之一，同年获北京大学全国高中生模拟联合国大会最佳阐述奖。

三、自由广场

蒙台梭利有言：没有自由就没有儿童真正的成长。为了儿童生命的自由解放与积极成长，华阳小学在校园内开辟各种平台，创造各种机会，自由广场就是能代表学校办学理念的平台之一。

几组简单的浮雕，几个挥洒自如的大字，构成了华阳小学的自由广场。犹如一幅留白的画卷，简单涂抹却可以自由想象；犹如一个开放的舞台，未经装饰却可以自由舞蹈；犹如一片肥沃的土壤，播撒梦想就可以生根发芽——在这里，儿童的天性得以细心呵护，成长的空间得以无限扩大。

一种自由的理念，催生一种自由的管理，造就一所自由的学校。自由广场，让梦飞扬！在学校的鼓励下，学生把这里作为交换空间，以物易物的古老方式，穿过数千年的时光长廊，以一种时尚新潮的姿态在华阳小学华丽亮相。在教师的指点下，学生还把这里作为展示空间，组织各种演出活动，亮出自己的风采。

"心自由，行至远"是华阳小学的校训，也是学校生本校园文化构建的依据。学校空间虽然不太大，但心的空间可以无限大。正所谓心有多大，舞台就有多大。华阳小学林和东校区的自由广场，就是一个百花齐放的大舞台，跟随着生本理念的引领，以尊重学生的生命需要为角度出发，在自由广场上，每一个孩子都可以尽情地进行富有创意的活动。

学生社团活动是一种活泼有效的教育形式，是学校第二课堂的重要组成部分，更是一个可以让学生开发自身潜能、展示自我、不断超越自我的大舞台。在华阳小学，以生为本的教学理念、呵护天性的德育理念，于社团活动中得到充分体现。从建校之初到现在，华阳小学共组建了 86 个学生社团，各种活动犹如跳动的音符，活跃着校园氛围、丰富着孩子的校园生活，让孩子们能在一次次体验中得到快乐、获得提升。

自由广场是校园社团活动的一个代表性舞台，在此曾如火如荼地开展过大大小小的多场精彩丰富的社团活动。华阳小学建设的"太阳娃社团"，以"自主社团"与"班级社团"的组织方式进行，把学校各类活动全部交由社团承办，从设计社团标志、制定活动公约到申请预订活动场地，大多由学生独立完成。

保护环境，是人类永恒的主题，是我们的责任所在。2011年3月8日，在林和东校区的自由广场上，校区少先队启动了"为了广州更美丽，垃圾分类我参与"系列主题活动。启动仪式上，在场学生积极响应，自主地表达了自己的决心，以各种竞赛比拼的方式进行活动，彰显了自由广场的民主精神，也让学生在活动中更加深刻地感受到垃圾分类的重要性。2013年4月，广州市垃圾分类现场会在林和东校区的自由广场召开，校区的学生再一次因垃圾分类的话题齐聚在自由广场上，并随同与会的200余位代表参观了校园展示的垃圾分类活动展板及成果。

2015年6月25日，华阳小学红领巾管乐团在自由广场进行首场演出。自由广场，构成了一个自由而开放的环境，成为孩子们不可或缺的筑梦摇篮。

华阳小学校歌《向着太阳奔跑》的小作曲家梅占峰曾这样说过："我们学校有个乐团叫'华阳小学现代乐团'，是目前全国小学中规模最大的混编乐团。我是乐团的老队员，乐团刚组建时我就加入了。不管学习多忙我都坚持去乐团排练。功夫不负有心人，我们乐团40个小伙伴在指挥郑海洋老师的辛勤指导和乐团顾问朱燕雯老师的大力协助下，勇夺广东省第二届中小学生器乐比赛一等奖，并在自由广场多次进行演奏。"

如今，每当校歌的旋律在华阳学子耳畔响起，梅占峰的声音就会化为十个声音、百个声音、千个声音，而这些声音都将汇聚成一个声音，因为这是华阳人共有的姿态、共有的精神、共有的梦想。正像歌词里所说：我向着太阳奔跑，梦想在心中萦绕，就算偶尔跌倒，都不重要，我用我的汗水向明天问好，我向着太阳奔跑！

四、最美书吧

一所优秀的学校，应该拥有许多打动人心的地方。比如光荣榜上每月

各班的"美德首富";比如墙上色彩缤纷、彰显学生个性的各类作品;比如挂在架空层上的,由孩子手工完成的七彩灯笼;比如楼道转角处消防栓柜上,那一张张由孩子绘制而成的消防彩画;再比如每层楼道尽头,那个安静祥和,由孩子自主管理的最美书吧。

如果说人生像风筝,那么图书就如一缕清风,它送风筝悠悠地往高空飘扬;如果说日子是脚下的小路,那么图书就是无尽的远方,它把小路无限地延伸;如果说生活是一双筷子,那么图书就是一席美味盛宴,它让人们把酸甜苦辣一一品尝。

最是书香能致远,腹有诗书气自华。人的一生难离书籍,更难离学习。无论是伟大的革命导师,还是文化界的名家,都在倡导多读书、常读书、读好书,把灵魂的塑造和知识的武装作为人生的基本需求和成熟的标志。华阳小学重视阅读,大阅读的教育理念在很多细节上都有所体现,尤其是在校园文化的建设、营造与学生阅读意识的培养上。为了让学生多阅读,每层楼道都建了一个最美书吧,每当下课铃声响起,学生有序地从课室走出,有的在楼道嬉戏,有的聚在一起聊见闻,有的则安静地坐在书吧阅读。

无论外面的嬉戏声与欢笑声如何清澈响亮,坐在书吧的学生都丝毫不受影响,阳光洒在他们的书本上,落在他们的肩上。学生的心情跟随着书本的内容起起伏伏,专注而认真。最值得华阳人骄傲的是,无论学生年龄多大、识字量多少,都会有这样一群学生,捧着一本书聚精会神地看着,完全沉浸在书的世界里,他们时而露出笑容,时而泪流满面,时而咬牙切齿,周围的一切他们都视而不见,亦充耳不闻。

华阳小学建设的"自主实践基地",以"自主管理"与"班级管理"的组织方式进行,把学校各类活动全部交由班级认领与管理。在自主实践基地的管理中,学生自主聚合、自主实践、自主管理、自主优化;在班级管理中,学生承担责任、学会合作、发挥所长、完善自我。

华阳小学的自主实践基地是一项特色校园文化,自主实践基地由学生自主认领并管理,丰富且极具个性化的内容项目深受学生的喜爱,其中,每个楼层的最美书吧就是管理项目之一。认领了管理书吧的班级每天都要到相应图书角检查图书情况——同学是否爱护图书、是否归还,书架上的图书是否摆放整齐……小小管理员们可以在课间自由阅读书吧的图书,但要负责整理好书籍,同时也有责任提醒该楼层的同学爱护图书,一起成为爱护图书的小使者。

"小书虫"刘芷菲说:"我不爱去游乐场,不爱去商店,而是在图书馆扎了根,在学校里我也最喜欢和朋友在书吧阅读。清凉的风,淡淡的墨香,米白色的书架,多种多样的图书,这是校园书吧给我的印象。只要有空,我必定和好朋友约好在书吧相见,捧着一本书,津津有味、如饥似渴地阅读,或者我们一起读一本书,读完畅快地讨论着故事中的人物或情节。仿佛我们也是书中的一个人物,我们一起探险、一起旅游、一起分享喜怒哀乐,这时候时间过得飞快。读书使我快乐,这种感觉太奇妙了!"

因为有了光,自然界方能呈现多姿多彩的美丽。对于华阳学子而言,书籍就像一道光,一道普照大地的金光,指引着他们朝着梦想的灯塔勇敢前行。在书籍之光的照耀下,华阳小学的书吧就像角落里明亮且炫目的一盏灯,孩子们自由自在地遨游在学校为他们营造的书海之中,积极主动地行走在教师为他们搭建的最美书吧里,快乐求知、欣然成长。作为以大阅读为理念构建的教学实践,闪耀着七彩光芒的华阳文化与华阳课程已然结出丰硕而又甘甜的果实。

五、班级文化

每天,当太阳把金色的光辉悄然披洒在一朵朵美丽的花儿上时,当微风轻柔地吹动和托起一丝丝花絮的时候,当美丽的花瓣在空中悠悠地打了几个卷儿,再轻轻地落地的时候,华阳学子正快乐地行走在美丽的校园里,自由地徜徉在文化的海洋中,幸福地享受着烂漫的生活,茁壮地成长。

在华阳小学,因为爱的情怀,因为梦的七彩,华阳学子拥有一颗颗跳动的心,一张张稚嫩的脸,他们编织着、欢唱着一曲曲动人的歌谣。

班级是校园最小的单位,是学校最重要的组成部分。班级文化建设是班级工作的重要组成部分,是构成班级实力和竞争力的重要因素之一,也是学生自我陶冶的根本。孔子曰:"入兰芷之室,久而不闻其香,则与之化矣。"马克思也曾说:"人创造了环境,同时环境也创造了人。"可以说,人是环境的产物,而环境是一种无声的教育力量。诚然,班级是孩子学习生活的场所,是孩子的另一个家园,班级文化于孩子而言,重要性更是不言而喻,它在潜移默化中影响着孩子的行为习惯、文化素养、思维模式和价值取向。

"以生为本,个性鲜明"是华阳小学课程建设的追求,意在让每一个

华阳学子、每一位家长与教师携手并肩,共同参与个性化班级文化的商讨、研磨、设计与制定,进而让个性化的种子在自由民主的班级沃土中开花结果,孩子们在此学得积极、学得活泼、学得自成。在华阳小学班级特色文化百花齐放的景象中,我们欣喜地看到,集体的智慧是无穷的,孩子们的创意是无限的,每一个集体着力点各不一样,就像万亩花田中开出了形态各异、姿态万千的花朵,这些个性之花欣然怒放,不断成长!

1. 粤语方言特色课程

粤语是广府文化的重要载体。小学阶段的学生处在习得语言的绝佳年纪。班里学生的祖籍来自大江南北,在那些"佶屈聱牙"的语音语调中,粤语变成一种"可远观而不可亵玩焉"的本土语言。家长们为了让孩子们能更多地了解广府文化,更好地领略这座城市的风华与面貌,向班主任邱靖老师多次提出了如此请求:如果咱们班有粤语课,该多好呀!

邱老师是土生土长的广州人,为了让孩子们更好地学习粤语,创建了以粤语为特色的班级文化,同时开展相应的班级特色课程,把"粤语文化"做扎实。邱老师认为:让孩子感受语言的声律之美,体会方言的诙谐巧味,体味广府人民上千年来积淀在其中的生活智慧和历史感悟,这是一个极有意义的全新尝试。

此后,邱老师开始开发课程内容,不但引导孩子们用粤语学说"你好""谢谢""对不起"等日常用语,还让孩子们了解"眼火""牙烟"等幽默有趣的方言用词。邱老师的粤语课堂笑声不断,孩子们兴趣更浓,学得扎实、学得快乐。这既增进了孩子们的语言技能,又丰富了他们的历史文化知识,增强了他们对广州和广府文化的认同感。对此,家长们也是好评不断。

2. 正面管教班级

自从华成校区合并进入华阳小学以后,生本理念的影响更为扩大,越来越多的华阳学子在生本舞台上尽情展现,并在此过程中得到了锤炼与成长。

华成校区的六年 11 班,班风优良,学生有礼貌,班主任范秀红老师年轻有为、积极主动。范老师于 2017 年暑期参加了正面管教家长讲师与学校讲师的学习,并被正式认证为双讲师。回到班级里的范老师,经常利用正面管教的理念和学生相处,坚持"温和而坚定"的育人理念,她是华阳小学正面管教理念的贯彻实施者。在范老师多年正面的鼓励与引导下,六年11 班的学生越发自信大方,家长对范老师也更加肯定与认可。正如范老师所言："让正面管教在班级和家长中全面开花，这是个让彼此感觉好起来的育人育己方式。"

六、逐日远行

"翩若惊鸿，婉若游龙，荣曜秋菊，华茂春松。"看，那一个个昂首阔步而来的华阳学子，那一个个逐日远行而去的少年精英，不正是一棵棵挺立超拔、华美茂盛的小小青松。九年义务教育下，孩子们将在小学里度过六年的时光，从他们用小小的身子背着硕大的书包踏入小学校门那天开始，他们生命中的大多数日子都在学校里度过，日复一日、年复一年，从6岁到12岁，他们在校园里如何生活、如何成长，将直接影响他们每一个人的未来，也将影响民族的未来、社会的未来、文明的未来。

如今，华阳学子们正在充满朝气、灵气、大气的校园里张扬个性、放飞心灵，他们心中坚持着"心自由，行至远"的信念，在自己的生命轨迹上不断绘制精妙的人生蓝图。今后，华阳学子们将创造出一个个过人的成绩，将书写一份份完美的答卷！

第五章 "七彩生本自立课程"成效

第一节 已有成效分析

一、学校的发展——七色光芒，特色成长

为了培养学生树立自立意识，拥有自立能力，养成自立习惯，我校开展了"七彩生本自立课程"的构建与实施的行动研究，历经十多年探索，取得了显著成效，构建了既符合素质教育要求，又达成本校培养目标的整体课程体系，包括凝聚特色的课程理念、具体的课程目标、系统的课程内容、创新有效的课程实施策略和评价方式等，促进了学生"向着太阳，自立远行"的全面发展，实现了学校的优质办学目标。学校现任校长周洁作为党的十九大代表，在十九大会议期间接受采访时表示："我校以课程建设促进每一个学生的充分发展，努力满足社会对'公平而有质量'的美好教育的需求。"学校获得综合荣誉百余项，多所学校推广运用华阳小学的课改模式，中央电视台等媒体相关报道398次，国内外近5万人次来校考察、学习和交流，办学成果得到了社会各界的高度认可。

"七彩生本自立课程"的构建与实践，包括"太阳娃自立远行"的课程理念、"拥有完整心灵的太阳娃"的七维课程目标、国家课程与校本特色课程彼此融合的课程内容、六层级的课程实施、教师和家长层面的课程保障和多元化、智慧化的课程评价。

其中，课程理念、目标、内容、实施等方面在前文都有详细介绍，在课程保障方面，我校创设了一系列具有华阳特色、彰显华阳精神的教师发展课程。如全员以团队方式参与的课堂教学大赛——"华阳杯"；反刍式校本培训——"华阳智慧"；互促化的教学研修——科组教研、师徒结对；

弘扬正能量的师德建设活动——"华阳演说家";以教研促科研的课题研究;让生本教育不断优化的"生本研究室";教师外出学习、阅读交流分享的"教师微讲坛";彰显教师七彩生活的十多个教师社团;华阳教师的"起航—飞翔—领航"梯度培养机制等。此外,还设有家校交流课程,如"华阳有约""家长沙龙"和"家校直通车"等,建立了完善的家委会机制,助力学校发展。教师发展课程和家校交流课程都是学生发展的支持课程,是课程体系得以运行及课程目标有效达成的强力保障。

在课程评价方面,我校构建了多元化与智慧化的课程评价体系。

第一,构建了课程评价指标体系。"七彩生本自立课程"构建了"赤橙黄绿青蓝紫"七色评价指标体系,以蓝之海思维课程为例,其研发的自学手册是课程的重要抓手,采用的阳光评价指标体系见下图:

评价内容	关键指标/指标内涵	自学手册设计的评价标准	自学手册教师使用的评价标准	自学手册学生使用的评价标准
学业发展水平	**学会学习** • 具有积极的学习态度和动机,主动完成自学手册 • 能够合理利用多样化的学习资源与途径,高质量完成自学手册 • 能积极自主学习,根据建议落实学习,进一步完善自学手册,在经验中获得成长	栏目结构完整:包含目标框架完整(有目标有问题),精学课、练习课、整理课四种课型,有较合理规范的描述性规范;设计的自学目标具体明确,各个环节进行及时有效的激励性评价,评价要求具体深入,有针对性	学法指导适当:(教师对学生提出的问题进行正确指导,及时解决生成性问题),评价精准到位;(教师对课堂教学中有效的激励性评价,评价要求具体深入,有针对性)	自学效果良好:(学生能够按自学手册的要求开展自学,有良好的自学基础);合理使用笔记:(学生能用不同颜色的笔记录下知识疑问点和补充点)
对数学学科的兴趣与潜能激发	**爱好特长** 喜欢做自学手册	情感激励显著:(设计自评与老师评详细打分,累计积分)	激励学生好学:(教师鼓励学生使用自学手册,完善知识内容)	学生认真完成:(学生认真完成自学手册,不马虎应付)
	实践能力 结合已有知识技能和实际进行思考,解决自学手册提出的实践问题	设计形式丰富:(设计阅读、调查、动手操作、解决问题等学习形式)	组织形式灵活:(教师根据实际对自学手册灵活运用,采取多样的组织形式,锻炼学生的实践能力)	小组合作有效:(小组成员主动参与讨论、团队意识强)
	创新意识 对自学手册保持好奇心和开放性,反思和质疑、批判精神和独立思考;具有探究精神,根据自学手册的	激发创新意识:(设计执教主动发现和措置解决问题,优化完善自学手册反思)	创设发现情境:(教师在课堂教学中鼓励学生一题多解,优化方法,鼓励学生提出疑问,发现问题)	展示精彩多样:(学生能用多样化形式,展示精彩的思维活跃有序)

自学手册课业负担状况 / 对运用自学手册的认识	关键指标/指标内涵	设计的评价标准	教师使用的评价标准	学生使用的评价标准
	学习内容能提出个人见解和有价值的想法			题,相互质疑探讨,进行合理优化)
自学手册课业负担状况	**学习时间** 各年级学生完成自学手册的时间符合国家规定的标准	学习内容适量:(设计的学习内容,低、中、高年级学生能在合理的时间内完成)	学习时间高效:(教师在课堂内充分利用自学手册新增的时间合理可控)	学习时间合理:(学生完成自学手册的时间合理可控)
	课业质量 课题教学、作业和考试(测验)的有效性	课业容易度得当:(设计学习内容分层次,由易到难)	教学效果提升:(教师课堂教学效率高,目标达成度高)	课业质量提升:(学生较好掌握当堂的新知识,测试成绩较好)
	学习压力 学生在学习过程中喜欢自学手册	学习负担较轻:(设计一个问题或一个知识点的探究)	减轻学习负担:(教师根据本班学生的实际情况,减轻学习负担)	学习压力较轻:(学生能自主探究完成自学手册)
对运用自学手册的认识	**教学关系** 自学手册能够调动学生积极参与课堂	鼓励自主探究:(鼓励自主思考后在课堂进行自主探究,采取灵活的组织形式,引导学生参与讨论和交流)	组织形式灵活:(教师根据自学手册的内容,采取灵活的组织形式,引导学生参与课堂的积极性)	学生积极参与:(学生积极参与课堂交流讨论,小组汇报)
	师生关系 自学手册成为师生沟通的一个纽带,相互尊重、相互信任	增进师生关系:(以自学手册为载体,促进师生学习状况)	了解学情:(了解学生学习情况,及时调整教学内容,通过自学手册)	反馈问题及时:(学生遇到学习疑问,求问教师)
	家校关系 自学手册得到家长的认同和支持	获得家长认同:(家长对学生与孩子共同完成的自学手册给予评价)	家校沟通及时:(教师与家长对接自学手册,及时与家校沟通)	关注家校评价:(学生及了解家校评价,调整自身行为)

蓝之海思维课程之自学手册阳光评价指标体系

第二,评价方式多元化。力争通过有趣的评价方式促进学生的发展,比如紫之贵美德课程的"小太阳美德成长银行",蓝之海思维课程的"课堂地图",赤之远责任课程的"特色奖状""心愿完成卡",绿之趣阅读课程的"华阳小学语文素养'121'综合评价表"等。

华阳小学语文素养"121"综合评价表

班级	1 专题阅读汇报			2 学科素养竞赛				1 学年课外阅读达标测评		
	参与率	合格率	优秀率	上学期 年级达标率 各班阅读成果作品发表	下学期 年级达标率 各班阅读成果作品发表	参与率	合格率	年级达标率 各班课外阅读有感人次	年级课外阅读平均数 各班课外阅读平均数	
1										
2										
3										
4										
5										
6										
7										
8										
9										
10										

注："121"指每学年进行一次年级专题阅读竞赛（或专题阅读汇报），两次学科素养竞赛，一次课外阅读达标测评。

第三，评价主体多元化。除了教师评价外，重视学生自评、生生互评、小组评价、家长评价，以及社会评价。比如，许多班级的特色活动，走进小区，走进社会福利院，甚至到清远、韶关、贵州等地的山区学校进行一帮一的图书角共建等，这在社会上引起了很好的反响，报纸、网络都有相关报道评价。

第四，评价手段智慧化。一方面，结合学校"广州市智慧校园"建设，以七色课程的"七色花瓣"为载体，利用智慧平台对学生进行线上评价。以评促学、以评优教，进一步提升课程质量。另一方面，各门课程根据自身特点，采用信息化手段进行有效评价。以绿之趣阅读课程为例，采用何建芬老师获得国家版权局计算机软件著作权专利的研究成果"小学语文生态教学辅助系统V1.0"，对学生的阅读有效性进行评价。

经过多年的持续建设、发展与提升，我校的课程建设促进了学生、教师和学校的发展，得到了广泛肯定和高度评价。

学校先后获得全国"十一五"教育科研先进集体、全国中小学科研兴校示范基地、全国科研兴校示范基地、中央文明办"做一个有道德的人"活动联系点等综合荣誉，国内外近5万人次来校考察、学习和交流，中央电视台等媒体398次报道了我校教育教学改革所取得的先进经验及办学成果。自2012年以来，学校与课程建设相关的获奖成果共10项，出版专著4本。《广东教育》以专题形式报道我校课程建设成果，《人民教育》刊发了周洁校长的论文《再造，有"舍"才有"得"》。华阳小学近年主要成果见下表：

华阳小学近年主要成果

时间	成果名称	奖项名称	获奖等级	颁奖部门
2018－01	小学语文生态教学辅助系统V1.0	国家版权局计算机软件著作权专利	专利	中华人民共和国国家版权局
2017－12	华阳小学"七彩生本自立课程"体系的构建与实施	2017年广东省教育教学成果奖（基础教育类）	一等奖	广东省教育厅
2017－11	让成长如花绽放——华阳小学"七彩生本自立课程"方案	广东省中小学特色课程建设方案奖	一等奖	广东省教育研究院
2015－09	华阳小学"自立课程"体系的构建与实施研究	广州市教学成果奖	一等奖	广州市教育局
2015－06	社团活动引领生命自主成长	广州市第四届中小学德育创新奖	一等奖	广州市教育局

二、教师的发展——不待扬鞭自奋蹄

教师专业化是教师不断提升素养的过程。它不仅是一个量的积累过程，也是一个质的提高过程。教师的专业知识、能力、教学经验不断得到积累和提高，使自己从一个教学新手不断向熟练教师转变，甚至成为一个专家，并在追求中实现自身的人生价值。同时它又反过来促进教师形成强烈的职业情感、职业期待和职业承诺，在职业追求过程中提升自己的道德情操。

这里我们不得不强调的是：全体华阳小学教师在爱学生、爱教育的道路上，在坚持生本教育、践行生本教育的道路上凝聚而成的包括开拓、奉献、实干、合作、自律等元素在内的华阳精神，是我们走得越来越高远、课程开发越来越扎实的根本原因。教师们说："作为华阳教师团队的一分子，我们感受到的是满满的幸福……"在课程开发的这一方天地里，我们有着"不待扬鞭自奋蹄"的积极性和钻研精神。

（一）课程开发，主动参与

二十世纪三四十年代，美国学者柯利尔和勒温首先提出行动研究，它是一种以"参与"和"合作"为特征的研究方式，主要是指教师在实际情境中进行研究，并将研究结果在同一情境中加以应用，从而不断改进教学工作的探索活动。校本课程开发就是教师不断反思、参与科学探索的过程，它遵循"开发—实施—观察—反思—再开发"这个螺旋上升的过程，要求教师从课程的使用者转化为课程的创造者；要求教师既是教育教学的实践者，又是课程的开发者和研究者。在校本课程开发的过程中，教师不仅要研究学校和学生，反思自身，还要研究问题的解决方案，以及研究交往、协调的方法。在行动研究过程中，教师通过对自己教学行为的反思，总结经验教训，研究教学过程，从而发现适合自己的教学方式和教学风格，最终提高自己的教学水平和研究能力。教师为了提高对所从事的教育实践的认识，就需要对课程开发过程不断地反思，在反思过程中提高自己的能力和素养。由此可见，校本课程开发本质上就是教育行动研究的过程，教育行动研究是校本课程开发的内在要求。因此，校本课程开发本质上要求教师具有教育行动研究的素养。教师通过对校本课程开发实践情境的不断反思，逐步提高自己的主体意识、问题意识和研究能力。

首先，华阳小学的教师团队和个人，在开发课程的同时努力提高自己的综合素养。教师通过自己的努力，得到学生的尊重，以及家长和社会的认同，这本身就是一个社会地位提高的过程。其次，教师专业化成长也是教育本身的要求。新课程的实施需要教师专业化成长。只有走专业化成长之路，才能成为适应现代教育需要的教师。这里举几个有代表性的例子：

1. 年级课程开发代表：四年级选修课程

在这样一所积极鼓励学生彰显个性、发挥所长的学校，除了国家课程、校本课程外，还有七种丰富有趣的自立课程。学生的自主创造意识在参与这些课程的过程中，受到极大的肯定和呵护。四年级的年级特色走班课从内容设定到教学环节，学生占据了主导地位，是华阳小学的自立课程之一。当他们的足迹不断留在不同的课室，"邻居"播撒的种子也开始生根发芽开花——不仅是这几个孩子走进其他课室，其他课室的孩子也开始走向更多的课室，"左邻右里班级联盟"开始形成。不仅仅是阅读分享，交流的内容还扩大到手工制作、动漫绘画、机械拼装、历史探究等，最终形成了各种系列课程。年级在不断探索中，开始为孩子们设立固定的课程时间，定期开展。"诗词大会""谈古论今辩历史""经济小学堂""探索科学奥秘"等课程内容，打破了班级的空间和时间带来的壁垒，让孩子们走出来、动起来、自立起来。课程给予了孩子们想象力、创造力和操作能力的无限可能。同时，最重要的是教师在开发各自课程和备课过程中，为了查找课程资料，查阅了很多文献材料，包括课程历史发展、前人研究，开拓了相关知识领域，在这个过程中教师的综合专业素质也随之得到了提升。

2. 班级课程开发代表："悦读粤精彩"班级特色课程

李婧敏老师通过问卷调查了解我校师生、家长对广府文化的了解程度，发现我校学生能说流利粤语的仅占 15.17%，能基本交流的占 13.10%，大致听懂的占 38.28%，完全不会听也不会说的占 33.45%。对广府文化，学生没有太多的了解，父母比较少跟孩子介绍广府文化的占 46.21%，有 10% 的家长从来没有跟孩子介绍广府文化。我们的学生虽然生活在广州，但是对广州的归属感不强，对传统文化的了解不深。李婧敏老师觉得在教育教学中要加强学生对本土文化的了解与热爱，增强学生的民族认同，尊重民族习惯，弘扬传统美德。李婧敏老师开发的"悦读粤精彩"班级特色课程，以阅读和综合实践相结合的方式，引领学生探寻广府文化，积极构建健康文明、富有特色的班级文化。让学生在活动中感悟，

让学生热爱家乡、热爱民族文化，提高学生的文明礼仪素养和各项综合能力，做自立的华阳人，做文明的广州人。李婧敏老师带领学生们阅读"趣美岭南系列""童说岭南——听彭嘉志讲古仔"等，并通过开展好书推荐、读书讨论会、读后感分享等多种读书活动，开阔学生视野，渗透德育。

3. 学科拓展课程代表：数学万花筒，好玩又好懂

11 月 13 日至 24 日，是华阳小学以"数学万花筒，好玩又好懂"为主题的数学活动周。根据各年级的特点，设计好玩的主题活动：一年级的"最强大脑之记忆凑十"，二年级的"数字宝藏之独树一帜"，三年级的"小小估算家"，四年级的"玩转 24 点"，五年级的"我是小小设计师"，六年级的"立体模型 DIY"，各年级活动开展得如火如荼，兴趣盎然。六年级的活动是把二维的平面图形转化为立体空间，通过根据三视图制作立体模型的实践活动，同学们可以体会用三视图表示立体图形的作用，进一步感受立体图形与平面图形的联系，体验由平面图形转化为立体图形的过程与乐趣，培养创新意识与创造发明意识。

（二）课程开发，教学相长

长期以来，学校教师完全执行指令性课程计划，不可能也不需要有课程意识和课程开发能力。事实上，课程不仅是一种结果、过程，更是一种意识。校本课程开发要求教师进行课程开发时要以学生为本，考虑课程是否满足了学生的需要与发展；要求教师从既定课程的解释者与实施者转化为课程的开发者与创造者，同时树立以人为本、促进人的全面发展和个性发展的课程评价意识。校本课程开发拓宽了教师对课程的理解，有利于提升教师的课程意识。

就教师的课程知识结构而言，除了学科专业知识、教育学和心理学知识以外，更为重要的是实践性知识。新课改要求教师自己决定课程，也要对自己的课程负责。这不仅给教师创造了巨大的课程设计空间，客观上也要求广大教师在实践中不断提升课程开发能力。教师在校本课程开发中，通过对自己课程开发实践的反思，通过与课程专家的合作、与其他教师的协作、与学生的探究等，逐渐积累课程开发能力，促进自身的发展。

下面介绍两位老师在课程开发中的"教学相长"。

1. 徐涛老师：谈古论今辩历史

徐涛老师开设的课程是隶属青之跃探究课程的"谈古论今辩历史"，通过了解古今历史发展，探究每个朝代的版图变化、国都迁移、年号更

替、皇家功绩、主要战事、风土民情、经济文化、名人趣事。

其中包含这样的内容——主持人PPT展示讲解：朝代名称、皇帝年号、主要战争、有名将相；兴趣爱好者提供实物图片文字说明：著名建筑、文物古迹；各组抢答赛：历史知识知多少；正反两方辩论赛：历史事件之我见；广州历史大探秘：开展课外拓展活动——参观南越王墓博物馆、广州市博物馆、飞鹅岭遗址等。为了上好这门课，徐涛老师利用假期翻看了《上下五千年》《中国通史》《二十四史》等历史书籍，观看《百家讲坛》等与历史相关的节目，因为只有当教师对这些历史人物和事件了然于胸、信手拈来的时候，才能在这个课程中给予学生足够的引领和指导。

徐涛老师这样说："开设这个课程，首先要考虑学生的天性，不少学生应该是非常喜欢历史的。无论是语文课里涉及的唐诗宋词、先秦两汉元明清等作品，还是综合实践课或者科学课涉及的有关古代的风俗人情、发明等，都会涉及一个历史大环境，能够为学生提供的探索未知的空间很大。一个优秀的老师，尤其是语文老师，当然是需要为学生拓宽视野，让学生能从历史当中激发出更广阔的世界观、人生观和价值观。这些历史书籍我大学的时候就翻看过，可是已经遗忘得差不多了。因为打算开设这门课程，所以我特地又找出书籍重温了这些历史知识。通过这门课程，学生能从这个课程的窗口激发起探寻了解历史的兴趣，我自己也对历史知识有了重新的审视。"

教师参与课程开发促使教师必须打破过去僵化的、模式化的、习惯的教学方式，要求他们介入课程开发，把自己的实践知识与他人分享，与他人一起制作课程方案，一起对课程设计和实施活动进行评估等。而校本课程开发为教师参与意识的培养、参与课程开发创造了良好的外部氛围。

校本课程开发是一个系统工程，要求课程专家、校长、教师、学生、家长及社区人员广泛参与。在开发过程中，需要不断加强教师与教师、教师与校长、教师与学生、教师与家长、教师与社区人员、教师与课程专家的专业对话，沟通协作，互相学习，互相支持，在合作中促进教师的专业发展。

2. 李峥姝老师：让"探索号"扬起风帆

班级的建设离不开家长的支持和配合，各个学校积极建立"家长学校""家校合作校园""家长委员会"等，足以见家长在班级建设和学生成长中发挥着越来越重要的作用。李峥姝老师带领的"探索号"班级以学校建立的七维课程体系和规划的分年级班本课程领域为基础，将德育课程分为老师讲授和"家长进课堂"，除了由老师讲授重点主题外，还鼓励家

长自主申报与主题相关的专题，以学生需求为导向，完成德育课程。

"探索号"班级家长在各个行业都是专业人才，精通本行业知识，由此，充分发挥家长的资源，将他们引进课程，将助班本课程的开设一臂之力。如在班级实施德育过程中就积极探索整合教师、家长、学生、社会等各种班本教育要素于一体，形成帮助学生健康成长的德育共同体。"探索号"班级在班本课程的实施过程中，充分发挥家长资源，调动家长为班级服务的热情，将课程与家长专长相结合。三年来，班级家长走进课堂，一共授课 29 节，涉及 6 个领域、23 个家庭，其中 3 名家长两次走进课堂。

总之，课程的开发建设促进了教师的成长，迄今，我校产生了 1 位党的十九大代表，2 位广东省特级教师，2 位省名师工作室主持人，56 位教师成长为省市名教师、骨干教师、学科带头人，培养了 29 位正副校长，获得市级以上荣誉称号的有 101 人次，在省级及以上刊物公开发表的与"生本自立课程"相关的文章共 50 篇（国家级 17 篇，省级 33 篇），4 篇相关论文被《人大复印资料》转载，区级以上研究课题 30 个。

三、学生的发展——小荷已露尖尖角

"以生为本，小立大作"是华阳小学课程建设的追求，意在让每一位华阳学子、每一位华阳家长与教师一道，也让不同学科的教师互相借力，共同创生课程，享受"小立课程"的"大作功夫"，让学生学得积极、学得活泼、学得自成。更多年级课程、班级课程、学科融合课程正在展现独特的魅力。一个个成长中的生命，充分享受着尊重与信任，他们不同的权利和意愿，不尽相同的身心发展规律，独特的个性发展需求，在华阳大舞台上得到了满足。在校园生活的无穷乐趣中，他们成就自我，心花绽放，个性飞扬。

在"七彩生本自立课程"的影响下，学生的自立能力有明显提高，在不同的课程比赛中都取得好成绩，华阳小学学生阳光自信、多才多艺。华阳小学参加各类比赛获国际级奖项 26 人次，国家级奖项 1 869 人次，省级奖项 339 人次，市级奖项 1 374 人次，区级奖项 1 814 人次。其中获得政府部门组织的市级及以上奖项 259 人次，近几年呈递增趋势。

以 2015 年六年级毕业学生为例，从"广州市中小学教育质量阳光评价"采集的数据反馈来看，该届学生各方面的发展均领先于本市、区水平。

2015 年广州市阳光评价指标的描述性统计分析（与本市、区数据比较）

六年级阳光评价测试概化结果汇总表1（品德与社会化、学业发展、身心发展）

地区	品德与社会化水平					学业发展水平				身心发展水平			
	本评价内容	道德品质	社会责任	国家认同	国际理解	本评价内容	学会学习	知识技能方法	科技与人文素养	本评价内容	身体健康	心理健康	自我管理
全市	4.11	4.11	4.20	4.62	3.61	4.10	3.96	4.17	4.24	3.77	3.15	3.94	3.58
天河	4.12	4.13	4.20	4.61	3.65	4.14	4.00	4.36	4.24	3.83	3.30	3.96	3.70
华阳小学	4.21	4.24	4.22	4.65	3.96	4.27	4.12	4.53	4.34	3.96	3.05	4.06	3.98

注："知识技能方法"指标是根据学生本次测试成绩总分（阅读＋数学）转化的。

六年级阳光评价测试概化结果汇总表2（兴趣特长潜能、学业负担状况、对学校的认同）

地区	兴趣特长潜能					学业负担状况					对学校的认同			
	本评价内容	审美修养	爱好特长	实践能力	创新意识	本评价内容	学习时间	课业质量	课业难度	学习压力	本评价内容	文化认同	教学方式	师生关系	学校联系
全市	3.96	4.01	3.97	3.98	3.90	2.94	2.40	4.32	2.04	2.65	4.00	4.25	3.79	3.96	4.02
天河	4.02	4.06	4.04	4.06	3.95	2.90	2.40	4.34	1.89	2.61	4.01	4.22	3.79	3.98	4.06
华阳小学	4.18	4.23	4.23	4.28	4.02	2.78	2.14	4.44	1.80	2.38	4.17	4.35	3.95	4.14	4.25

　　由以上两表可以看出：华阳小学学生在全市阳光评价测试中，以下五个维度，即品德与社会化水平、学业发展水平、身心发展水平、兴趣特长潜能、对学校的认同得分均高于全市和全区平均分，而学业负担状况这个维度中的学习时间、课业难度、学习压力得分均低于全市和全区平均分，课业质量得分高于全市和全区平均分。

　　以下是 2016 学年参加"广州市教育质量阳光评价测试"的六年级学

生家长非学业测试数据：

2016 年广州市教育质量阳光评价测试六年级家长非学业测试相关数据及分析

六年级家长非学业测试总体情况表 1

地区	人数	学业成绩（家长评）	人际关系（家长评）	家庭环境			家庭教育					
				本评价内容	教育能力	社区满意度	本评价内容	管教引导	宽容理解	民主关怀	情感联系	专制粗暴
全市	21 305	3.55	4.29	4.20	4.46	3.99	4.12	4.17	4.45	4.15	3.92	3.90
天河	4 343	3.58	4.30	4.19	4.47	3.97	4.14	4.22	4.47	4.15	3.99	3.87
华阳小学（林和东校区）	187	3.78	4.40	4.25	4.53	4.02	4.19	4.32	4.50	4.14	4.14	3.86

六年级家长非学业测试总体情况表 2

地区	家长参与				学校关系								
	本评价内容	学习的参与	活动的参与	情感的参与	本评价内容	交流意愿	交流行为	交流途径	师资水平	环境设施	日常管理	学生学业	学生压力
全市	4.00	3.93	3.98	4.09	3.42	2.53	2.49	2.72	4.19	4.03	4.21	4.11	4.07
天河	3.97	3.90	3.97	4.05	3.40	2.54	2.50	2.75	4.15	3.98	4.17	4.07	4.01
华阳小学（林和东校区）	4.04	3.96	4.09	4.09	3.43	2.63	2.55	2.83	4.13	4.07	4.16	4.02	3.97

由以上两表可以看出，本校六年级家长非学业测试中，学业成绩、人际关系、家庭环境、家庭教育、家长参与和学校关系得分均高于全市和全区平均分；学生压力得分低于全市和全区的平均分，说明我校以生为本，

让学生在相对宽松的校园环境里学习和生活。

以下是华阳小学优秀孩子的代表——现就读于五年2班的朱子悦同学在四年级时参加活动的报道。

朱子悦：对话《财富》总裁，用英语拥抱世界

朱子悦，Judy，是广州市天河区华阳小学四年2班的一个小姑娘，充满灵气的眼睛，彬彬有礼的样子，脸上总是挂着灿烂的微笑，她是老师眼中最不需要操心的好孩子，是同学眼中聪明又勤奋的学霸，是快乐茁壮成长的"华阳太阳娃"的优秀代表。

子悦的英语水平非常棒，经过层层选拔，她担任了广东少儿频道TVS5的英语小主播。作为中国城市的青少年代表和2017广州《财富》全球论坛的小信使，子悦在今年的上海站国际路演活动中向《财富》总裁穆瑞澜先生发出邀请，获得了穆瑞澜先生的回信，并受邀在12

朱子悦与《财富》总编合影

月5日举办的财富国际科技创新头脑风暴大会上与《财富》主编面对面对话。

2017广州《财富》全球论坛开幕的前一天，子悦专访了《财富》总裁穆瑞澜先生，落落大方的态度，流利大气的英语表达，让穆瑞澜先生赞不绝口。在采访快要结束的时候，子悦热情地邀请穆瑞澜先生品尝地道的广州美食，穆瑞澜先生愉快接受，并且疯狂脑补广式虾饺的画面，竟然在合影微笑时，提议大家忽略西方奶酪cheese，而改用咱们广州的"虾饺"。

在12月8日举行的广州《财富》全球论坛闭幕仪式全球新闻发布会的现场，面对近100家国内外媒体大咖，子悦作为年纪最小的记者，获得了宝贵的提问机会，子悦用流利的英语向穆瑞澜先生提问道："我现在才10岁，但是10年后，我就会成为很有吸引力的消费者了。那请问为了满足像我这样的未来消费者，您觉得10年后会有什么样的新企业加入世界500强呢？"穆瑞澜先生亲切地回答了她的问题，他表示，未来是人工智能的时代，也是健康产业迅速发展的时代，具有科技创新的企业必定会拥有

良好的发展前景。回答完问题后，穆瑞澜先生还不忘把子悦夸赞了一番："You are my favorite journalist！（你是我最喜欢的记者）"并热情地邀请子悦去纽约《财富》总部采访报道。

据组委会统计，关于子悦和小信使的报道通过国内外知名媒体覆盖了全球20亿人次。

我们为这样优秀的华阳学子而骄傲，为这样优秀的00后少年而骄傲！子悦，好样的！

世界上飞翔着无数的蝴蝶，没有一对蝴蝶的翅膀绝对一样；天上飘浮着无数的云朵，没有一朵重复一致。对差异的承认，对个性的认可，是华阳小学给予学生的美好礼物。在华阳小学，每一个学生都独一无二，每一个学生都自信阳光，他们张扬自己的个性，绽放多彩的心花，并积极向上地进取，生机勃勃地成长，渐渐走向世界的舞台。

"太阳娃"如花绽放，逐日远行

他们不但能感到学习的快乐，而且能把这份创造的快乐带给更多的同伴，并影响着他们。对于华阳学子来说，有"七彩生本自立课程"陪伴他们的七彩童年，有自立课程教导他们学有所成，将来远行的每一步都有扎实的根基和幸福的回忆。

第二节　思考与展望

一、国家课程校本化，校本课程特色化

新课程改革倡导课程的多元化，允许在国家课程的框架内，进一步充实、内化、优化课程结构，也允许在国家课程的框架外，开发校本课程。

所以我校推进课程改革的一个重要命题就是根据学生基础与差异，创造性、校本化地实施国家课程。

我校国家课程校本化的实施坚持以实现国家课程的教育目的为前提，坚持依托校情和学生发展的个性要求，着眼本校教师群体对国家课程的修正与整合，实现校本课程的特色化，正如周洁校长所说："每个孩子都是一朵花儿，只是一年四季开放的时间不同，所以都应该得到尊重。"学校应该成为孩子自由成长的乐土，成为学生未来幸福的根基。

二、厘清国家课程改革内涵，为校本课程建设准确定位

（一）国家课程

课程改革包括国家课程的科学高效实施和校本课程的开发实践。面对新时代对教育"坚持以人为本、全面实施素质教育——面向全体学生、促进学生全面发展"的要求，学校全面推进素质教育，选准突破口，抓好学校实施课程的整体优化，将课程方案进行校本化的实施，使课程方案与课程标准在学校实践中得到贯彻落实。

国家课程是国家教育行政部门规定的统一课程，它体现国家意志，是专门为未来公民接受基础教育之后所要达到的共同素质而开发的课程。教育行政部门负责制定国家课程政策，决策重大课程改革；制订指导性课程计划；制定必修科目国家课程标准，审查并向全国推荐学科教材；指导检查地方课程管理工作；审批地方重大课程改革试验；制定升学考试制度，指导升学考试的实施。确定某些课程管理权限的下放是政府旨在提高教育质量的核心教育策略，国家课程赋予所有学生清楚、全面、法定的学习权利，规定教学的内容和目标，明确学业成就的评价方式，它是一个国家基础教育课程计划框架的主体部分，涵盖的课程门类和所占课时比例与地方课程和校本课程相比是最多的，它在决定一个国家基础教育质量方面起着举足轻重的作用。例如小学阶段所开设的数学、语文、英语、科学、品德、音乐、美术、体育，初中阶段所开设的数学、语文、英语、历史、地理、音乐、美术、体育、物理、化学都属于国家课程。

首先，由于国家课程在学校教育中的地位，决定了通过"国家课程校本化实施"的途径构建"学校课程教学体系"的重要性；其次，"统一的

课程标准"与不同群体学生之间存在的差异又决定了"国家课程校本化实施"的必要性；最后，新一轮课程改革所颁布的"课程标准"本身所具有的"刚性与弹性的结合"，又给实现"国家课程校本化实施"提供了可能性。重要性、必要性与可能性"三性"合一，使"国家课程校本化实施"不但必要，而且可行。

我校的校本课程依据学校课程规划和校本课程开发方案构建了较为完善的课程体系"七彩生本自立课程"。实行学分制管理，走班式运作，自主性选修课程与限定性选修课程组合。自主性选修课程由满足学生个性发展需要的拓展型、探究型课程与活动组成，主要包括人文素养类课程、艺术类课程、身心健康类课程、学习生活技能类课程、报告讲座类课程及社会实践类课程等。

（二）地方课程和校本课程

地方课程是在国家规定的各个教育阶段的课程计划内，由省一级教育行政部门或其授权的教育部门依据当地的政治、经济、文化、民族等发展需要而开发的课程。地方课程在充分利用地方教育资源、反映基础教育的地域特点、增强课程的地方适应性方面有着重要价值。如信息技术教育就属于地方课程。

校本课程是 20 世纪 70 年代在英美等发达国家中开始受到广泛重视的一种与国家课程开发相对应的课程开发策略，是国家基础教育课程设置实验方案中的一个部分，指学校自行规划、设计、实施的课程。校本课程开发从其本质上说是学校教育共同体在学校一级对课程的规划、设计、实施与评价的所有活动。其基本定位是非学术性或者说是兴趣性的，以发展学生个性为目标指向，课程开发的主体是教师而不是专家。

校本课程、地方课程和国家课程三类课程不是三个完全独立的部分，它们构成了学校课程的有机整体，拥有共同的培养目标，实现不同的课程价值，承担不同的任务，履行不同的责任，从不同的方面促进学生的发展。可以说，校本课程是对国家课程、地方课程的丰富和补充，其开发的目的是满足学生和社区的发展需要。校本课程不是与国家课程、地方课程相割裂，它必须与国家课程、地方课程配套实施。所以在开发校本课程时，学校应根据本省课程计划的有关规定，从当地社区、学校的实际出发，制订实施方案，同时结合自身传统和优势，开发适合本校实际情况的校本课程，提供给不同需求的学生选择，充分发挥国家课程、地方课程和校本课程对学生发展的不同价值。

综上所述，从国家课程、地方课程和校本课程各自的含义、目的和地位以及我国的国情来看，国家课程提出了课程的基本要求，规定了课程的性质、目的及内容标准，并提出了教学与评价的建议，是国家管理与评价教学质量、编写教材、进行教学以及对学生成绩进行评定的重要依据；地方课程是国家课程和《地方课程与管理指南》所实施的区域性课程；校本课程是根据国家课程和地方课程所实施的具体方案计划。

（三）华阳小学校本课程的整体建构

如何构建既符合综合素质教育要求，又与学校培养目标相一致的校本课程呢？这是每一所学校优质办学都必须着力解决的核心问题。对于学生来说，课程就是跑道，教师必须带领他们在跑道上奔跑，才能向着预定的目标前进。华阳小学在生本实验过程中，从课堂教学的改革到课程建设的改革，都取得了显著成效，走出了一条以生本为引领而深度实施素质教育的特色发展之路。

"拥有完整心灵的太阳娃"是华阳小学的培养目标，它包括七大特质：热爱运动、阳光自信、文明有礼、好学善思、享受阅读、实践创新、个性鲜明。围绕这一目标，华阳小学确立了"向着太阳，自立远行"的学校课程理念，将学校整体课程定名为"七彩生本自立课程"，并从自然界的七色中获得灵感，构建起由"赤之远责任课程""橙之健运动课程""黄之魅展能课程""绿之趣阅读课程""青之跃探究课程""蓝之海思维课程""紫之贵美德课程"七大领域构成的课程体系。

"七彩生本自立课程"体系主要有两大内容：基于国家课程校本化实施的"以学定教单元整体教学模式"和基于校本课程特色化开发的"七彩生本自立课程酿造七彩生活"。华阳小学国家课程的校本化实施和学校特色课程，与过去的兴趣班和兴趣小组的不同点在于：一是延伸、拓展、补充了国家课程，并以国家课程为核心形成多个课程群；二是每一个课程都有独立的课程设计；三是不同的课程有相对独立的教学内容，承载多元化的育人功能；四是充分体现了每个"尊重"，即尊重教师的特长与个性，尊重学生的兴趣与选择，并在充分尊重教师和学生的多元化需求的前提下，共同制定和完善课程体系。

三、校本课程开发理念下的教师专业发展问题简析

（一）问题的提出

教师专业发展研究始于20世纪60年代的美国，兴盛于二十世纪七八十年代的欧美。20世纪90年代后，逐步成为我国教育领域研究的热点。但是长期以来，教育理论与教育实践脱离，教育研究成为教育理论工作者的专利，教师则被置身于教育研究之外。2001年，教育部颁布的《基础教育课程改革纲要（试行）》提出"改变课程管理过于集中的状况，要求实行国家、地方、学校三级课程管理，增强课程对地方、学校及学生的适应性"。三级课程管理政策的出台，意味着将课程管理权限进一步下放到学校层面上，赋予了学校和教师自主开发校本课程以及编制教材的权利，为校本课程的开发提供了有利的政治条件。但就目前而言，在校本课程开发活动中，教师可以提高的空间还有很大。

（二）校本课程开发与教师专业发展

1. 教师专业发展的需求理论基础——马斯洛需求层次理论

人本心理学的奠基人马斯洛（Maslow）于1943年提出了举世闻名的马斯洛需求层次理论。在该理论中，马斯洛将人的需求由低到高分为五个层次：生理需求、安全需求、归属和爱的需求、尊重需求和自我实现的需求。马斯洛认为，人的需求由低到高逐级上升，只有较低层次的需求基本满足后，较高层次的需求才会成为追求的目标，只有未满足的目标才具有激励作用。因此，了解教师的专业发展需求以及需求的层次，并正确满足他们的合理需求，才能更好地激发教师的专业情感，激励教师的专业成长。

2. 教师成为课程开发主体的理论基础——施瓦布的实践性课程理论

施瓦布（1909—1988）是美国著名的课程论专家，是现代实践性课程理论的奠基人。施瓦布认为，课程理论应当是实践的取向，解决实践中出现的问题。他主张课程研究应当立足于具体的课程实践状况，从课程实践的各种事实出发，而不是从现存的所谓普遍、科学的课程原理出发。他反复强调教师在课程开发中的主体作用，认为教师是课程的主要设计者，在课程编制中起主导作用。为此，施瓦布提出了课程开发的一种新的运作方式——集体审议制度，并指出集体审议的主体是"课程集体"，即以学校为基础，由校长、教师、学生、社区代表、课程专家、心理学专家和社会学家等人员组成，选一位主席来领导整个审议过程。审议的主要内容是放在教师、学生、学科内容、环境四个基本要素之间的协调平衡上，它们之间是相互影响、相互作用的，而教师则是确定课程目的和解决问题整个过程的一个基本要素。

3. 校本课程开发为教师专业发展提供契机

（1）校本课程开发提升教师专业自主发展意识。

校本课程开发作为一种有效的方式和创新的政策，能促使教师确立专业自主地位，形成专业自主意识，拥有专业发展动力。这是因为校本课程开发作为一项课程管理政策，是一个赋权的过程。校本课程开发赋予教师进行课程设计、实施和评价的权利，使教师从单一的课程执行者、传递者成为一个课程开发者。这种赋权的目的主要是提高教师的专业自主性，提高教师的专业地位，促进教师的专业发展与学生的个性化发展。另外，校本课程开发为教师提供一个提升自身创造能力的机会，教师通过实际参与课程开发的过程，提升了教师在专业活动中的意义和价值，带给教师实现主体价值的体验。校本课程开发是一个持续的、动态的、逐步完善的过程，也是教师不断应对智慧、人格、能力挑战的过程。在校本课程开发中，教师要独立地分析和概括学生的特点与需要，分析国家课程与学生实际状况间的差距，研究课程设计方案，并提出自己的意见。这些意见会被作为核心部分而得到采纳和运用。由此能提高教师对课程的兴趣和满意程度，增加教师的责任感和效能感。在课程实施过程中，总是有不断出现的大量新问题，需要教师不断地进行思维的创新。当他们使用自己亲自参与开发的课程，并使学生获得进步时，能获得更大的满足感和成就感。伴随着校本课程的生成，教师能清晰地体验到自身诸多方面正在发生着更新与变化，从而体验到源于内心的尊严与快乐。校本课程开发能帮助教师进一步内化专业价值、认同专业规范、培育专业精神，从而为其专业发展提供不竭的动力。

（2）校本课程开发增强教师的专业信念。

校本课程开发给教师带来的教育观念的最大变化是课程观的变化，由以往管理主义的课程观转变为生成的课程观。生成的课程观认为课程对教师而言，不是给定的、一成不变的教育要素。而是教师可变更的教育要素，是与教师的人生阅历、独特的教育理念，师生所处的独特的社会环

境、教育情境直接关联的教育要素。它强调三个基本观点：第一，教师是课程的创生者。生成的课程观注重教师在课程中的基本权利，把教师看成是课程重要的要素和设计主体。第二，教师进入课程，或"教师即课程"。教师不是教育权力部门和课程专家的附庸，教师应该以自己的教育知识和教育理解力为依据，改造预设的课程，教师就是课程本身。第三，课程实施的"创生取向"。在课程实施过程中，教师时刻联系着学生的生活经验和学生生活领域的各种有意义的背景，并以此或增减，或拓展，或提炼。校本课程是一个在不断的尝试、探究的基础上生成、进化的过程。在这一过程中，要求教师时刻根据自己的知识和理解力对教学材料进行自己的建构，甚至是创新，并时刻关注课程目标的达成程度和学生发展状态。树立了正确的课程观，教师也就能更好地构建自己的专业信念。

长期以来，学校教师完全执行指令性课程计划，不可能也不需要有课程意识和课程开发能力。事实上，课程不仅是一种结果、过程，更是一种意识。校本课程开发要求教师进行课程开发时要以学生为本，考虑课程是否满足了学生的需要与发展；要求教师从既定课程的解释者与实施者转化为课程的开发者与创造者，同时构建以人为本、促进人的全面发展和个性发展的课程评价意识。校本课程开发拓宽了教师对课程的理解，有利于提升教师的课程意识。

（3）校本课程开发提高教师的专业技能。

教师的教学工作极为复杂，具有生成性，有一定的规律，但没有固定的程序和规则可循。课程不是供教师执行的规定或计划，也不是教材或教材的内容及其纲要；教材不是用以实施课程的文本；教学不是转化课程内容、实现学生知识内化的过程，而是师生双方通过对话，共同建构知识的过程。教师在教育教学过程中随时随地都可能遇到困难和窘境。每一个教育教学情境，对教师而言都是特殊的，都可能是一个新的困境。这种困境不可能借助于预设的规则或程序一劳永逸地得到解决。因此校本课程开发的过程也是教师逐渐认识和适应的过程，是教师从怀疑到观望到试探再到全力投入的逐渐推进的过程。

就教师的课程知识结构而言，除了学科专业知识、教育学和心理学知识以外，更为重要的是实践性知识。新课改要求教师自己决定课程，也要对自己的课程负责。这不仅给教师创造了巨大的课程设计空间，客观上也要求广大教师在实践中不断提升其课程开发能力。教师在校本课程开发中，通过对自己课程开发实践的反思，通过与课程专家的合作、与其他教师的协作、与学生的探究等，逐渐积累课程开发的能力，促进自身的发展。

（4）课程开发培养了教师参与意识和合作精神。

教师参与课程开发促使教师必须打破过去僵化的、模式化的、习惯的教学方式，要求他们介入课程开发，把自己的实践知识与他人分享，与他人一起制作课程方案，一起对课程设计和实施活动进行评估等。而校本课程开发为教师参与意识的培养、参与课程开发创造了良好的外部氛围。

校本课程开发是一个系统工程，要求课程专家、校长、教师、学生、家长及社区人员广泛参与，需要不断加强教师与教师、教师与校长、教师与学生、教师与家长、教师与社区人员、教师与课程专家的专业对话，沟通协作，互相学习，互相支持，在合作中促进教师的专业发展。

4. 培养了教师的行动研究能力

二十世纪三四十年代，美国学者柯利尔和勒温首先提出行动研究，它是一种以"参与"和"合作"为特征的研究方式，主要是指教师在实际情境中进行研究，并将研究结果在同一情境中加以应用，从而不断改进教学工作的探索活动。校本课程开发就是教师不断反思、参与科学探索的过程，它遵循"开发—实施—观察—反思—再开发"这个螺旋上升的过程，要求教师从课程的使用者转化为课程的创造者；要求教师既是教育教学的实践者，又是课程的开发者和研究者。在校本课程开发的过程中，教师不仅要研究学校和学生，反思自身，还要研究问题的解决方案，以及研究交往、协调的方法。在行动研究过程中，教师通过对自己教学行为的反思，总结经验教训，研究教学过程，从而发现适合自己的教学方式和教学风格，最终提高自己的教学水平和研究能力。教师为了提高对所从事的教育实践的认识，就需要对课程开发过程不断地反思，在反思过程中提高自己的能力和素养。由此可见，校本课程开发本质上就是教育行动研究的过程，教育行动研究是校本课程开发的内在要求。因此，校本课程开发本质上要求教师具有教育行动研究的素养。教师通过对校本课程开发实践情境的不断反思，逐步提高自己的主体意识、问题意识和研究能力。

总之，课程改革是人的改革，课程发展是人的发展，没有教师的发展就没有课程发展，只有教师具有课程开发所必备的理念、能力与精神，校本课程开发才能得以顺利实施、发展。

5. 课程促教师发展的途径

学校课程的发展离不开教师的发展，教师的专业发展水平是学校的核

心竞争力。学校的发展促使广大教师具有高尚的师德修养、科学的教育理念和专业的教学技能。所以我校以校本研修为模式，以课程建设为引领，积极构建学习、交流和实施的教师发展工作。

（1）强化校本研修，淬炼智慧团队。

《国家中长期教育改革和发展规划纲要（2010—2020年）》指出，要努力造就一支师德高尚、业务精湛、结构合理、充满活力的高素质专业教师队伍，强调"教师要关爱学生，严谨笃学，淡泊名利，自尊自律，以人格魅力和学识魅力感染学生，做学生健康成长的指导者和引路人"。在21世纪的今天，新的时代精神要求超越单纯的科技理性对人性和自然的控制与奴役，渴望并呼唤人性的回归。新的时代新的课程，要求教师自己必须是个"全人"，才能给学生以人性的课程和"全人"的教育。

（2）激发潜能。

教学改革，需要转变教学观念，将教学的重心转移到教学生"学会学习"上，在知识迅速更新、价值日趋多元化的现代社会，教师的任务已经从传递知识转变为激励思考。随着新课改的进一步深入推进，对教师提出了新的挑战，需要教师坚守自己的信念，相信自己的潜能，在时代提出的挑战面前积极更新观念，优化知识结构，建构新课程，满足新需求，适应新发展，不断加强学习、实践、反思。

我们通过推荐和自荐两种形式组织形成学校课程建设的骨干团队。搭建骨干教师的学习—研讨—交流等平台，助力教师对基础课程、拓展课程和探究课程等三类课程的整合与开发，促进教师内涵的提升。以比赛（如华阳杯）、课题促课程研发的推进，建立相应奖励机制。

以教研组为单位，开展学科拓展课程开发活动，自立课程的核心在于学科的拓展课程，其既包含了现有的国家课程，又对国家课程作延伸和补充，能加厚和加宽学生的知识储备。课题组将拓展课程的开发分解到各个教研组，让教研组申报相关的学科拓展子课题，组织教师举行课程交流研讨会，帮助教师进行教育教学和课程反思，逐步整理总结成草根式课程内容，让教师在研究中成长。

目前，校本课程在我校的实施情况良好，并已经在实践中显示出了蓬勃的生机。一是满足了学生个性发展的需要，激发了学生的参与热情和学习兴趣，学生的自我管理和自主学习能力都有了很大的提高；二是增强了教师专业发展的自主意识，激发了教师强烈的课程意识和参与意识，教师的观念和教学行为都在发生着深刻的变化；三是学校出现了新的生机和活力，适应新课程的学校自主管理机制正在形成，学校自主发展的特色更加鲜明。但是校本课程的研究与开发、实施与管理是一项创造性的劳动，是我们教师集体或个人的一种厚积薄发的成果。因此，在校本课程的实施过程中，难免还存在着很多问题，不仅需要我们在今后的工作中不断地改进、不断地完善，更需要我们不断地创新发展。第一，我们要切实提升师资队伍的校本课程建设能力，要选择那些师德好、造诣高、教学经验丰富、教学能力强、教学特色鲜明的教师作为校本课程建设的责任人。第二，我们要适时引入新颖的课程内容，信息化时代知识更新加速，需要适时引入新颖的教学内容进入校本课程，同时需要处理好基础性与先进性、经典性与现代性的关系。第三，我们要不断完善校本课程建设的监控机制，要在校本教材的使用过程中不断地听取教师、学生的评价意见，并邀请校外专家一起，实行多元评价，以保证校本课程建设的质量。第四，我们要在其他学科上继续拓展与开发，除了不断巩固、提升原有的特色学科外，还要进一步拓展与开发其他学科，力争使校本课程建设在数量上有所突破。第五，我们要让学生成为校本课程建设的可利用资源，而学生是一个个自主发展的个体，只有那些能内化为学生自身素质的校本课程，才能成为学生发展的养分，才能称得上真正意义的课程。因此，校本课程建设最终要回归到学生身上，才能真正体现校本课程的价值。

（三）研究反思

我国新课程改革确立了国家、地方和学校三级课程管理制度，赋予学校合理而充分的课程自主权，为学校校本化实施国家与地方课程、因地制宜地特色化开发校本课程，提供了制度保障。我校"七彩生本自立课程"体系的构建与实施，正是对此做出的积极响应，旨在生本理念的引领下，将国家课程与校本课程相融合，构建既符合素质教育要求，又与学校培养目标相一致的课程体系。

从效果上来看，作为实践生本教育标杆学校的华阳小学，其课程的构建与实施，是在"充分相信学生，高度尊重学生，全面发展学生"办学理念引领下，围绕"拥有完整心灵的太阳娃"培养目标而进行的，培养了学生的自立意识、自立能力、自立习惯，促使学生热爱运动、阳光自信、文明有礼、好学善思、享受阅读、实践创新、个性鲜明，促进了学生的充分发展，也实现了学校的优质办学目标。

同时，这一研究也较好地锤炼和提高了华阳小学教师的课程创生意

识、课程领导力，使教师成为新课程改革的先行探索者，而且具有较好的示范性：一是为同类学校构建学校整体课程体系提供示范，二是为同类学校通过课程建设来促进教师发展提供示范。

但是，学校课程建设是一个不断调适与丰富的过程，华阳小学构建"七彩生本自立课程"体系的研究仍在路上，在课程内容的深化上，在课程评价的创新上，在"以学定教单元整体教学模式"的优化上，都需要在实践中不断地进行扬弃，进而使其逐步完善。

"七彩生本自立课程"引领学生充分发展，促使学生自立能力不断增强，成长如花绽放。8岁的三年级学生常骏祥在描画自己心目中的华阳小学时，创作了一幅画，并被学校采用，命名为"华阳号"。"华阳号"巨轮承载以生为本的教育理念，承载"七彩生本自立课程"的缤纷蓝图，承载所有华阳人的理想和追求，乘风远航！

"华阳号"扬帆远航

附 录

向 往

华阳小学"生本教育年会"主题歌

作词：肖彩芳
作曲：郑海洋

1=C 4/4

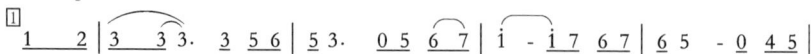

1.红领巾， 奔跑中飘扬，榕树下 欢笑声回荡， 课堂
2.当 朝霞映照黎明， 我的脚步 校园里奏响， 当

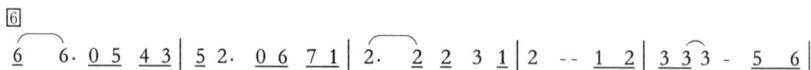

上， 汇报声响亮，小小脸上 自信飞扬。我们都在 "华阳
繁星陪伴那黑夜，老师们窗 前灯火闪亮，我们都在 "华阳

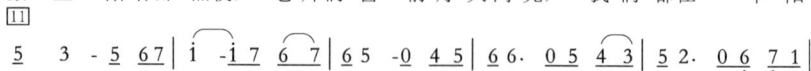

号"上，孩子 啊，你在 中央。予你尊重， 予你信任，努力发
号"上，亲爱的， 我在你身旁，挥洒青春， 燃烧 梦想，生本课

展， 如花绽放。 心 自由是共同的 期望， 团结
堂， 灵动流淌。

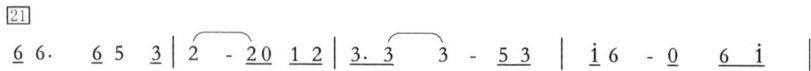

创新，携手成长， 辛劳汗水， 浇灌芬芳， "生本"

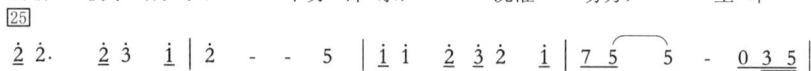

之海 骄傲领航！ 行 至远是永恒 的 向往， 不断

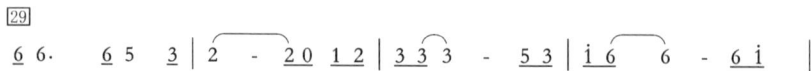

超越，纵情歌唱， 灿烂笑容 播撒希望， "生本"

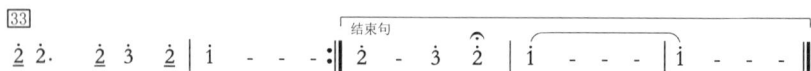

结束句

之海 乘风破浪！ 乘 风破浪！

234